税收制度分类指引丛书

"大众创业 万众创新"
税收优惠政策指引

（2019年版）

《"大众创业 万众创新"税收优惠政策指引（2019年版）》编写组 编

中国税务出版社

图书在版编目(CIP)数据

"大众创业　万众创新"税收优惠政策指引:2019年版/
《"大众创业　万众创新"税收优惠政策指引(2019年版)》
编写组编. —— 北京:中国税务出版社,2019.8
(税收制度分类指引丛书)
ISBN 978-7-5678-0887-4

Ⅰ.①大…　Ⅱ.①大…　Ⅲ.①税收政策 – 优惠政策 – 汇编 – 中国
Ⅳ.①F812.422

中国版本图书馆 CIP 数据核字(2019)第 181656 号

版权所有·侵权必究

丛 书 名:	税收制度分类指引丛书
书　　名:	"大众创业　万众创新"税收优惠政策指引(**2019 年版**)
作　　者:	《"大众创业　万众创新"税收优惠政策指引(2019年版)》编写组　编
责任编辑:	孙晓萍
责任校对:	姚浩晴
技术设计:	刘冬珂
出版发行:	中国税务出版社
	北京市丰台区广安路9号国投财富广场1号楼11层
	邮政编码:100055
	http://www.taxation.cn
	E-mail:swcb@taxation.cn
	发行中心电话:(010)83362083/86/89
	传真:(010)83362046/47/48/49
经　　销:	各地新华书店
印　　刷:	北京天宇星印刷厂
规　　格:	787毫米×1092毫米　1/16
印　　张:	16.75
字　　数:	297000 字
版　　次:	2019年8月第1版　2019年8月第1次印刷
书　　号:	ISBN 978-7-5678-0887-4
定　　价:	35.00元

如有印装错误　本社负责调换

编者说明

为深入贯彻落实党的十九大精神，进一步优化税收营商环境，更好地服务纳税人，国家税务总局组织编写了税收制度分类指引。《"大众创业 万众创新"税收优惠政策指引》《"走出去"税收指引》《研发费用加计扣除政策执行指引（1.0版）》《支持脱贫攻坚税收优惠政策指引》《"大众创业 万众创新"税收优惠政策指引（2019年6月修订）》相继发布。据此，我们组织编写了《税收制度分类指引丛书》，本书是第4本。

推进大众创业、万众创新，是发展的动力之源，也是富民之道、公平之计、强国之策。截至2019年6月底，我国针对创业就业主要环节和关键领域陆续推出了89项税收优惠措施，尤其是2013年以来，新出台了78项税收优惠，覆盖企业整个生命周期。在已发布的政策指引的基础上，我们编写了《"大众创业 万众创新"税收优惠政策指引（2019年版）》，按照企业初创期、企业成长期、企业成熟期三个周期，介绍89项税收优惠事项，针对每个税收优惠事项的享受主体、优惠内容、享受条件、政策依据加以指引。根据政策依据增加延伸阅读，对文件、条款中涉及的失效、废止及政策调整状态进行标注，以便纳税人快捷地查询、使用相关政策，满足其个性化需求。

为方便读者使用，我们对在延伸阅读中首次出现的政策进行编码。例如：编码"4-2"中的第一个数字"4"代表该政策所指向的税收事项——"4. 重点群体创业税收扣减"，第二个数字"2"代表该政策在政策依据中出现的顺序。该政策再次出现时，标注"（略，见文件4-2）"。本书所涉及的政策在正文后按编码排序制作了索引，便于读者查找。

本书所收录的文件截至2019年6月底，具体执行时请参照最新发布的法律、法规、规章及规范性文件的规定。

更多税收政策请登录中国税务出版社税收资讯网（http://www.taxation.cn）查阅。

编写组

2019年7月

目　　录

一、企业初创期税收优惠 …………………………………………………（ 1 ）
　（一）小微企业税收优惠 ………………………………………………（ 1 ）
　　1. 增值税小规模纳税人销售额未超限额免征增值税 ………………（ 1 ）
　　2. 小型微利企业减免企业所得税 ……………………………………（ 4 ）
　　3. 增值税小规模纳税人减免资源税等"六税两费" …………………（ 7 ）
　（二）重点群体创业就业税收优惠 ……………………………………（ 10 ）
　　4. 重点群体创业税收扣减 ……………………………………………（ 10 ）
　　5. 吸纳重点群体就业税收扣减 ………………………………………（ 16 ）
　　6. 退役士兵创业税收扣减 ……………………………………………（ 18 ）
　　7. 吸纳退役士兵就业企业税收扣减 …………………………………（ 20 ）
　　8. 随军家属创业免征增值税 …………………………………………（ 22 ）
　　9. 随军家属创业免征个人所得税 ……………………………………（ 23 ）
　　10. 安置随军家属就业的企业免征增值税 ……………………………（ 24 ）
　　11. 军队转业干部创业免征增值税 ……………………………………（ 25 ）
　　12. 自主择业的军队转业干部免征个人所得税 ………………………（ 26 ）
　　13. 安置军队转业干部就业的企业免征增值税 ………………………（ 27 ）
　　14. 残疾人创业免征增值税 ……………………………………………（ 27 ）
　　15. 安置残疾人就业的单位和个体工商户增值税即征即退 …………（ 31 ）
　　16. 特殊教育学校举办的企业安置残疾人就业增值税
　　　　即征即退 …………………………………………………………（ 35 ）
　　17. 残疾人就业减征个人所得税 ………………………………………（ 37 ）
　　18. 安置残疾人就业的企业残疾人工资加计扣除 ……………………（ 42 ）
　　19. 安置残疾人就业的单位减免城镇土地使用税 ……………………（ 45 ）
　　20. 长期来华定居专家进口自用小汽车免征车辆购置税 ……………（ 46 ）
　　21. 回国服务的在外留学人员购买自用国产小汽车免征

车辆购置税 …………………………………………………（ 48 ）

（三）创业就业平台税收优惠 …………………………………（ 50 ）

22. 国家级、省级科技企业孵化器向在孵对象提供孵化服务
取得的收入免征增值税 …………………………………（ 50 ）
23. 国家级、省级科技企业孵化器免征房产税 ………………（ 52 ）
24. 国家级、省级科技企业孵化器免征城镇土地使用税 ……（ 53 ）
25. 国家级、省级大学科技园向在孵对象提供孵化服务取得的
收入免征增值税 …………………………………………（ 54 ）
26. 国家级、省级大学科技园免征房产税 ……………………（ 55 ）
27. 国家级、省级大学科技园免征城镇土地使用税 …………（ 56 ）
28. 国家备案众创空间向在孵对象提供孵化服务取得的收入，
免征增值税 ………………………………………………（ 57 ）
29. 国家备案众创空间免征房产税 ……………………………（ 58 ）
30. 国家备案众创空间免征城镇土地使用税 …………………（ 58 ）

（四）对提供资金、非货币性资产投资助力的创投企业、
金融机构等给予税收优惠 …………………………………（ 59 ）

31. 创投企业投资未上市的中小高新技术企业按比例抵扣
应纳税所得额 ……………………………………………（ 59 ）
32. 有限合伙制创业投资企业法人合伙人投资未上市的
中小高新技术企业按比例抵扣应纳税所得额 ……………（ 63 ）
33. 公司制创投企业投资初创科技型企业按比例抵扣
应纳税所得额 ……………………………………………（ 66 ）
34. 有限合伙制创业投资企业法人合伙人投资初创科技型企业
按比例抵扣应纳税所得额 ………………………………（ 73 ）
35. 有限合伙制创业投资企业个人合伙人投资初创科技型企业
按比例抵扣应纳税所得额 ………………………………（ 74 ）
36. 天使投资人投资初创科技型企业按比例抵扣应
纳税所得额 ………………………………………………（ 76 ）
37. 以非货币性资产对外投资确认的非货币性资产转让所得
分期缴纳企业所得税 ……………………………………（ 77 ）
38. 以非货币性资产对外投资确认的非货币性资产转让所得
分期缴纳个人所得税 ……………………………………（ 81 ）
39. 金融机构农户小额贷款利息收入所得税减计收入 ………（ 84 ）

40. 小额贷款公司农户小额贷款利息收入免征增值税 …………（86）
41. 小额贷款公司农户小额贷款利息收入所得税减计收入 ………（87）
42. 金融机构向农户、小微企业及个体工商户小额贷款利息
    收入免征增值税 ……………………………………………（89）
43. 向农户、小微企业及个体工商户提供融资担保及再担保
    服务收入免征增值税 ………………………………………（96）
44. 金融机构与小型微型企业签订借款合同免征印花税 ………（98）
45. 账簿印花税减免 ……………………………………………（100）

二、企业成长期税收优惠 ……………………………………………（101）
（一）研发费用加计扣除政策 ………………………………………（101）
46. 研发费用加计扣除 …………………………………………（101）
47. 委托境外研发费用加计扣除 ………………………………（113）
（二）固定资产加速折旧政策 ………………………………………（116）
48. 固定资产加速折旧或一次性扣除 …………………………（116）
49. 制造业及部分服务业企业符合条件的仪器、设备
    加速折旧 ……………………………………………………（121）
50. 制造业及部分服务业小型微利企业符合条件的仪器、
    设备加速折旧 ………………………………………………（129）
（三）购买符合条件设备税收优惠 …………………………………（132）
51. 重大技术装备进口免征增值税 ……………………………（132）
52. 科学研究机构、技术开发机构、学校等单位进口免征
    增值税、消费税 ……………………………………………（135）
53. 民口科技重大专项项目进口免征增值税 …………………（147）
（四）科技成果转化税收优惠 ………………………………………（152）
54. 技术转让、技术开发和与之相关的技术咨询、技术服务
    免征增值税 …………………………………………………（152）
55. 技术转让所得减免企业所得税 ……………………………（153）
（五）科研机构创新人才税收优惠 …………………………………（158）
56. 科研机构、高等学校股权奖励延期缴纳个人所得税 ……（158）
57. 高新技术企业技术人员股权奖励分期缴纳个人所得税 …（161）
58. 中小高新技术企业向个人股东转增股本分期缴纳
    个人所得税 …………………………………………………（163）

59. 获得非上市公司股票期权、股权期权、限制性股票和
    股权奖励递延缴纳个人所得税 ……………………………（165）
60. 获得上市公司股票期权、限制性股票和股权奖励适当
    延长纳税期限 ………………………………………………（170）
61. 企业以及个人以技术成果投资入股递延缴纳所得税 ……（171）
62. 由国家级、省部级以及国际组织对科技人员颁发的
    科技奖金免征个人所得税 …………………………………（173）
63. 职务科技成果转化现金奖励减免个人所得税 ……………（173）

三、企业成熟期税收优惠政策 ……………………………………（177）

（一）高新技术企业税收优惠 ……………………………………（177）

64. 高新技术企业减按15%税率征收企业所得税 ……………（177）
65. 职工教育经费按照8%企业所得税税前扣除 ……………（186）
66. 高新技术企业和科技型中小企业亏损结转年限
    延长至10年 …………………………………………………（188）
67. 技术先进型服务企业减按15%税率征收企业所得税 ……（189）

（二）软件企业税收优惠 …………………………………………（194）

68. 软件产品增值税超税负即征即退 …………………………（194）
69. 软件企业定期减免企业所得税 ……………………………（198）
70. 国家规划布局内重点软件企业减按10%税率征收
    企业所得税 …………………………………………………（206）
71. 软件企业取得即征即退增值税款用于软件产品研发和
    扩大再生产企业所得税政策 ………………………………（209）
72. 企业外购软件缩短折旧或摊销年限 ………………………（210）

（三）集成电路企业税收优惠 ……………………………………（211）

73. 集成电路重大项目企业增值税留抵税额退税 ……………（211）
74. 线宽小于0.8微米的集成电路生产企业定期减免
    企业所得税 …………………………………………………（215）
75. 线宽小于0.25微米的集成电路生产企业减按15%
    税率征收企业所得税 ………………………………………（216）
76. 投资额超过80亿元的集成电路生产企业减按15%
    税率征收企业所得税 ………………………………………（218）

77. 线宽小于 0.25 微米的集成电路生产企业定期减免
　　企业所得税 ·· (219)
78. 投资额超过 80 亿元的集成电路生产企业定期减免
　　企业所得税 ·· (221)
79. 线宽小于 130 纳米的集成电路生产企业或项目定期
　　减免企业所得税 ·· (222)
80. 线宽小于 65 纳米的集成电路生产企业或项目定期
　　减免企业所得税 ·· (224)
81. 投资额超过 150 亿元的集成电路生产企业或项目定期
　　减免企业所得税 ·· (225)
82. 国家规划布局内的集成电路设计企业减按 10% 税率征收
　　企业所得税 ·· (227)
83. 集成电路生产企业生产设备缩短折旧年限 ················ (228)
84. 集成电路封装、测试企业定期减免企业所得税 ········· (230)
85. 集成电路关键专用材料生产企业、集成电路专用设备
　　生产企业定期减免企业所得税 ································· (232)
86. 集成电路企业退还的增值税期末留抵税额在城市维护
　　建设税、教育费附加和地方教育附加的计税（征）
　　依据中扣除 ·· (234)

（四）动漫企业税收优惠 ·· (235)
87. 动漫企业增值税超税负即征即退 ······························· (235)
88. 动漫企业进口符合条件的商品免征增值税 ················ (243)
89. 符合条件的动漫企业定期减免企业所得税 ················ (247)

索　引 ·· (248)

一、企业初创期税收优惠

（一）小微企业税收优惠

1. 增值税小规模纳税人销售额未超限额免征增值税

享受主体

增值税小规模纳税人。

优惠内容

自 2019 年 1 月 1 日至 2021 年 12 月 31 日，对月销售额 10 万元以下（以 1 个季度为 1 个纳税期的，季度销售额 30 万元以下，含本数，下同）的增值税小规模纳税人，免征增值税。

享受条件

1）此优惠政策适用于增值税小规模纳税人（包括：企业和非企业单位、个体工商户、其他个人）。

2）小规模纳税人发生增值税应税销售行为，合计月销售额超过 10 万元，但扣除本期发生的销售不动产的销售额后未超过 10 万元（以 1 个季度为 1 个纳税期的，季度销售额未超过 30 万元）的，其销售货物、劳务、服务、无形资产取得的销售额免征增值税。

政策依据

1）《财政部 税务总局关于实施小微企业普惠性税收减免政策的通知》（财税〔2019〕13 号）第一条

2）《国家税务总局关于小规模纳税人免征增值税政策有关征管问题的公告》（国家税务总局公告 2019 年第 4 号）

📖 延伸阅读

1-1① 《财政部 税务总局关于实施小微企业普惠性税收减免政策的通知》第一条

2019年1月17日 财税〔2019〕13号

一、对月销售额10万元以下（含本数）的增值税小规模纳税人，免征增值税。

1-2 《国家税务总局关于小规模纳税人免征增值税政策有关征管问题的公告》

2019年1月19日 国家税务总局公告2019年第4号

按照《财政部 税务总局关于实施小微企业普惠性税收减免政策的通知》（财税〔2019〕13号）的规定，现将小规模纳税人月销售额10万元以下（含本数）免征增值税政策若干征管问题公告如下：

一、小规模纳税人发生增值税应税销售行为，合计月销售额未超过10万元（以1个季度为1个纳税期的，季度销售额未超过30万元，下同）的，免征增值税。

小规模纳税人发生增值税应税销售行为，合计月销售额超过10万元，但扣除本期发生的销售不动产的销售额后未超过10万元的，其销售货物、劳务、服务、无形资产取得的销售额免征增值税。

二、适用增值税差额征税政策的小规模纳税人，以差额后的销售额确定是否可以享受本公告规定的免征增值税政策。

《增值税纳税申报表（小规模纳税人适用）》中的"免税销售额"相关栏次，填写差额后的销售额。

三、按固定期限纳税的小规模纳税人可以选择以1个月或1个季度为纳税期限，一经选择，一个会计年度内不得变更。

四、《中华人民共和国增值税暂行条例实施细则》第九条所称的其他个

---

① 为方便读者检索，编者对首次出现的延伸阅读内容进行编码。该编码中的第一个数字"1"代表该政策所指向的税收事项——"1. 增值税小规模纳税人销售额未超限额免征增值税"，第二个数字"1"代表该政策在政策依据中出现的顺序。以下编码同此。

人，采取一次性收取租金形式出租不动产取得的租金收入，可在对应的租赁期内平均分摊，分摊后的月租金收入未超过10万元的，免征增值税。

五、转登记日前连续12个月（以1个月为1个纳税期）或者连续4个季度（以1个季度为1个纳税期）累计销售额未超过500万元的一般纳税人，在2019年12月31日前，可选择转登记为小规模纳税人。

一般纳税人转登记为小规模纳税人的其他事宜，按照《国家税务总局关于统一小规模纳税人标准等若干增值税问题的公告》（国家税务总局公告2018年第18号）、《国家税务总局关于统一小规模纳税人标准有关出口退（免）税问题的公告》（国家税务总局公告2018年第20号）的相关规定执行。

六、按照现行规定应当预缴增值税税款的小规模纳税人，凡在预缴地实现的月销售额未超过10万元的，当期无需预缴税款。本公告下发前已预缴税款的，可以向预缴地主管税务机关申请退还。

七、小规模纳税人中的单位和个体工商户销售不动产，应按其纳税期、本公告第六条以及其他现行政策规定确定是否预缴增值税；其他个人销售不动产，继续按照现行规定征免增值税。

八、小规模纳税人月销售额未超过10万元的，当期因开具增值税专用发票已经缴纳的税款，在增值税专用发票全部联次追回或者按规定开具红字专用发票后，可以向主管税务机关申请退还。

九、小规模纳税人2019年1月份销售额未超过10万元（以1个季度为1个纳税期的，2019年第一季度销售额未超过30万元），但当期因代开普通发票已经缴纳的税款，可以在办理纳税申报时向主管税务机关申请退还。

十、小规模纳税人月销售额超过10万元的，使用增值税发票管理系统开具增值税普通发票、机动车销售统一发票、增值税电子普通发票。

已经使用增值税发票管理系统的小规模纳税人，月销售额未超过10万元的，可以继续使用现有税控设备开具发票；已经自行开具增值税专用发票的，可以继续自行开具增值税专用发票，并就开具增值税专用发票的销售额计算缴纳增值税。

十一、本公告自2019年1月1日起施行。《国家税务总局关于全面推开营业税改征增值税试点有关税收征收管理事项的公告》（国家税务总局公告2016年第23号）第三条第二项和第六条第四项、《国家税务总局关于明确营改增试点若干征管问题的公告》（国家税务总局公告2016年第26号）第三条、《国家税务总局关于营改增试点若干征管问题的公告》（国家税务总局公告2016年第53号）第二条和《国家税务总局关于小微企业免征增值税有关问题的公告》（国家税务总局公告 2017 年第 52 号）同时废止。

特此公告。

2. 小型微利企业减免企业所得税

享受主体

小型微利企业。

优惠内容

自 2019 年 1 月 1 日至 2021 年 12 月 31 日，对小型微利企业年应纳税所得额不超过 100 万元的部分，减按 25% 计入应纳税所得额，按 20% 的税率缴纳企业所得税；对年应纳税所得额超过 100 万元但不超过 300 万元的部分，减按 50% 计入应纳税所得额，按 20% 的税率缴纳企业所得税。

享受条件

小型微利企业是指从事国家非限制和禁止行业，且同时符合年度应纳税所得额不超过 300 万元、从业人数不超过 300 人、资产总额不超过 5000 万元等三个条件的企业。

从业人数，包括与企业建立劳动关系的职工人数和企业接受的劳务派遣用工人数。所称从业人数和资产总额指标，应按企业全年的季度平均值确定。具体计算公式如下：

季度平均值 =（季初值 + 季末值）÷ 2

全年季度平均值 = 全年各季度平均值之和 ÷ 4

年度中间开业或者终止经营活动的，以其实际经营期作为一个纳税年度确定上述相关指标。

政策依据

1）《中华人民共和国企业所得税法》第二十八条第一款

2）《中华人民共和国企业所得税法实施条例》第九十二条

3）《财政部 税务总局关于实施小微企业普惠性税收减免政策的通知》（财税〔2019〕13 号）第二条

4）《国家税务总局关于实施小型微利企业普惠性所得税减免政策有关问

题的公告》（国家税务总局公告2019年第2号）

📖 延伸阅读

2-1 《中华人民共和国企业所得税法》第二十八条第一款
2018年12月29日　中华人民共和国主席令第二十三号

第二十八条 符合条件的小型微利企业，减按20%的税率征收企业所得税。

2-2 《中华人民共和国企业所得税法实施条例》第九十二条
2019年4月23日　中华人民共和国国务院令第714号

第九十二条 企业所得税法第二十八条第一款所称符合条件的小型微利企业，是指从事国家非限制和禁止行业，并符合下列条件的企业：
（一）工业企业，年度应纳税所得额不超过30万元，从业人数不超过100人，资产总额不超过3000万元；
（二）其他企业，年度应纳税所得额不超过30万元，从业人数不超过80人，资产总额不超过1000万元。

2-3 《财政部　税务总局关于实施小微企业普惠性税收减免政策的通知》第二条
2019年1月17日　财税〔2019〕13号

二、对小型微利企业年应纳税所得额不超过100万元的部分，减按25%计入应纳税所得额，按20%的税率缴纳企业所得税；对年应纳税所得额超过100万元但不超过300万元的部分，减按50%计入应纳税所得额，按20%的税率缴纳企业所得税。

上述小型微利企业是指从事国家非限制和禁止行业，且同时符合年度应纳税所得额不超过300万元、从业人数不超过300人、资产总额不超过5000万元等三个条件的企业。

从业人数，包括与企业建立劳动关系的职工人数和企业接受的劳务派遣用工人数。所称从业人数和资产总额指标，应按企业全年的季度平均值确定。具体计算公式如下：

季度平均值=（季初值+季末值）÷2

全年季度平均值=全年各季度平均值之和÷4

年度中间开业或者终止经营活动的，以其实际经营期作为一个纳税年度确定上述相关指标。

2-4 《国家税务总局关于实施小型微利企业普惠性所得税减免政策有关问题的公告》

2019年1月18日　国家税务总局公告2019年第2号

根据《中华人民共和国企业所得税法》及其实施条例、《财政部　税务总局关于实施小微企业普惠性税收减免政策的通知》（财税〔2019〕13号，以下简称《通知》）等规定，现就小型微利企业普惠性所得税减免政策有关问题公告如下：

一、自2019年1月1日至2021年12月31日，对小型微利企业年应纳税所得额不超过100万元的部分，减按25%计入应纳税所得额，按20%的税率缴纳企业所得税；对年应纳税所得额超过100万元但不超过300万元的部分，减按50%计入应纳税所得额，按20%的税率缴纳企业所得税。

小型微利企业无论按查账征收方式或核定征收方式缴纳企业所得税，均可享受上述优惠政策。

二、本公告所称小型微利企业是指从事国家非限制和禁止行业，且同时符合年度应纳税所得额不超过300万元、从业人数不超过300人、资产总额不超过5000万元等三个条件的企业。

三、小型微利企业所得税统一实行按季度预缴。

预缴企业所得税时，小型微利企业的资产总额、从业人数、年度应纳税所得额指标，暂按当年度截至本期申报所属期末的情况进行判断。其中，资产总额、从业人数指标比照《通知》第二条中"全年季度平均值"的计算公式，计算截至本期申报所属期末的季度平均值；年度应纳税所得额指标暂按截至本期申报所属期末不超过300万元的标准判断。

四、原不符合小型微利企业条件的企业，在年度中间预缴企业所得税时，按本公告第三条规定判断符合小型微利企业条件的，应按照截至本期申报所属期末累计情况计算享受小型微利企业所得税减免政策。当年度此前期间因不符合小型微利企业条件而多预缴的企业所得税税款，可在以后季度应预缴的企业所得税税款中抵减。

按月度预缴企业所得税的企业，在当年度4月、7月、10月预缴申报时，如果按照本公告第三条规定判断符合小型微利企业条件的，下一个预缴申报期起调整为按季度预缴申报，一经调整，当年度内不再变更。

五、小型微利企业在预缴和汇算清缴企业所得税时，通过填写纳税申报表相关内容，即可享受小型微利企业所得税减免政策。

六、实行核定应纳所得税额征收的企业，根据小型微利企业所得税减免政策规定需要调减定额的，由主管税务机关按照程序调整，并及时将调整情况告知企业。

七、企业预缴企业所得税时已享受小型微利企业所得税减免政策，汇算清缴企业所得税时不符合《通知》第二条规定的，应当按照规定补缴企业所得税税款。

八、《国家税务总局关于贯彻落实进一步扩大小型微利企业所得税优惠政策范围有关征管问题的公告》（国家税务总局公告2018年第40号）在2018年度企业所得税汇算清缴结束后废止。

特此公告。

3. 增值税小规模纳税人减免资源税等"六税两费"

享受主体

增值税小规模纳税人。

优惠内容

自2019年1月1日至2021年12月31日，由省、自治区、直辖市人民政府根据本地区实际情况，以及宏观调控需要确定，对增值税小规模纳税人可以在50%的税额幅度内减征资源税、城市维护建设税、房产税、城镇土地使用税、印花税（不含证券交易印花税）、耕地占用税和教育费附加、地方教育附加。

增值税小规模纳税人已依法享受资源税、城市维护建设税、房产税、城镇土地使用税、印花税、耕地占用税、教育费附加、地方教育附加其他优惠政策的，可叠加享受此项优惠政策。

享受条件

增值税小规模纳税人按照各省、自治区、直辖市人民政府根据本地区实际情况,以及宏观调控需要确定的税额幅度,享受税收优惠。

政策依据

1)《财政部 税务总局关于实施小微企业普惠性税收减免政策的通知》(财税〔2019〕13号)第三条、第四条

2)《国家税务总局关于增值税小规模纳税人地方税种和相关附加减征政策有关征管问题的公告》(国家税务总局公告2019年第5号)

延伸阅读

3-1 《财政部 税务总局关于实施小微企业普惠性税收减免政策的通知》第三条、第四条

2019年1月17日 财税〔2019〕13号

三、由省、自治区、直辖市人民政府根据本地区实际情况,以及宏观调控需要确定,对增值税小规模纳税人可以在50%的税额幅度内减征资源税、城市维护建设税、房产税、城镇土地使用税、印花税(不含证券交易印花税)、耕地占用税和教育费附加、地方教育附加。

四、增值税小规模纳税人已依法享受资源税、城市维护建设税、房产税、城镇土地使用税、印花税、耕地占用税、教育费附加、地方教育附加其他优惠政策的,可叠加享受本通知第三条规定的优惠政策。

3-2 《国家税务总局关于增值税小规模纳税人地方税种和相关附加减征政策有关征管问题的公告》

2019年1月19日 国家税务总局公告2019年第5号

根据《财政部 税务总局关于实施小微企业普惠性税收减免政策的通知》(财税〔2019〕13号),现就增值税小规模纳税人地方税种和相关附加减征政策有关征管问题公告如下:

一、关于申报表的修订

修订《资源税纳税申报表》《城市维护建设税　教育费附加　地方教育附加申报表》《房产税纳税申报表》《城镇土地使用税纳税申报表》《印花税纳税申报（报告）表》《耕地占用税纳税申报表》，增加增值税小规模纳税人减征优惠申报有关数据项目，相应修改有关填表说明（具体见附件）。

二、关于纳税人类别变化时减征政策适用时间的确定

缴纳资源税、城市维护建设税、房产税、城镇土地使用税、印花税、耕地占用税、教育费附加和地方教育附加的增值税一般纳税人按规定转登记为小规模纳税人的，自成为小规模纳税人的当月起适用减征优惠。增值税小规模纳税人按规定登记为一般纳税人的，自一般纳税人生效之日起不再适用减征优惠；增值税年应税销售额超过小规模纳税人标准应当登记为一般纳税人而未登记，经税务机关通知，逾期仍不办理登记的，自逾期次月起不再适用减征优惠。

三、关于减征优惠的办理方式

纳税人自行申报享受减征优惠，不需额外提交资料。

四、关于纳税人未及时享受减征优惠的处理方式

纳税人符合条件但未及时申报享受减征优惠的，可依法申请退税或者抵减以后纳税期的应纳税款。

五、施行时间

本公告自2019年1月1日起施行。本公告修订的表单自各省（自治区、直辖市）人民政府确定减征比例的规定公布当日正式启用。各地启用本公告修订的表单后，不再使用《国家税务总局关于发布修订后的〈资源税纳税申报表〉的公告》（国家税务总局公告2016年第38号）中的《资源税纳税申报表》主表、《国家税务总局关于发布〈耕地占用税管理规程（试行）〉的公告》（国家税务总局公告2016年第2号，国家税务总局公告2018年第31号修改）中的《耕地占用税纳税申报表》。

特此公告。

附件：1. 资源税纳税申报表（编者略）[①]

2. 城市维护建设税　教育费附加　地方教育附加申报表（编者略）

3. 房产税纳税申报表（编者略）

4. 城镇土地使用税纳税申报表（编者略）

5. 印花税纳税申报（报告）表（编者略）

[①] 编者略内容请登录中国税务出版社税收资讯网（http://www.taxation.cn）查阅，全书同。

6. 耕地占用税纳税申报表（编者略）

（二）重点群体创业就业税收优惠

4. 重点群体创业税收扣减

享受主体

1）纳入全国扶贫开发信息系统的建档立卡贫困人口；

2）在人力资源社会保障部门公共就业服务机构登记失业半年以上的人员；

3）零就业家庭、享受城市居民最低生活保障家庭劳动年龄内的登记失业人员；

4）毕业年度内高校毕业生。高校毕业生是指实施高等学历教育的普通高等学校、成人高等学校应届毕业的学生；毕业年度是指毕业所在自然年，即1月1日至12月31日。

优惠内容

2019年1月1日至2021年12月31日，从事个体经营的，自办理个体工商户登记当月起，在3年（36个月，下同）内按每户每年12000元为限额依次扣减其当年实际应缴纳的增值税、城市维护建设税、教育费附加、地方教育附加和个人所得税。限额标准最高可上浮20%，各省、自治区、直辖市人民政府可根据本地区实际情况在此幅度内确定具体限额标准。

纳税人年度应缴纳税款小于上述扣减限额的，减免税额以其实际缴纳的税款为限；大于上述扣减限额的，以上述扣减限额为限。

纳税人在2021年12月31日享受税收优惠政策未满3年的，可继续享受至3年期满为止。以前年度已享受重点群体创业就业税收优惠政策满3年的，不得再享受财税〔2019〕22号文件规定的税收优惠政策；以前年度享受重点群体创业就业税收优惠政策未满3年且符合财税〔2019〕22号文件规定条件的，可按财税〔2019〕22号文件规定享受优惠至3年期满。

享受条件

1）从事个体经营；

2）建档立卡贫困人口、持《就业创业证》（注明"自主创业税收政策"或"毕业年度内自主创业税收政策"）或《就业失业登记证》（注明"自主创业税收政策"）的人员。

政策依据

1)《财政部 税务总局 人力资源社会保障部 国务院扶贫办关于进一步支持和促进重点群体创业就业有关税收政策的通知》（财税〔2019〕22号）第一条、第五条

2)《国家税务总局 人力资源社会保障部 国务院扶贫办 教育部关于实施支持和促进重点群体创业就业有关税收政策具体操作问题的公告》（国家税务总局公告2019年第10号）

延伸阅读

4-1 《财政部 税务总局 人力资源社会保障部 国务院扶贫办关于进一步支持和促进重点群体创业就业有关税收政策的通知》第一条、第五条

2019年2月2日 财税〔2019〕22号

一、建档立卡贫困人口、持《就业创业证》（注明"自主创业税收政策"或"毕业年度内自主创业税收政策"）或《就业失业登记证》（注明"自主创业税收政策"）的人员，从事个体经营的，自办理个体工商户登记当月起，在3年（36个月，下同）内按每户每年12000元为限额依次扣减其当年实际应缴纳的增值税、城市维护建设税、教育费附加、地方教育附加和个人所得税。限额标准最高可上浮20%，各省、自治区、直辖市人民政府可根据本地区实际情况在此幅度内确定具体限额标准。

纳税人年度应缴纳税款小于上述扣减限额的，减免税额以其实际缴纳的税款为限；大于上述扣减限额的，以上述扣减限额为限。

上述人员具体包括：1.纳入全国扶贫开发信息系统的建档立卡贫困人口；2.在人力资源社会保障部门公共就业服务机构登记失业半年以上的人员；3.零就业家庭、享受城市居民最低生活保障家庭劳动年龄内的登记失业人员；4.毕业年度内高校毕业生。高校毕业生是指实施高等学历教育的普通高等学校、成人高等学校应届毕业的学生；毕业年度是指毕业所在自然年，即1月1日至12月

31日。

……

五、本通知规定的税收政策执行期限为2019年1月1日至2021年12月31日。纳税人在2021年12月31日享受本通知规定税收优惠政策未满3年的，可继续享受至3年期满为止。《财政部 税务总局 人力资源社会保障部关于继续实施支持和促进重点群体创业就业有关税收政策的通知》（财税〔2017〕49号）自2019年1月1日起停止执行。

本通知所述人员，以前年度已享受重点群体创业就业税收优惠政策满3年的，不得再享受本通知规定的税收优惠政策；以前年度享受重点群体创业就业税收优惠政策未满3年且符合本通知规定条件的，可按本通知规定享受优惠至3年期满。

4-2 《国家税务总局 人力资源社会保障部 国务院扶贫办 教育部关于实施支持和促进重点群体创业就业有关税收政策具体操作问题的公告》

2019年2月26日 国家税务总局公告2019年第10号

为贯彻落实《财政部 税务总局 人力资源社会保障部 国务院扶贫办关于进一步支持和促进重点群体创业就业有关税收政策的通知》（财税〔2019〕22号）精神，现就具体操作问题公告如下：

一、重点群体个体经营税收政策

（一）申请

1. 建档立卡贫困人口从事个体经营的，向主管税务机关申报纳税时享受优惠。

2. 登记失业半年以上的人员，零就业家庭、享受城市居民最低生活保障家庭劳动年龄的登记失业人员，以及毕业年度内高校毕业生，可持《就业创业证》（或《就业失业登记证》，下同）、个体工商户登记执照（未完成"两证整合"的还须持《税务登记证》）向创业地县以上（含县级，下同）人力资源社会保障部门提出申请。县以上人力资源社会保障部门应当按照财税〔2019〕22号文件的规定，核实其是否享受过重点群体创业就业税收优惠政策。对符合财税〔2019〕22号文件规定条件的人员在《就业创业证》上注明"自主创业税收政策"或"毕业年度内自主创业税收政策"。

（二）税款减免顺序及额度

重点群体从事个体经营的，按照财税〔2019〕22号文件第一条的规定，在年度减免税限额内，依次扣减增值税、城市维护建设税、教育费附加、地方教育附加和个人所得税。城市维护建设税、教育费附加、地方教育附加的计税依据是享受本项税收优惠政策前的增值税应纳税额。

纳税人的实际经营期不足1年的，应当以实际月数换算其减免税限额。换算公式为：减免税限额＝年度减免税限额÷12×实际经营月数。

纳税人实际应缴纳的增值税、城市维护建设税、教育费附加、地方教育附加和个人所得税小于减免税限额的，以实际应缴纳的增值税、城市维护建设税、教育费附加、地方教育附加和个人所得税税额为限；实际应缴纳的增值税、城市维护建设税、教育费附加、地方教育附加和个人所得税大于减免税限额的，以减免税限额为限。

（三）税收减免管理

登记失业半年以上的人员，零就业家庭、城市低保家庭的登记失业人员，以及毕业年度内高校毕业生享受本项税收优惠的，由其留存《就业创业证》（注明"自主创业税收政策"或"毕业年度内自主创业税收政策"）备查，建档立卡贫困人口无需留存资料备查。

二、企业招用重点群体税收政策

（一）申请

享受招用重点群体就业税收优惠政策的企业，持下列材料向县以上人力资源社会保障部门递交申请：

1. 招用人员持有的《就业创业证》（建档立卡贫困人口不需提供）。

2. 企业与招用重点群体签订的劳动合同（副本），企业依法为重点群体缴纳的社会保险记录。通过内部信息共享、数据比对等方式审核的地方，可不再要求企业提供缴纳社会保险记录。

县以上人力资源社会保障部门接到企业报送的材料后，重点核实以下情况：

1. 招用人员是否属于享受税收优惠政策的人员范围，以前是否已享受过重点群体创业就业税收优惠政策。

2. 企业是否与招用人员签订了1年以上期限劳动合同，并依法为招用人员缴纳社会保险。

核实后，对持有《就业创业证》的重点群体，在其《就业创业证》上注明"企业吸纳税收政策"；对符合条件的企业核发《企业吸纳重点群体就业认定证明》。

招用人员发生变化的,应向人力资源社会保障部门办理变更申请。

本公告所称企业是指属于增值税纳税人或企业所得税纳税人的企业等单位。

(二)税款减免顺序及额度

1. 纳税人按本单位招用重点群体的人数及其实际工作月数核算本单位减免税总额,在减免税总额内每月依次扣减增值税、城市维护建设税、教育费附加和地方教育附加。城市维护建设税、教育费附加、地方教育附加的计税依据是享受本项税收优惠政策前的增值税应纳税额。

纳税人实际应缴纳的增值税、城市维护建设税、教育费附加和地方教育附加小于核算的减免税总额的,以实际应缴纳的增值税、城市维护建设税、教育费附加、地方教育附加为限;实际应缴纳的增值税、城市维护建设税、教育费附加和地方教育附加大于核算的减免税总额的,以核算的减免税总额为限。纳税年度终了,如果纳税人实际减免的增值税、城市维护建设税、教育费附加和地方教育附加小于核算的减免税总额,纳税人在企业所得税汇算清缴时,以差额部分扣减企业所得税。当年扣减不完的,不再结转以后年度扣减。

享受优惠政策当年,重点群体人员工作不满1年的,应当以实际月数换算其减免税总额。

减免税总额 = Σ 每名重点群体人员本年度在本企业工作月数 ÷ 12 × 具体定额标准

2. 第2年及以后年度当年新招用人员、原招用人员及其工作时间按上述程序和办法执行。计算每名重点群体人员享受税收优惠政策的期限最长不超过36个月。

(三)税收减免管理

企业招用重点群体享受本项优惠的,由企业留存以下材料备查:

1. 享受税收优惠政策的登记失业半年以上的人员,零就业家庭、城市低保家庭的登记失业人员,以及毕业年度内高校毕业生的《就业创业证》(注明"企业吸纳税收政策")。

2. 县以上人力资源社会保障部门核发的《企业吸纳重点群体就业认定证明》。

3. 《重点群体人员本年度实际工作时间表》(见附件)。

三、凭《就业创业证》享受上述优惠政策的人员，按以下规定申领《就业创业证》

（一）失业人员在常住地公共就业服务机构进行失业登记，申领《就业创业证》。对其中的零就业家庭、城市低保家庭的登记失业人员，公共就业服务机构应在其《就业创业证》上予以注明。

（二）毕业年度内高校毕业生在校期间凭学生证向公共就业服务机构申领《就业创业证》，或委托所在高校就业指导中心向公共就业服务机构代为申领《就业创业证》；毕业年度内高校毕业生离校后可凭毕业证直接向公共就业服务机构按规定申领《就业创业证》。

四、税收优惠政策管理

（一）严格各项凭证的审核发放。任何单位或个人不得伪造、涂改、转让、出租相关凭证，违者将依法予以惩处；对出借、转让《就业创业证》的人员，主管人力资源社会保障部门要收回其《就业创业证》并记录在案；对采取上述手段已经获取减免税的企业和个人，主管税务机关要追缴其已减免的税款，并依法予以处理。

（二）《就业创业证》采用实名制，限持证者本人使用。创业人员从事个体经营的，《就业创业证》由本人保管；被用人单位招用的，享受税收优惠政策期间，证件由用人单位保管。《就业创业证》由人力资源社会保障部统一样式，各省、自治区、直辖市人力资源社会保障部门负责印制，作为审核劳动者就业失业状况和享受政策情况的有效凭证。

（三）《企业吸纳重点群体就业认定证明》由人力资源社会保障部统一样式，各省、自治区、直辖市人力资源社会保障部门统一印制，统一编号备案，相关信息由当地人力资源社会保障部门按需提供给税务部门。

（四）县以上人力资源社会保障、税务部门及扶贫办要建立劳动者就业信息交换和协查制度。人力资源社会保障部建立全国《就业创业证》查询系统（http：//jyjc.mohrss.gov.cn），供各级人力资源社会保障、财政、税务部门查询《就业创业证》信息。国务院扶贫办建立全国统一的全国扶贫开发信息系统，供各级扶贫办、人力资源社会保障、财政、税务部门查询建档立卡贫困人口身份等相关信息。

（五）各级税务机关对《就业创业证》或建档立卡贫困人口身份有疑问的，可提请同级人力资源社会保障部门、扶贫办予以协查，同级人力资源社会保障部门、扶贫办应根据具体情况规定合理的工作时限，并在时限内将协查结果通报提请协查的税务机关。

五、本公告自 2019 年 1 月 1 日起施行。《国家税务总局　财政部　人力资源社会保障部　教育部　民政部关于继续实施支持和促进重点群体创业就业有关税收政策具体操作问题的公告》（国家税务总局公告 2017 年第 27 号）同时废止。

特此公告。

附件：重点群体人员本年度实际工作时间表（样表）（编者略）

5. 吸纳重点群体就业税收扣减

享受主体

属于增值税纳税人或企业所得税纳税人的企业等单位。

优惠内容

2019 年 1 月 1 日至 2021 年 12 月 31 日，招用建档立卡贫困人口，以及在人力资源社会保障部门公共就业服务机构登记失业半年以上且持《就业创业证》或《就业失业登记证》（注明"企业吸纳税收政策"）的人员，与其签订 1 年以上期限劳动合同并依法缴纳社会保险费的，在 3 年内按实际招用人数予以定额依次扣减增值税、城市维护建设税、教育费附加、地方教育附加和企业所得税优惠。定额标准为每人每年 6000 元，最高可上浮 30%，各省、自治区、直辖市人民政府可根据本地区实际情况在此幅度内确定具体定额标准。城市维护建设税、教育费附加、地方教育附加的计税依据是享受本项税收优惠政策前的增值税应纳税额。

按上述标准计算的税收扣减额应在企业当年实际应缴纳的增值税、城市维护建设税、教育费附加、地方教育附加和企业所得税税额中扣减，当年扣减不完的，不得结转下年使用。

纳税人在 2021 年 12 月 31 日享受税收优惠政策未满 3 年的，可继续享受至 3 年期满为止。

享受条件

与招用建档立卡贫困人口，以及在人力资源社会保障部门公共就业服务机构登记失业半年以上且持《就业创业证》或《就业失业登记证》（注明"企业吸纳税收政策"）的人员签订 1 年以上期限劳动合同并依法缴纳社会保险费。

政策依据

1)《财政部　税务总局　人力资源社会保障部　国务院扶贫办关于进一步支持和促进重点群体创业就业有关税收政策的通知》(财税〔2019〕22号)第二条、第五条

2)《国家税务总局　人力资源社会保障部　国务院扶贫办　教育部关于实施支持和促进重点群体创业就业有关税收政策具体操作问题的公告》(国家税务总局公告2019年第10号)(略,见文件4-2)

延伸阅读

5-1 《财政部　税务总局　人力资源社会保障部　国务院扶贫办关于进一步支持和促进重点群体创业就业有关税收政策的通知》第二条、第五条

2019年2月2日　财税〔2019〕22号

二、企业招用建档立卡贫困人口,以及在人力资源社会保障部门公共就业服务机构登记失业半年以上且持《就业创业证》或《就业失业登记证》(注明"企业吸纳税收政策")的人员,与其签订1年以上期限劳动合同并依法缴纳社会保险费的,自签订劳动合同并缴纳社会保险当月起,在3年内按实际招用人数予以定额依次扣减增值税、城市维护建设税、教育费附加、地方教育附加和企业所得税优惠。定额标准为每人每年6000元,最高可上浮30%,各省、自治区、直辖市人民政府可根据本地区实际情况在此幅度内确定具体定额标准。城市维护建设税、教育费附加、地方教育附加的计税依据是享受本项税收优惠政策前的增值税应纳税额。

按上述标准计算的税收扣减额应在企业当年实际应缴纳的增值税、城市维护建设税、教育费附加、地方教育附加和企业所得税税额中扣减,当年扣减不完的,不得结转下年使用。

本通知所称企业是指属于增值税纳税人或企业所得税纳税人的企业等单位。

……

五、本通知规定的税收政策执行期限为2019年1月1日至2021年12月31日。纳税人在2021年12月31日享受本通知规定税收优惠政策未满3年的,可继续享受至3年期满为止。《财政部　税务总局　人力资源社会保障部关于

继续实施支持和促进重点群体创业就业有关税收政策的通知》(财税〔2017〕49号)自 2019 年 1 月 1 日起停止执行。

本通知所述人员,以前年度已享受重点群体创业就业税收优惠政策满 3 年的,不得再享受本通知规定的税收优惠政策;以前年度享受重点群体创业就业税收优惠政策未满 3 年且符合本通知规定条件的,可按本通知规定享受优惠至 3 年期满。

6. 退役士兵创业税收扣减

享受主体

自主就业的退役士兵。

优惠内容

2019 年 1 月 1 日至 2021 年 12 月 31 日,自主就业退役士兵从事个体经营的,自办理个体工商户登记当月起,在 3 年(36 个月,下同)内按每户每年 12000 元为限额依次扣减其当年实际应缴纳的增值税、城市维护建设税、教育费附加、地方教育附加和个人所得税。限额标准最高可上浮 20%,各省、自治区、直辖市人民政府可根据本地区实际情况在此幅度内确定具体限额标准。城市维护建设税、教育费附加、地方教育附加的计税依据是享受本项税收优惠政策前的增值税应纳税额。

纳税人年度应缴纳税款小于上述扣减限额的,减免税额以其实际缴纳的税款为限;大于上述扣减限额的,以上述扣减限额为限。纳税人的实际经营期不足 1 年的,应当按月换算其减免税限额。换算公式为:减免税限额 = 年度减免税限额 ÷12 × 实际经营月数。

纳税人在 2021 年 12 月 31 日享受税收优惠政策未满 3 年的,可继续享受至 3 年期满为止。退役士兵以前年度已享受退役士兵创业就业税收优惠政策满 3 年的,不得再享受财税〔2019〕21 号文件规定的税收优惠政策;以前年度享受退役士兵创业就业税收优惠政策未满 3 年且符合财税〔2019〕21 号文件规定条件的,可按财税〔2019〕21 号文件规定享受优惠至 3 年期满。

享受条件

1)从事个体经营;

2）自主就业退役士兵是指依照《退役士兵安置条例》（国务院 中央军委令第608号）的规定退出现役并按自主就业方式安置的退役士兵。

📖 政策依据

《财政部 税务总局 退役军人部关于进一步扶持自主就业退役士兵创业就业有关税收政策的通知》（财税〔2019〕21号）第一条、第三条、第六条

📖 延伸阅读

6-1 《财政部 税务总局 退役军人部关于进一步扶持自主就业退役士兵创业就业有关税收政策的通知》第一条、第三条、第六条

2019年2月2日 财税〔2019〕21号

一、自主就业退役士兵从事个体经营的，自办理个体工商户登记当月起，在3年（36个月，下同）内按每户每年12000元为限额依次扣减其当年实际应缴纳的增值税、城市维护建设税、教育费附加、地方教育附加和个人所得税。限额标准最高可上浮20%，各省、自治区、直辖市人民政府可根据本地区实际情况在此幅度内确定具体限额标准。

纳税人年度应缴纳税款小于上述扣减限额的，减免税额以其实际缴纳的税款为限；大于上述扣减限额的，以上述扣减限额为限。纳税人的实际经营期不足1年的，应当按月换算其减免税限额。换算公式为：减免税限额＝年度减免税限额÷12×实际经营月数。城市维护建设税、教育费附加、地方教育附加的计税依据是享受本项税收优惠政策前的增值税应纳税额。

……

三、本通知所称自主就业退役士兵是指依照《退役士兵安置条例》（国务院 中央军委令第608号）的规定退出现役并按自主就业方式安置的退役士兵。

本通知所称企业是指属于增值税纳税人或企业所得税纳税人的企业等单位。

……

六、本通知规定的税收政策执行期限为2019年1月1日至2021年12月31日。纳税人在2021年12月31日享受本通知规定税收优惠政策未满3年的，

可继续享受至3年期满为止。《财政部 税务总局 民政部关于继续实施扶持自主就业退役士兵创业就业有关税收政策的通知》(财税〔2017〕46号)自2019年1月1日起停止执行。

退役士兵以前年度已享受退役士兵创业就业税收优惠政策满3年的,不得再享受本通知规定的税收优惠政策;以前年度享受退役士兵创业就业税收优惠政策未满3年且符合本通知规定条件的,可按本通知规定享受优惠至3年期满。

7. 吸纳退役士兵就业企业税收扣减

享受主体

属于增值税纳税人或企业所得税纳税人的企业等单位。

优惠内容

2019年1月1日至2021年12月31日,招用自主就业退役士兵,与其签订1年以上期限劳动合同并依法缴纳社会保险费的,在3年内按实际招用人数予以定额依次扣减增值税、城市维护建设税、教育费附加、地方教育附加和企业所得税优惠。定额标准为每人每年6000元,最高可上浮50%,各省、自治区、直辖市人民政府可根据本地区实际情况在此幅度内确定具体定额标准。城市维护建设税、教育费附加、地方教育附加的计税依据是享受本项税收优惠政策前的增值税应纳税额。

企业按招用人数和签订的劳动合同时间核算企业减免税总额,在核算减免税总额内每月依次扣减增值税、城市维护建设税、教育费附加和地方教育附加。企业实际应缴纳的增值税、城市维护建设税、教育费附加和地方教育附加小于核算减免税总额的,以实际应缴纳的增值税、城市维护建设税、教育费附加和地方教育附加为限;实际应缴纳的增值税、城市维护建设税、教育费附加和地方教育附加大于核算减免税总额的,以核算减免税总额为限。

纳税年度终了,如果企业实际减免的增值税、城市维护建设税、教育费附加和地方教育附加小于核算减免税总额,企业在企业所得税汇算清缴时以差额部分扣减企业所得税。当年扣减不完的,不再结转以后年度扣减。

自主就业退役士兵在企业工作不满1年的,应当按月换算减免税限额。计算公式为:企业核算减免税总额=Σ每名自主就业退役士兵本年度在本单位工作月份÷12×具体定额标准。

在 2021 年 12 月 31 日享受税收优惠政策未满 3 年的，可继续享受至 3 年期满为止。

享受条件

与招用自主就业退役士兵签订 1 年以上期限劳动合同并依法缴纳社会保险费的。

政策依据

《财政部 税务总局 退役军人部关于进一步扶持自主就业退役士兵创业就业有关税收政策的通知》（财税〔2019〕21 号）第二条、第五条、第六条

延伸阅读

7-1 《财政部 税务总局 退役军人部关于进一步扶持自主就业退役士兵创业就业有关税收政策的通知》第二条、第五条、第六条

2019 年 2 月 2 日 财税〔2019〕21 号

二、企业招用自主就业退役士兵，与其签订 1 年以上期限劳动合同并依法缴纳社会保险费的，自签订劳动合同并缴纳社会保险当月起，在 3 年内按实际招用人数予以定额依次扣减增值税、城市维护建设税、教育费附加、地方教育附加和企业所得税优惠。定额标准为每人每年 6000 元，最高可上浮 50%，各省、自治区、直辖市人民政府可根据本地区实际情况在此幅度内确定具体定额标准。

企业按招用人数和签订的劳动合同时间核算企业减免税总额，在核算减免税总额内每月依次扣减增值税、城市维护建设税、教育费附加和地方教育附加。企业实际应缴纳的增值税、城市维护建设税、教育费附加和地方教育附加小于核算减免税总额的，以实际应缴纳的增值税、城市维护建设税、教育费附加和地方教育附加为限；实际应缴纳的增值税、城市维护建设税、教育费附加和地方教育附加大于核算减免税总额的，以核算减免税总额为限。

纳税年度终了，如果企业实际减免的增值税、城市维护建设税、教育费附加和地方教育附加小于核算减免税总额，企业在企业所得税汇算清缴时以差额

部分扣减企业所得税。当年扣减不完的，不再结转以后年度扣减。

自主就业退役士兵在企业工作不满 1 年的，应当按月换算减免税限额。计算公式为：企业核算减免税总额 =Σ 每名自主就业退役士兵本年度在本单位工作月份 ÷12× 具体定额标准。

城市维护建设税、教育费附加、地方教育附加的计税依据是享受本项税收优惠政策前的增值税应纳税额。

……

五、企业招用自主就业退役士兵既可以适用本通知规定的税收优惠政策，又可以适用其他扶持就业专项税收优惠政策的，企业可以选择适用最优惠的政策，但不得重复享受。

六、本通知规定的税收政策执行期限为 2019 年 1 月 1 日至 2021 年 12 月 31 日。纳税人在 2021 年 12 月 31 日享受本通知规定税收优惠政策未满 3 年的，可继续享受至 3 年期满为止。《财政部　税务总局　民政部关于继续实施扶持自主就业退役士兵创业就业有关税收政策的通知》（财税〔2017〕46 号）自 2019 年 1 月 1 日起停止执行。

退役士兵以前年度已享受退役士兵创业就业税收优惠政策满 3 年的，不得再享受本通知规定的税收优惠政策；以前年度享受退役士兵创业就业税收优惠政策未满 3 年且符合本通知规定条件的，可按本通知规定享受优惠至 3 年期满。

8. 随军家属创业免征增值税

享受主体

从事个体经营的随军家属。

优惠内容

自办理税务登记事项之日起，其提供的应税服务 3 年内免征增值税。

享受条件

必须持有师以上政治机关出具的可以表明其身份的证明，每一名随军家属可以享受一次免税政策。

政策依据

《财政部 国家税务总局关于全面推开营业税改征增值税试点的通知》（财税〔2016〕36号）附件3《营业税改征增值税试点过渡政策的规定》第一条第（三十九）项

延伸阅读

8-1 《财政部 国家税务总局关于全面推开营业税改征增值税试点的通知》附件3《营业税改征增值税试点过渡政策的规定》第一条第（三十九）项

2016年3月23日 财税〔2016〕36号

一、下列项目免征增值税

……

（三十九）随军家属就业。

1. 为安置随军家属就业而新开办的企业，自领取税务登记证之日起，其提供的应税服务3年内免征增值税。

享受税收优惠政策的企业，随军家属必须占企业总人数的60%（含）以上，并有军（含）以上政治和后勤机关出具的证明。

2. 从事个体经营的随军家属，自办理税务登记事项之日起，其提供的应税服务3年内免征增值税。

随军家属必须有师以上政治机关出具的可以表明其身份的证明。

按照上述规定，每一名随军家属可以享受一次免税政策。

9. 随军家属创业免征个人所得税

享受主体

从事个体经营的随军家属。

优惠内容

随军家属从事个体经营，自领取税务登记证之日起，3年内免征个人所得税。

享受条件

1）随军家属从事个体经营，须有师以上政治机关出具的可以表明其身份的证明。

2）每一名随军家属只能按上述规定，享受一次免税政策。

政策依据

《财政部 国家税务总局关于随军家属就业有关税收政策的通知》（财税〔2000〕84号）第二条

延伸阅读

9-1 《财政部 国家税务总局关于随军家属就业有关税收政策的通知》第二条

2000年9月27日 财税〔2000〕84号

二、对从事个体经营的随军家属，自领取税务登记证之日起，3年内免征营业税和个人所得税。

10. 安置随军家属就业的企业免征增值税

享受主体

为安置随军家属就业而新开办的企业。

优惠内容

为安置随军家属就业而新开办的企业，自领取税务登记证之日起，其提供的应税服务3年内免征增值税。

享受条件

安置的随军家属必须占企业总人数的60%（含）以上，并有军（含）以上政治和后勤机关出具的证明。

政策依据

《财政部 国家税务总局关于全面推开营业税改征增值税试点的通知》（财税〔2016〕36号）附件3《营业税改征增值税试点过渡政策的规定》第一条第（三十九）项（略，见文件8-1）

11. 军队转业干部创业免征增值税

享受主体

从事个体经营的军队转业干部。

优惠内容

自领取税务登记证之日起，其提供的应税服务3年内免征增值税。

享受条件

自主择业的军队转业干部必须持有师以上部队颁发的转业证件。

政策依据

《财政部 国家税务总局关于全面推开营业税改征增值税试点的通知》（财税〔2016〕36号）附件3《营业税改征增值税试点过渡政策的规定》第一条第（四十）项

延伸阅读

11-1 《财政部 国家税务总局关于全面推开营业税改征增值税试点的通知》附件3《营业税改征增值税试点过渡政策的规定》第一条第（四十）项

2016年3月23日 财税〔2016〕36号

一、下列项目免征增值税

……

（四十）军队转业干部就业。

1. 从事个体经营的军队转业干部，自领取税务登记证之日起，其提供的应税服务 3 年内免征增值税。

2. 为安置自主择业的军队转业干部就业而新开办的企业，凡安置自主择业的军队转业干部占企业总人数 60%（含）以上的，自领取税务登记证之日起，其提供的应税服务 3 年内免征增值税。

享受上述优惠政策的自主择业的军队转业干部必须持有师以上部队颁发的转业证件。

12. 自主择业的军队转业干部免征个人所得税

享受主体

从事个体经营的军队转业干部。

优惠内容

自主择业的军队转业干部从事个体经营，自领取税务登记证之日起，3 年内免征个人所得税。

享受条件

自主择业的军队转业干部必须持有师以上部队颁发的转业证件。

政策依据

《财政部 国家税务总局关于自主择业的军队转业干部有关税收政策问题的通知》（财税〔2003〕26 号）第一条

延伸阅读

12-1 《财政部 国家税务总局关于自主择业的军队转业干部有关税收政策问题的通知》第一条

2003 年 4 月 9 日　财税〔2003〕26 号

一、从事个体经营的军队转业干部，经主管税务机关批准，自领取税务登记证之日起，3 年内免征营业税和个人所得税。

13. 安置军队转业干部就业的企业免征增值税

享受主体

为安置自主择业的军队转业干部就业而新开办的企业。

优惠内容

为安置自主择业的军队转业干部就业而新开办的企业，自领取税务登记证之日起，其提供的应税服务3年内免征增值税。

享受条件

1）安置的自主择业军队转业干部占企业总人数60%（含）以上；
2）军队转业干部必须持有师以上部队颁发的转业证件。

政策依据

《财政部 国家税务总局关于全面推开营业税改征增值税试点的通知》（财税〔2016〕36号）附件3《营业税改征增值税试点过渡政策的规定》第一条第（四十）项（略，见文件11-1）

14. 残疾人创业免征增值税

享受主体

残疾人个人。

优惠内容

残疾人个人提供的加工、修理修配劳务，为社会提供的应税服务，免征增值税。

享受条件

残疾人，是指在法定劳动年龄内，持有《中华人民共和国残疾人证》或者《中华人民共和国残疾军人证（1至8级）》的自然人，包括具有劳动条件和劳动意愿的精神残疾人。

政策依据

1)《财政部　国家税务总局关于全面推开营业税改征增值税试点的通知》（财税〔2016〕36 号）附件 3《营业税改征增值税试点过渡政策的规定》第一条第（六）项

2)《财政部　国家税务总局关于促进残疾人就业增值税优惠政策的通知》（财税〔2016〕52 号）第八条

3)《国家税务总局关于发布〈促进残疾人就业增值税优惠政策管理办法〉的公告》（国家税务总局公告 2016 年第 33 号发布，国家税务总局公告 2018 年第 31 号修改）

延伸阅读

14－1　《财政部　国家税务总局关于全面推开营业税改征增值税试点的通知》附件 3《营业税改征增值税试点过渡政策的规定》第一条第（六）项

2016 年 3 月 23 日　财税〔2016〕36 号

一、下列项目免征增值税

……

（六）残疾人员本人为社会提供的服务。

14－2　《财政部　国家税务总局关于促进残疾人就业增值税优惠政策的通知》第八条

2016 年 5 月 5 日　财税〔2016〕52 号

八、残疾人个人提供的加工、修理修配劳务，免征增值税。

14-3 《国家税务总局关于发布〈促进残疾人就业增值税优惠政策管理办法〉的公告》①

2016年5月27日 国家税务总局公告2016年第33号发布，国家税务总局公告2018年第31号修改

为规范和完善促进残疾人就业增值税优惠政策管理，国家税务总局制定了《促进残疾人就业增值税优惠政策管理办法》，现予以公布，自2016年5月1日起施行。

特此公告。

附件：安置残疾人纳税人申请增值税退税声明（编者略）

促进残疾人就业增值税优惠政策管理办法

第一条 为加强促进残疾人就业增值税优惠政策管理，根据《财政部 国家税务总局关于促进残疾人就业增值税优惠政策的通知》（财税〔2016〕52号）、《国家税务总局关于发布〈税收减免管理办法〉的公告》（国家税务总局公告2015年第43号）及有关规定，制定本办法。

第二条 纳税人享受安置残疾人增值税即征即退优惠政策，适用本办法规定。

本办法所指纳税人，是指安置残疾人的单位和个体工商户。

第三条 纳税人首次申请享受税收优惠政策，应向主管税务机关提供以下备案资料：

（一）《税务资格备案表》。

（二）安置的残疾人的《中华人民共和国残疾人证》或者《中华人民共和国残疾军人证（1至8级）》复印件，注明与原件一致，并逐页加盖公章。安置精神残疾人的，提供精神残疾人同意就业的书面声明以及其法定监护人签字或印章的证明精神残疾人具有劳动条件和劳动意愿的书面材料。

（三）安置的残疾人的身份证明复印件，注明与原件一致，并逐页加盖

---

① 条款修改。"第十五条 各省、自治区、直辖市和计划单列市国家税务局，应定期或不定期在征管系统中对残疾人信息进行比对，发现异常的，按相关规定处理。"修改为"第十五条 各省、自治区、直辖市和计划单列市税务局，应定期或不定期在征管系统中对残疾人信息进行比对，发现异常的，按相关规定处理。"参见：《国家税务总局关于修改部分税收规范性文件的公告》，国家税务总局公告2018年第31号。

第四条 主管税务机关受理备案后,应将全部《中华人民共和国残疾人证》或者《中华人民共和国残疾军人证(1至8级)》信息以及所安置残疾人的身份证明信息录入征管系统。

第五条 纳税人提供的备案资料发生变化的,应于发生变化之日起15日内就变化情况向主管税务机关办理备案。

第六条 纳税人申请退还增值税时,需报送如下资料:

(一)《退(抵)税申请审批表》。

(二)《安置残疾人纳税人申请增值税退税声明》(见附件)。

(三)当期为残疾人缴纳社会保险费凭证的复印件及由纳税人加盖公章确认的注明缴纳人员、缴纳金额、缴纳期间的明细表。

(四)当期由银行等金融机构或纳税人加盖公章的按月为残疾人支付工资的清单。

特殊教育学校举办的企业,申请退还增值税时,不提供资料(三)和资料(四)。

第七条 纳税人申请享受税收优惠政策,应对报送资料的真实性和合法性承担法律责任。主管税务机关对纳税人提供资料的完整性和增值税退税额计算的准确性进行审核。

第八条 主管税务机关受理退税申请后,查询纳税人的纳税信用等级,对符合信用条件的,审核计算应退增值税额,并按规定办理退税。

第九条 纳税人本期应退增值税额按以下公式计算:

本期应退增值税额=本期所含月份每月应退增值税额之和

月应退增值税额=纳税人本月安置残疾人员人数×本月月最低工资标准的4倍

月最低工资标准,是指纳税人所在区县(含县级市、旗)适用的经省(含自治区、直辖市、计划单列市)人民政府批准的月最低工资标准。

纳税人本期已缴增值税额小于本期应退税额不足退还的,可在本年度内以前纳税期已缴增值税额扣除已退增值税额的余额中退还,仍不足退还的可结转本年度内以后纳税期退还。年度已缴增值税额小于或等于年度应退税额的,退税额为年度已缴增值税额;年度已缴增值税额大于年度应退税额的,退税额为年度应退税额。年度已缴增值税额不足退还的,不得结转以后年度退还。

第十条 纳税人新安置的残疾人从签订劳动合同并缴纳社会保险的次月起计算,其他职工从录用的次月起计算;安置的残疾人和其他职工减少的,从减少当月计算。

第十一条 主管税务机关应于每年 2 月底之前,在其网站或办税服务厅,将本地区上一年度享受安置残疾人增值税优惠政策的纳税人信息,按下列项目予以公示:纳税人名称、纳税人识别号、法人代表、计算退税的残疾人职工人次等。

第十二条 享受促进残疾人就业增值税优惠政策的纳税人,对能证明或印证符合政策规定条件的相关材料负有留存备查义务。纳税人在税务机关后续管理中不能提供相关材料的,不得继续享受优惠政策。税务机关应追缴其相应纳税期内已享受的增值税退税,并依照税收征管法及其实施细则的有关规定处理。

第十三条 各地税务机关要加强税收优惠政策落实情况的后续管理,对纳税人进行定期或不定期检查。检查发现纳税人不符合财税〔2016〕52 号文件规定的,按有关规定予以处理。

第十四条 本办法实施前已办理税收优惠资格备案的纳税人,主管税务机关应检查其已备案资料是否满足本办法第三条规定,残疾人信息是否已按第四条规定录入信息系统,如有缺失,应要求纳税人补充报送备案资料,补录信息。

第十五条 各省、自治区、直辖市和计划单列市国家税务局,应定期或不定期在征管系统中对残疾人信息进行比对,发现异常的,按相关规定处理。

第十六条 本办法自 2016 年 5 月 1 日起施行。

15. 安置残疾人就业的单位和个体工商户增值税即征即退

享受主体
安置残疾人的单位和个体工商户。

优惠内容
对安置残疾人的单位和个体工商户(以下称纳税人),实行由税务机关按纳税人安置残疾人的人数,限额即征即退增值税。每月可退还的增值税具体限额,由县级以上税务机关根据纳税人所在区县(含县级市、旗)适用的经省(含自治区、直辖市、计划单列市)人民政府批准的月最低工资标准的 4 倍确定。

一个纳税期已交增值税额不足退还的,可在本纳税年度内以前纳税期已交增值税扣除已退增值税的余额中退还，仍不足退还的可结转本纳税年度内以后纳税期退还，但不得结转以后年度退还。纳税期限不为按月的，只能对其符合条件的月份退还增值税。

享受条件

1）纳税人（除盲人按摩机构外）月安置的残疾人占在职职工人数的比例不低于25%（含25%），并且安置的残疾人人数不少于10人（含10人）；

盲人按摩机构月安置的残疾人占在职职工人数的比例不低于25%（含25%），并且安置的残疾人人数不少于5人（含5人）。

2）依法与安置的每位残疾人签订了一年以上（含一年）的劳动合同或服务协议。

3）为安置的每位残疾人按月足额缴纳了基本养老保险、基本医疗保险、失业保险、工伤保险和生育保险等社会保险。

4）通过银行等金融机构向安置的每位残疾人，按月支付了不低于纳税人所在区县适用的经省人民政府批准的月最低工资标准的工资。

5）纳税人纳税信用等级为税务机关评定的C级或D级的，不得享受此项税收优惠政策。

6）如果既适用促进残疾人就业增值税优惠政策，又适用重点群体、退役士兵、随军家属、军转干部等支持就业的增值税优惠政策的，纳税人可自行选择适用的优惠政策，但不能累加执行。一经选定，36个月内不得变更。

7）此项税收优惠政策仅适用于生产销售货物，提供加工、修理修配劳务，以及提供营改增现代服务和生活服务税目（不含文化体育服务和娱乐服务）范围的服务取得的收入之和，占其增值税收入的比例达到50%的纳税人，但不适用于上述纳税人直接销售外购货物（包括商品批发和零售）以及销售委托加工的货物取得的收入。

纳税人应当分别核算上述享受税收优惠政策和不得享受税收优惠政策业务的销售额，不能分别核算的，不得享受此项优惠政策。

政策依据

1）《财政部 国家税务总局关于促进残疾人就业增值税优惠政策的通知》（财税〔2016〕52号）

2）《国家税务总局关于发布〈促进残疾人就业增值税优惠政策管理办法〉的公告》（国家税务总局公告2016年第33号发布，国家税务总局公告2018年

第31号修改)(略,见文件14-3)

> 📖 **延伸阅读**

15-1 《财政部 国家税务总局关于促进残疾人就业增值税优惠政策的通知》

2016年5月5日 财税〔2016〕52号

各省、自治区、直辖市、计划单列市财政厅(局)、国家税务局,新疆生产建设兵团财务局:

为继续发挥税收政策促进残疾人就业的作用,进一步保障残疾人权益,经国务院批准,决定对促进残疾人就业的增值税政策进行调整完善。现将有关政策通知如下:

一、对安置残疾人的单位和个体工商户(以下称纳税人),实行由税务机关按纳税人安置残疾人的人数,限额即征即退增值税的办法。

安置的每位残疾人每月可退还的增值税具体限额,由县级以上税务机关根据纳税人所在区县(含县级市、旗,下同)适用的经省(含自治区、直辖市、计划单列市,下同)人民政府批准的月最低工资标准的4倍确定。

二、享受税收优惠政策的条件

(一)纳税人(除盲人按摩机构外)月安置的残疾人占在职职工人数的比例不低于25%(含25%),并且安置的残疾人人数不少于10人(含10人);

盲人按摩机构月安置的残疾人占在职职工人数的比例不低于25%(含25%),并且安置的残疾人人数不少于5人(含5人)。

(二)依法与安置的每位残疾人签订了一年以上(含一年)的劳动合同或服务协议。

(三)为安置的每位残疾人按月足额缴纳了基本养老保险、基本医疗保险、失业保险、工伤保险和生育保险等社会保险。

(四)通过银行等金融机构向安置的每位残疾人,按月支付了不低于纳税人所在区县适用的经省人民政府批准的月最低工资标准的工资。

三、《财政部 国家税务总局关于教育税收政策的通知》(财税〔2004〕39号)第一条第7项规定的特殊教育学校举办的企业,只要符合本通知第二条第(一)项第一款规定的条件,即可享受本通知第一条规定的增值税优惠政策。这类企业在计算残疾人人数时可将在企业上岗工作的特殊教育学校的全日制在校学生计算在内,在计算企业在职职工人数时也要将上述学生计算在内。

四、纳税人中纳税信用等级为税务机关评定的 C 级或 D 级的,不得享受本通知第一条、第三条规定的政策。

五、纳税人按照纳税期限向主管国税机关申请退还增值税。本纳税期已交增值税额不足退还的,可在本纳税年度内以前纳税期已交增值税扣除已退增值税的余额中退还,仍不足退还的可结转本纳税年度内以后纳税期退还,但不得结转以后年度退还。纳税期限不为按月的,只能对其符合条件的月份退还增值税。

六、本通知第一条规定的增值税优惠政策仅适用于生产销售货物,提供加工、修理修配劳务,以及提供营改增现代服务和生活服务税目(不含文化体育服务和娱乐服务)范围的服务取得的收入之和,占其增值税收入的比例达到 50% 的纳税人,但不适用于上述纳税人直接销售外购货物(包括商品批发和零售)以及销售委托加工的货物取得的收入。

纳税人应当分别核算上述享受税收优惠政策和不得享受税收优惠政策业务的销售额,不能分别核算的,不得享受本通知规定的优惠政策。

七、如果既适用促进残疾人就业增值税优惠政策,又适用重点群体、退役士兵、随军家属、军转干部等支持就业的增值税优惠政策的,纳税人可自行选择适用的优惠政策,但不能累加执行。一经选定,36 个月内不得变更。

八、残疾人个人提供的加工、修理修配劳务,免征增值税。

九、税务机关发现已享受本通知增值税优惠政策的纳税人,存在不符合本通知第二条、第三条规定条件,或者采用伪造或重复使用残疾人证、残疾军人证等手段骗取本通知规定的增值税优惠的,应将纳税人发生上述违法违规行为的纳税期内按本通知已享受到的退税全额追缴入库,并自发现当月起 36 个月内停止其享受本通知规定的各项税收优惠。

十、本通知有关定义

(一)残疾人,是指法定劳动年龄内,持有《中华人民共和国残疾人证》或者《中华人民共和国残疾军人证(1 至 8 级)》的自然人,包括具有劳动条件和劳动意愿的精神残疾人。

(二)残疾人个人,是指自然人。

(三)在职职工人数,是指与纳税人建立劳动关系并依法签订劳动合同或者服务协议的雇员人数。

(四)特殊教育学校举办的企业,是指特殊教育学校主要为在校学生提供实习场所、并由学校出资自办、由学校负责经营管理、经营收入全部归学校所有的企业。

十一、本通知规定的增值税优惠政策的具体征收管理办法,由国家税务总局制定。

十二、本通知自2016年5月1日起执行,《财政部 国家税务总局关于促进残疾人就业税收优惠政策的通知》(财税〔2007〕92号)、《财政部 国家税务总局关于将铁路运输和邮政业纳入营业税改征增值税试点的通知》(财税〔2013〕106号)附件3第二条第(二)项同时废止。纳税人2016年5月1日前执行财税〔2007〕92号和财税〔2013〕106号文件发生的应退未退的增值税余额,可按照本通知第五条规定执行。

16. 特殊教育学校举办的企业安置残疾人就业增值税即征即退

享受主体

特殊教育学校举办的企业。

特殊教育学校主要为在校学生提供实习场所、并由学校出资自办、由学校负责经营管理、经营收入全部归学校所有的企业。

优惠内容

对安置残疾人的特殊教育学校举办的企业,实行由税务机关按纳税人安置残疾人的人数,限额即征即退增值税。

安置的每位残疾人每月可退还的增值税具体限额,由县级以上税务机关根据纳税人所在区县(含县级市、旗,下同)适用的经省(含自治区、直辖市、计划单列市,下同)人民政府批准的月最低工资标准的4倍确定。

在计算残疾人人数时可将在企业上岗工作的特殊教育学校的全日制在校学生计算在内,在计算企业在职职工人数时也要将上述学生计算在内。

享受条件

1)纳税人(除盲人按摩机构外)月安置的残疾人占在职职工人数的比例不低于25%(含25%),并且安置的残疾人人数不少于10人(含10人)。

2)纳税人纳税信用等级为税务机关评定的C级或D级的,不得享受此项税收优惠政策。

3)如果既适用促进残疾人就业增值税优惠政策,又适用重点群体、退役士兵、随军家属、军转干部等支持就业的增值税优惠政策的,纳税人可自行选择适用的优惠政策,但不能累加执行。一经选定,36 个月内不得变更。

4)此项税收优惠政策仅适用于生产销售货物,提供加工、修理修配劳务,以及提供营改增现代服务和生活服务税目(不含文化体育服务和娱乐服务)范围的服务取得的收入之和,占其增值税收入的比例达到 50% 的纳税人,但不适用于上述纳税人直接销售外购货物(包括商品批发和零售)以及销售委托加工的货物取得的收入。

纳税人应当分别核算上述享受税收优惠政策和不得享受税收优惠政策业务的销售额,不能分别核算的,不得享受此项优惠政策。

政策依据

1)《财政部 国家税务总局关于促进残疾人就业增值税优惠政策的通知》(财税〔2016〕52 号)第三条

2)《国家税务总局关于发布〈促进残疾人就业增值税优惠政策管理办法〉的公告》(国家税务总局公告 2016 年第 33 号发布,国家税务总局公告 2018 年第 31 号修改)(略,见文件 14-3)

延伸阅读

16-1 《财政部 国家税务总局关于促进残疾人就业增值税优惠政策的通知》第三条

2016 年 5 月 5 日 财税〔2016〕52 号

三、《财政部 国家税务总局关于教育税收政策的通知》(财税〔2004〕39 号)第一条第 7 项规定的特殊教育学校举办的企业,只要符合本通知第二条第(一)项第一款规定的条件,即可享受本通知第一条规定的增值税优惠政策。这类企业在计算残疾人人数时可将在企业上岗工作的特殊教育学校的全日制在校学生计算在内,在计算企业在职职工人数时也要将上述学生计算在内。

17. 残疾人就业减征个人所得税

享受主体

就业的残疾人。

优惠内容

对残疾人个人取得的劳动所得，按照省（不含计划单列市）人民政府规定的减征幅度和期限减征个人所得税。

享受条件

1）"残疾人"是指持有《中华人民共和国残疾人证》上注明属于视力残疾、听力残疾、言语残疾、肢体残疾、智力残疾和精神残疾的人员和持有《中华人民共和国残疾军人证（1至8级）》的人员。

2）残疾人按照省（不含计划单列市）人民政府规定的减征幅度和期限减征个人所得税。

政策依据

《财政部 国家税务总局关于促进残疾人就业税收优惠政策的通知》（财税〔2007〕92号）

延伸阅读

17-1 《财政部 国家税务总局关于促进残疾人就业税收优惠政策的通知》[①]

2007年6月15日 财税〔2007〕92号

各省、自治区、直辖市、计划单列市财政厅（局）、国家税务局、地方税务

[①] 全文废止。自2016年5月1日起废止。参见：《财政部 国家税务总局关于促进残疾人就业增值税优惠政策的通知》，财税〔2016〕52号。

条款失效。第三条（二）项"根据《财政部 国家税务总局关于调整农业产品增值税税率和若干项目征免增值税的通知》〔（94）财税字第004号〕第三条的规定"失效。参见：《财政部 国家税务总局关于公布若干废止和失效的增值税规范性文件目录的通知》，财税〔2009〕17号。

局，新疆生产建设兵团财务局：

为了更好地发挥税收政策促进残疾人就业的作用，进一步保障残疾人的切身利益，经国务院批准并商民政部、中国残疾人联合会同意，决定在全国统一实行新的促进残疾人就业的税收优惠政策。现将有关政策通知如下：

一、对安置残疾人单位的增值税和营业税政策

对安置残疾人的单位，实行由税务机关按单位实际安置残疾人的人数，限额即征即退增值税或减征营业税的办法。

（一）实际安置的每位残疾人每年可退还的增值税或减征的营业税的具体限额，由县级以上税务机关根据单位所在区县（含县级市、旗，下同）适用的经省（含自治区、直辖市、计划单列市，下同）级人民政府批准的最低工资标准的6倍确定，但最高不得超过每人每年3.5万元。

（二）主管国税机关应按月退还增值税，本月已交增值税额不足退还的，可在本年度（指纳税年度，下同）内以前月份已交增值税扣除已退增值税的余额中退还，仍不足退还的可结转本年度内以后月份退还。主管地税机关应按月减征营业税，本月应缴营业税不足减征的，可结转本年度内以后月份减征，但不得从以前月份已交营业税中退还。

（三）上述增值税优惠政策仅适用于生产销售货物或提供加工、修理修配劳务取得的收入占增值税业务和营业税业务收入之和达到50%的单位，但不适用于上述单位生产销售消费税应税货物和直接销售外购货物（包括商品批发和零售）以及销售委托外单位加工的货物取得的收入。上述营业税优惠政策仅适用于提供"服务业"税目（广告业除外）取得的收入占增值税业务和营业税业务收入之和达到50%的单位，但不适用于上述单位提供广告业劳务以及不属于"服务业"税目的营业税应税劳务取得的收入。

单位应当分别核算上述享受税收优惠政策和不得享受税收优惠政策业务的销售收入或营业收入，不能分别核算的，不得享受本通知规定的增值税或营业税优惠政策。

（四）兼营本通知规定享受增值税和营业税税收优惠政策业务的单位，可自行选择退还增值税或减征营业税，一经选定，一个年度内不得变更。

（五）如果既适用促进残疾人就业税收优惠政策，又适用下岗再就业、军转干部、随军家属等支持就业的税收优惠政策的，单位可选择适用最优惠的政策，但不能累加执行。

（六）本条所述"单位"是指税务登记为各类所有制企业（包括个人独资企业、合伙企业和个体经营户）、事业单位、社会团体和民办非企业单位。

二、对安置残疾人单位的企业所得税政策

（一）单位支付给残疾人的实际工资可在企业所得税前据实扣除，并可按支付给残疾人实际工资的100%加计扣除。

单位实际支付给残疾人的工资加计扣除部分，如大于本年度应纳税所得额的，可准予扣除其不超过应纳税所得额的部分，超过部分本年度和以后年度均不得扣除。亏损单位不适用上述工资加计扣除应纳税所得额的办法。

单位在执行上述工资加计扣除应纳税所得额办法的同时，可以享受其他企业所得税优惠政策。

（二）对单位按照第一条规定取得的增值税退税或营业税减税收入，免征企业所得税。

（三）本条所述"单位"是指税务登记为各类所有制企业（不包括个人独资企业、合伙企业和个体经营户）、事业单位、社会团体和民办非企业单位。

三、对残疾人个人就业的增值税和营业税政策

（一）根据《中华人民共和国营业税暂行条例》（国务院令第136号）第六条第（二）项和《中华人民共和国营业税暂行条例实施细则》[（93）财法字第40号]第二十六条的规定，对残疾人个人为社会提供的劳务免征营业税。

（二）根据《财政部 国家税务总局关于调整农业产品增值税税率和若干项目征免增值税的通知》[（94）财税字第4号]第三条的规定，对残疾人个人提供的加工、修理修配劳务免征增值税。

四、对残疾人个人就业的个人所得税政策

根据《中华人民共和国个人所得税法》（主席令第四十四号）第五条和《中华人民共和国个人所得税法实施条例》（国务院令第142号）第十六条的规定，对残疾人个人取得的劳动所得，按照省（不含计划单列市）人民政府规定的减征幅度和期限减征个人所得税。具体所得项目为：工资薪金所得、个体工商户的生产和经营所得、对企事业单位的承包和承租经营所得、劳务报酬所得、稿酬所得、特许权使用费所得。

五、享受税收优惠政策单位的条件

安置残疾人就业的单位（包括福利企业、盲人按摩机构、工疗机构和其他单位），同时符合以下条件并经过有关部门的认定后，均可申请享受本通知第一条和第二条规定的税收优惠政策：

（一）依法与安置的每位残疾人签订了一年以上（含一年）的劳动合同或服务协议，并且安置的每位残疾人在单位实际上岗工作。

（二）月平均实际安置的残疾人占单位在职职工总数的比例应高于25%

（含25%），并且实际安置的残疾人人数多于10人（含10人）。

月平均实际安置的残疾人占单位在职职工总数的比例低于25%（不含25%）但高于1.5%（含1.5%），并且实际安置的残疾人人数多于5人（含5人）的单位，可以享受本通知第二条第（一）项规定的企业所得税优惠政策，但不得享受本通知第一条规定的增值税或营业税优惠政策。

（三）为安置的每位残疾人按月足额缴纳了单位所在区县人民政府根据国家政策规定的基本养老保险、基本医疗保险、失业保险和工伤保险等社会保险。

（四）通过银行等金融机构向安置的每位残疾人实际支付了不低于单位所在区县适用的经省级人民政府批准的最低工资标准的工资。

（五）具备安置残疾人上岗工作的基本设施。

六、其他有关规定

（一）经认定的符合上述税收优惠政策条件的单位，应按月计算实际安置残疾人占单位在职职工总数的平均比例，本月平均比例未达到要求的，暂停其本月相应的税收优惠。在一个年度内累计三个月平均比例未达到要求的，取消其次年度享受相应税收优惠政策的资格。

（二）《财政部　国家税务总局关于教育税收政策的通知》（财税〔2004〕39号）第一条第7项规定的特殊教育学校举办的企业，是指设立的主要为在校学生提供实习场所、并由学校出资自办、由学校负责经营管理、经营收入全部归学校所有的企业，上述企业只要符合第五条第（二）项条件，即可享受本通知第一条和第二条规定的税收优惠政策。这类企业在计算残疾人人数时可将在企业实际上岗工作的特殊教育学校的全日制在校学生计算在内，在计算单位在职职工人数时也要将上述学生计算在内。

（三）在除辽宁、大连、上海、浙江、宁波、湖北、广东、深圳、重庆、陕西以外的其他地区，2007年7月1日前已享受原福利企业税收优惠政策的单位，凡不符合本通知第五条第（三）项规定的有关缴纳社会保险条件，但符合本通知第五条规定的其他条件的，主管税务机关可暂予认定为享受税收优惠政策的单位。上述单位应按照有关规定尽快为安置的残疾人足额缴纳有关社会保险。2007年10月1日起，对仍不符合该项规定的单位，应停止执行本通知第一条和第二条规定的各项税收优惠政策。

（四）对安置残疾人单位享受税收优惠政策的各项条件实行年审办法，具体年审办法由省级税务部门会同同级民政部门及残疾人联合会制定。

七、有关定义

（一）本通知所述"残疾人"，是指持有《中华人民共和国残疾人证》上注明属于视力残疾、听力残疾、言语残疾、肢体残疾、智力残疾和精神残疾的人员和持有《中华人民共和国残疾军人证（1至8级）》的人员。

（二）本通知所述"个人"均指自然人。

（三）本通知所述"单位在职职工"是指与单位建立劳动关系并依法应当签订劳动合同或服务协议的雇员。

（四）本通知所述"工疗机构"是指集就业和康复为一体的福利性生产安置单位，通过组织精神残疾人员参加适当生产劳动和实施康复治疗与训练，达到安定情绪、缓解症状、提高技能和改善生活状况的目的，包括精神病院附设的康复车间、企业附设的工疗车间、基层政府和组织兴办的工疗站等。

八、对残疾人人数计算的规定

（一）允许将精神残疾人员计入残疾人人数享受本通知第一条和第二条规定的税收优惠政策，仅限于工疗机构等适合安置精神残疾人就业的单位。具体范围由省级税务部门会同同级财政、民政部门及残疾人联合会规定。

（二）单位安置的不符合《中华人民共和国劳动法》（主席令第二十八号）及有关规定的劳动年龄的残疾人，不列入本通知第五条第（二）款规定的安置比例及第一条规定的退税、减税限额和第二条规定的加计扣除额的计算。

九、单位和个人采用签订虚假劳动合同或服务协议、伪造或重复使用残疾人证或残疾军人证、残疾人挂名而不实际上岗工作、虚报残疾人安置比例、为残疾人不缴或少缴规定的社会保险、变相向残疾人收回支付的工资等方法骗取本通知规定的税收优惠政策的，除依照法律、法规和其他有关规定追究有关单位和人员的责任外，其实际发生上述违法违规行为年度内实际享受到的减（退）税款应全额追缴入库，并自其发生上述违法违规行为年度起三年内取消其享受本通知规定的各项税收优惠政策的资格。

十、本通知规定的各项税收优惠政策的具体征收管理办法由国家税务总局会同民政部、中国残疾人联合会另行制定。福利企业安置残疾人比例和安置残疾人基本设施的认定管理办法由民政部商财政部、国家税务总局、中国残疾人联合会制定，盲人按摩机构、工疗机构及其他单位安置残疾人比例和安置残疾人基本设施的认定管理办法由中国残疾人联合会商财政部、民政部、国家税务总局制定。

十一、本通知自2007年7月1日起施行，但外商投资企业适用本通知第二条企业所得税优惠政策的规定自2008年1月1日起施行。财政部、国家税务总局《关于企业所得税若干优惠政策的通知》［（94）财税字第 1 号］第一条第（九）项、财政部、国家税务总局《关于对福利企业、学校办企业征税问题的通知》［（94）财税字第 3 号］、《国家税务总局关于民政福利企业征收流转税问题的通知》（国税发〔1994〕155 号）、财政部、国家税务总局《关于福利企业有关税收政策问题的通知》（财税字〔2000〕35 号）、《财政部 国家税务总局关于调整完善现行福利企业税收优惠政策试点工作的通知》（财税〔2006〕111 号）、《国家税务总局 财政部 民政部 中国残疾人联合会关于调整完善现行福利企业税收优惠政策试点实施办法的通知》（国税发〔2006〕112 号）和《财政部 国家税务总局关于进一步做好调整现行福利企业税收优惠政策试点工作的通知》（财税〔2006〕135 号）自 2007 年 7 月 1 日起停止执行。

十二、各地各级财政、税务部门要认真贯彻落实本通知的各项规定，加强领导，及时向当地政府汇报，取得政府的理解与支持，并密切与民政、残疾人联合会等部门衔接、沟通。税务部门要牵头建立由上述部门参加的联席会议制度，共同将本通知规定的各项政策贯彻落实好。财政、税务部门之间要相互配合，省级税务部门每半年要将执行本通知规定的各项政策的减免（退）税数据及相关情况及时通报省级财政部门。

十三、各地在执行中有何问题，请及时上报财政部和国家税务总局。

18. 安置残疾人就业的企业残疾人工资加计扣除

享受主体

安置残疾人就业的企业。

优惠内容

企业安置残疾人员的，在按照支付给残疾职工工资据实扣除的基础上，可以在计算应纳税所得额时按照支付给残疾职工工资的 100% 加计扣除。

享受条件

1）依法与安置的每位残疾人签订了 1 年以上（含 1 年）的劳动合同或服务协议，并且安置的每位残疾人在企业实际上岗工作。

2）为安置的每位残疾人按月足额缴纳了企业所在区县人民政府根据国家

政策规定的基本养老保险、基本医疗保险、失业保险和工伤保险等社会保险。

3）定期通过银行等金融机构向安置的每位残疾人实际支付了不低于企业所在区县适用的经省级人民政府批准的最低工资标准的工资。

4）具备安置残疾人上岗工作的基本设施。

政策依据

1）《中华人民共和国企业所得税法》第三十条第（二）项

2）《中华人民共和国企业所得税法实施条例》第九十六条第一款

3）《财政部　国家税务总局关于安置残疾人员就业有关企业所得税优惠政策问题的通知》（财税〔2009〕70号）

延伸阅读

18-1　《中华人民共和国企业所得税法》第三十条第（二）项

2018年12月29日　中华人民共和国主席令第二十三号

第三十条　企业的下列支出，可以在计算应纳税所得额时加计扣除：

……

（二）安置残疾人员及国家鼓励安置的其他就业人员所支付的工资。

18-2　《中华人民共和国企业所得税法实施条例》第九十六条第一款

2019年4月23日　中华人民共和国国务院令第714号

第九十六条　企业所得税法第三十条第（二）项所称企业安置残疾人员所支付的工资的加计扣除，是指企业安置残疾人员的，在按照支付给残疾职工工资据实扣除的基础上，按照支付给残疾职工工资的100%加计扣除。残疾人员的范围适用《中华人民共和国残疾人保障法》的有关规定。

18-3 《财政部 国家税务总局关于安置残疾人员就业有关企业所得税优惠政策问题的通知》①

2009年4月30日 财税〔2009〕70号

各省、自治区、直辖市、计划单列市财政厅（局）、国家税务局、地方税务局，新疆生产建设兵团财务局：

根据《中华人民共和国企业所得税法》和《中华人民共和国企业所得税法实施条例》（国务院令第512号）的有关规定，现就企业安置残疾人员就业有关企业所得税优惠政策问题，通知如下：

一、企业安置残疾人员的，在按照支付给残疾职工工资据实扣除的基础上，可以在计算应纳税所得额时按照支付给残疾职工工资的100%加计扣除。

企业就支付给残疾职工的工资，在进行企业所得税预缴申报时，允许据实计算扣除；在年度终了进行企业所得税年度申报和汇算清缴时，再依照本条第一款的规定计算加计扣除。

二、残疾人员的范围适用《中华人民共和国残疾人保障法》的有关规定。

三、企业享受安置残疾职工工资100%加计扣除应同时具备如下条件：

（一）依法与安置的每位残疾人签订了1年以上（含1年）的劳动合同或服务协议，并且安置的每位残疾人在企业实际上岗工作。

（二）为安置的每位残疾人按月足额缴纳了企业所在区县人民政府根据国家政策规定的基本养老保险、基本医疗保险、失业保险和工伤保险等社会保险。

（三）定期通过银行等金融机构向安置的每位残疾人实际支付了不低于企业所在区县适用的经省级人民政府批准的最低工资标准的工资。

（四）具备安置残疾人上岗工作的基本设施。

四、企业应在年度终了进行企业所得税年度申报和汇算清缴时，向主管税务机关报送本通知第四条规定的相关资料、已安置残疾职工名单及其《中华人民共和国残疾人证》或《中华人民共和国残疾军人证（1至8级）》复印件和主管税务机关要求提供的其他资料，办理享受企业所得税加计扣除优惠的备

---

① 政策调整。"安置残疾人员和国家鼓励安置的其他就业人员所支付工资的加计扣除的核准"取消。参见：1.《国家税务总局贯彻落实〈国务院关于第二批取消152项中央指定地方实施行政审批事项的决定〉的通知》，税总发〔2016〕23号。2.《国务院关于第二批取消152项中央指定地方实施行政审批事项的决定》，国发〔2016〕9号。3.《国家税务总局关于公布已取消的22项税务非行政许可审批事项的公告》，国家税务总局公告2015年第58号。

案手续。

五、在企业汇算清缴结束后，主管税务机关在对企业进行日常管理、纳税评估和纳税检查时，应对安置残疾人员企业所得税加计扣除优惠的情况进行核实。

六、本通知自 2008 年 1 月 1 日起执行。

19. 安置残疾人就业的单位减免城镇土地使用税

享受主体

安置残疾人就业的单位。

优惠内容

对在一个纳税年度内月平均实际安置残疾人就业人数占单位在职职工总数的比例高于 25%（含 25%）且实际安置残疾人人数高于 10 人（含 10 人）的单位，可减征或免征该年度城镇土地使用税。具体减免税比例及管理办法由省、自治区、直辖市财税主管部门确定。

享受条件

在一个纳税年度内月平均实际安置残疾人就业人数占单位在职职工总数的比例高于 25%（含 25%）且实际安置残疾人人数高于 10 人（含 10 人）的单位。

政策依据

《财政部 国家税务总局关于安置残疾人就业单位城镇土地使用税等政策的通知》（财税〔2010〕121 号）第一条

延伸阅读

19-1 《财政部 国家税务总局关于安置残疾人就业单位城镇土地使用税等政策的通知》第一条

2010年12月21日 财税〔2010〕121号

一、关于安置残疾人就业单位的城镇土地使用税问题

对在一个纳税年度内月平均实际安置残疾人就业人数占单位在职职工总数的比例高于25%（含25%）且实际安置残疾人人数高于10人（含10人）的单位，可减征或免征该年度城镇土地使用税。具体减免税比例及管理办法由省、自治区、直辖市财税主管部门确定。

《国家税务局关于土地使用税若干具体问题的解释和暂行规定》（国税地字〔1988〕15号）第十八条第四项同时废止。

20. 长期来华定居专家进口自用小汽车免征车辆购置税

享受主体

长期来华定居专家。

优惠内容

长期来华定居专家进口1辆自用小汽车，免征车辆购置税。

享受条件

除了按《车辆购置税征收管理办法》（国家税务总局令第33号公布，国家税务总局令第38号修改）规定提供申报资料外，还应当提供国家外国专家局或者其授权单位核发的专家证，具体指：国家外国专家局或者其授权单位，在2017年3月31日以前，核发的专家证，或者在青岛等试点地区核发的相关证件；在2017年4月1日以后，国家外国专家局或者其授权单位核发的A类和B类《外国人工作许可证》。

政策依据

1)《财政部 国家税务总局关于防汛专用等车辆免征车辆购置税的通知》

（财税〔2001〕39号）第三条

2）《国家税务总局关于车辆购置税征收管理有关问题的公告》（国家税务总局公告2015年第4号）第十七条

3）《国家税务总局关于长期来华定居专家免征车辆购置税有关问题的公告》（国家税务总局公告2018年第2号）

延伸阅读

20-1 《财政部 国家税务总局关于防汛专用等车辆免征车辆购置税的通知》第三条

　　2001年3月16日　财税〔2001〕39号

三、长期来华定居专家进口1辆自用小汽车。

防汛专用车和森林消防专用车的型号和配置数量、流向，每年由财政部和国家税务总局共同下达。车辆注册登记地车辆购置税征收部门据此办理免征车辆购置税手续。

20-2 《国家税务总局关于车辆购置税征收管理有关问题的公告》第十七条

　　2015年1月30日　国家税务总局公告2015年第4号

十七、长期来华定居专家（以下简称来华专家）办理进口自用小汽车免税手续，除了按办法规定提供申报资料外，还应当提供国家外国专家局或者其授权单位核发的专家证，公安部门出具的境内居住证明、本人护照。

所称来华专家，是指来华工作一年以上（含一年）的外国专家。

20-3 《国家税务总局关于长期来华定居专家免征车辆购置税有关问题的公告》

　　2018年1月2日　国家税务总局公告2018年第2号

《财政部 国家税务总局关于防汛专用等车辆免征车辆购置税的通知》（财税〔2001〕39号）规定，长期来华定居专家进口1辆自用小汽车免征车辆购置税。《国家税务总局关于车辆购置税征收管理有关问题的公告》(国家税务总局公告 2015 年第 4 号)进一步明确,长期来华定居专家办理进口自用小汽车免税手续,除了按《车辆购置税征收管理办法》(国家税务总局令第 33 号公布,第 38 号修改)规定提供申报资料外,还应当提供国家外国专家局或者其授权单位核发的专家证。

国家外国专家局、人力资源社会保障部、外交部、公安部联合印发的《关于全面实施外国人来华工作许可制度的通知》(外专发〔2017〕40 号),决定自 2017 年 4 月 1 日起,在全国实施外国人来华工作许可制度,并将原《外国人就业证》和《外国专家证》统一变更为《中华人民共和国外国人工作许可证》(以下简称《外国人工作许可证》)。《外国人工作许可证》分为 A、B、C 三类,A 类发予外国高端人才,B 类发予外国专业人才,C 类发予其他普通外国人员。依据此项规定,持有 A 类和 B 类《外国人工作许可证》(含试点版)的外国人,为财税〔2001〕39 号文件第三条所规定的来华定居专家。因此,国家税务总局公告 2015 年第 4 号第十七条规定的"国家外国专家局或者其授权单位核发的专家证"指:国家外国专家局或者其授权单位,在 2017 年 3 月 31 日以前,核发的专家证,或者在青岛等试点地区核发的相关证件;在 2017 年 4 月 1 日以后,国家外国专家局或者其授权单位核发的 A 类和 B 类《外国人工作许可证》。

特此公告。

21. 回国服务的在外留学人员购买自用国产小汽车免征车辆购置税

享受主体

回国服务的在外留学人员。

优惠内容

回国服务的在外留学人员用现汇购买 1 辆个人自用国产小汽车,免征车辆购置税。

享受条件

1)回国服务的在外留学人员购买自用国产小汽车办理免税手续,除按规定提供申报资料外,还应当提供中华人民共和国驻留学人员学习所在国的大使馆或者领事馆(中央人民政府驻香港联络办公室、中央人民政府驻澳门联络办公室）出具的留学证明；本人护照；海关核发的《中华人民共和国海关回国人员购买国产汽车准购单》。

2）所称小汽车，是指含驾驶员座位9座以内，在设计和技术特性上主要用于载运乘客及其随身行李或者临时物品的乘用车。

政策依据

1）《财政部 国家税务总局关于防汛专用等车辆免征车辆购置税的通知》（财税〔2001〕39号）第二条

2）《国家税务总局关于车辆购置税征收管理有关问题的补充公告》（国家税务总局公告2016年第52号）第六条

延伸阅读

21-1 《财政部 国家税务总局关于防汛专用等车辆免征车辆购置税的通知》第二条

2001年3月16日　财税〔2001〕39号

二、回国服务的在外留学人员用现汇购买1辆个人自用国产小汽车；

21-2 《国家税务总局关于车辆购置税征收管理有关问题的补充公告》第六条

2016年8月18日　国家税务总局公告2016年第52号

六、回国服务的在外留学人员购买自用国产小汽车办理免税手续，除按办法规定提供申报资料外，还应当提供中华人民共和国驻留学人员学习所在国的大使馆或者领事馆（中央人民政府驻香港联络办公室、中央人民政府驻澳门联络办公室）出具的留学证明；本人护照；海关核发的《中华人民共和国海关回国人员购买国产汽车准购单》。

所称小汽车，是指含驾驶员座位9座以内，在设计和技术特性上主要用于载运乘客及其随身行李或者临时物品的乘用车。

（三）创业就业平台税收优惠

22. 国家级、省级科技企业孵化器向在孵对象提供孵化服务取得的收入免征增值税

享受主体

国家级、省级科技企业孵化器。

优惠内容

自 2019 年 1 月 1 日至 2021 年 12 月 31 日，对国家级、省级科技企业孵化器向在孵对象提供孵化服务取得的收入，免征增值税。

上文所称孵化服务是指为在孵对象提供的经纪代理、经营租赁、研发和技术、信息技术、鉴证咨询服务。

享受条件

1) 国家级、省级科技企业孵化器应当单独核算孵化服务收入。

2) 国家级、省级科技企业孵化器由国务院和省级科技部门按照有关规定认定和管理。

3) 在孵对象是指符合国务院科技部门以及省级科技部门发布的认定和管理办法规定的孵化企业、创业团队和个人。

4) 国家级、省级科技企业孵化器应按规定申报享受免税政策，并将房产土地租赁合同、孵化协议等留存备查。

5) 2018 年 12 月 31 日以前认定的国家级科技企业孵化器，自 2019 年 1 月 1 日起享受财税〔2018〕120 号文件规定的税收优惠政策。2019 年 1 月 1 日以后认定的国家级、省级科技企业孵化器，自认定之日次月起享受财税〔2018〕120 号文件规定的税收优惠政策。2019 年 1 月 1 日以后被取消资格的，自取消资格之日次月起停止享受财税〔2018〕120 号文件规定的税收优惠政策。

政策依据

《财政部　税务总局　科技部　教育部关于科技企业孵化器、大学科技园

和众创空间税收政策的通知》（财税〔2018〕120号）

延伸阅读

22-1 《财政部 税务总局 科技部 教育部关于科技企业孵化器、大学科技园和众创空间税收政策的通知》

2018年11月1日 财税〔2018〕120号

各省、自治区、直辖市、计划单列市财政厅（局）、科技厅（局）、教育厅（局），国家税务总局各省、自治区、直辖市、计划单列市税务局，新疆生产建设兵团财政局、科技局、教育局：

为进一步鼓励创业创新，现就科技企业孵化器、大学科技园、众创空间有关税收政策通知如下：

一、自2019年1月1日至2021年12月31日，对国家级、省级科技企业孵化器、大学科技园和国家备案众创空间自用以及无偿或通过出租等方式提供给在孵对象使用的房产、土地，免征房产税和城镇土地使用税；对其向在孵对象提供孵化服务取得的收入，免征增值税。

本通知所称孵化服务是指为在孵对象提供的经纪代理、经营租赁、研发和技术、信息技术、鉴证咨询服务。

二、国家级、省级科技企业孵化器、大学科技园和国家备案众创空间应当单独核算孵化服务收入。

三、国家级科技企业孵化器、大学科技园和国家备案众创空间认定和管理办法由国务院科技、教育部门另行发布；省级科技企业孵化器、大学科技园认定和管理办法由省级科技、教育部门另行发布。

本通知所称在孵对象是指符合前款认定和管理办法规定的孵化企业、创业团队和个人。

四、国家级、省级科技企业孵化器、大学科技园和国家备案众创空间应按规定申报享受免税政策，并将房产土地权属资料、房产原值资料、房产土地租赁合同、孵化协议等留存备查，税务部门依法加强后续管理。

2018年12月31日以前认定的国家级科技企业孵化器、大学科技园，自2019年1月1日起享受本通知规定的税收优惠政策。2019年1月1日以后认定的国家级、省级科技企业孵化器、大学科技园和国家备案众创空间，自认定之日次月起享受本通知规定的税收优惠政策。2019年1月1日以后被取消资格的，自取消资格之日次月起停止享受本通知规定的税收优惠政策。

五、科技、教育和税务部门应建立信息共享机制，及时共享国家级、省级科技企业孵化器、大学科技园和国家备案众创空间相关信息，加强协调配合，保障优惠政策落实到位。

23. 国家级、省级科技企业孵化器免征房产税

享受主体

国家级、省级科技企业孵化器。

优惠内容

自2019年1月1日至2021年12月31日，对国家级、省级科技企业孵化器自用以及无偿或通过出租等方式提供给在孵对象使用的房产，免征房产税。

享受条件

1）国家级、省级科技企业孵化器应当单独核算孵化服务收入。

2）国家级科技企业孵化器按照国务院科技、教育部门有关规定进行认定和管理，省级科技企业孵化器按照省级科技、教育部门有关规定进行认定和管理。

3）在孵对象是指符合国务院科技、教育部门以及省级科技、教育部门发布的认定和管理办法规定的孵化企业、创业团队和个人。

4）国家级、省级科技企业孵化器应按规定申报享受免税政策，并将房产土地权属资料、房产原值资料、房产土地租赁合同、孵化协议等留存备查。

5）2018年12月31日以前认定的国家级科技企业孵化器，自2019年1月1日起享受财税〔2018〕120号文件规定的税收优惠政策。2019年1月1日以后认定的国家级、省级科技企业孵化器，自认定之日次月起享受财税〔2018〕120号文件规定的税收优惠政策。2019年1月1日以后被取消资格的，自取消资格之日次月起停止享受财税〔2018〕120号文件规定的税收优惠政策。

政策依据

《财政部 税务总局 科技部 教育部关于科技企业孵化器、大学科技园和众创空间税收政策的通知》（财税〔2018〕120号）（略，见文件22-1）

24. 国家级、省级科技企业孵化器免征城镇土地使用税

享受主体

国家级、省级科技企业孵化器。

优惠内容

自 2019 年 1 月 1 日至 2021 年 12 月 31 日,对国家级、省级科技企业孵化器自用以及无偿或通过出租等方式提供给在孵对象使用的土地,免征城镇土地使用税。

享受条件

1)国家级、省级科技企业孵化器应当单独核算孵化服务收入。

2)国家级科技企业孵化器按照国务院科技、教育部门有关规定进行认定和管理,省级科技企业孵化器按照省级科技、教育部门有关规定进行认定和管理。

3)在孵对象是指符合国务院科技、教育部门以及省级科技、教育部门发布的认定和管理办法规定的孵化企业、创业团队和个人。

4)国家级、省级科技企业孵化器应按规定申报享受免税政策,并将房产土地权属资料、房产原值资料、房产土地租赁合同、孵化协议等留存备查。

5)2018 年 12 月 31 日以前认定的国家级科技企业孵化器,自 2019 年 1 月 1 日起享受本通知规定的税收优惠政策。2019 年 1 月 1 日以后认定的国家级、省级科技企业孵化器,自认定之日次月起享受本通知规定的税收优惠政策。2019 年 1 月 1 日以后被取消资格的,自取消资格之日次月起停止享受本通知规定的税收优惠政策。

政策依据

《财政部 税务总局 科技部 教育部关于科技企业孵化器、大学科技园和众创空间税收政策的通知》(财税〔2018〕120 号)(略,见文件 22-1)

25. 国家级、省级大学科技园向在孵对象提供孵化服务取得的收入免征增值税

享受主体

国家级、省级大学科技园。

优惠内容

自 2019 年 1 月 1 日至 2021 年 12 月 31 日，对国家级、省级大学科技园向在孵对象提供孵化服务取得的收入，免征增值税。

上文所称孵化服务是指为在孵对象提供的经纪代理、经营租赁、研发和技术、信息技术、鉴证咨询服务。

享受条件

1）国家级、省级大学科技园应当单独核算孵化服务收入。

2）国家级大学科技园按照国务院科技、教育部门有关规定进行认定和管理，省级大学科技园按照省级科技、教育部门有关规定进行认定和管理。

3）在孵对象是指符合国务院科技、教育部门以及省级科技、教育部门发布的认定和管理办法规定的孵化企业、创业团队和个人。

4）国家级、省级科技企业孵化器应按规定申报享受免税政策，并将房产土地租赁合同、孵化协议等留存备查。

5）2018 年 12 月 31 日以前认定的国家级大学科技园，自 2019 年 1 月 1 日起享受财税〔2018〕120 号文件规定的税收优惠政策。2019 年 1 月 1 日以后认定的国家级、省级大学科技园，自认定之日次月起享受财税〔2018〕120 号文件规定的税收优惠政策。2019 年 1 月 1 日以后被取消资格的，自取消资格之日次月起停止享受财税〔2018〕120 号文件规定的税收优惠政策。

政策依据

《财政部 税务总局 科技部 教育部关于科技企业孵化器、大学科技园和众创空间税收政策的通知》（财税〔2018〕120 号）（略，见文件 22-1）

26. 国家级、省级大学科技园免征房产税

享受主体

国家级、省级大学科技园。

优惠内容

自 2019 年 1 月 1 日至 2021 年 12 月 31 日，对国家级、省级大学科技园自用以及无偿或通过出租等方式提供给在孵对象使用的房产，免征房产税。

享受条件

1）国家级、省级大学科技园应当单独核算孵化服务收入。

2）国家级大学科技园按照国务院科技、教育部门有关规定进行认定和管理，省级大学科技园孵化器按照省级科技、教育部门有关规定进行认定和管理。

3）在孵对象是指符合国务院科技、教育部门以及省级科技、教育部门发布的认定和管理办法规定的孵化企业、创业团队和个人。

4）国家级、省级大学科技园应按规定申报享受免税政策，并将房产土地权属资料、房产原值资料、房产土地租赁合同、孵化协议等留存备查。

5）2018 年 12 月 31 日以前认定的国家级大学科技园，自 2019 年 1 月 1 日起享受财税〔2018〕120 号文件规定的税收优惠政策。2019 年 1 月 1 日以后认定的国家级、省级大学科技园，自认定之日次月起享受财税〔2018〕120 号文件规定的税收优惠政策。2019 年 1 月 1 日以后被取消资格的，自取消资格之日次月起停止享受财税〔2018〕120 号文件规定的税收优惠政策。

政策依据

《财政部 税务总局 科技部 教育部关于科技企业孵化器、大学科技园和众创空间税收政策的通知》（财税〔2018〕120 号）（略，见文件 22-1）

27. 国家级、省级大学科技园免征城镇土地使用税

享受主体

国家级、省级大学科技园。

优惠内容

自 2019 年 1 月 1 日至 2021 年 12 月 31 日，对国家级、省级大学科技园自用以及无偿或通过出租等方式提供给在孵对象使用的土地，免征城镇土地使用税。

享受条件

1）国家级、省级大学科技园应当单独核算孵化服务收入。

2）国家级大学科技园按照国务院科技、教育部门有关规定进行认定和管理，省级大学科技园按照省级科技、教育部门有关规定进行认定和管理。

3）在孵对象是指符合国务院科技、教育部门以及省级科技、教育部门发布的认定和管理办法规定的孵化企业、创业团队和个人。

4）国家级、省级大学科技园应按规定申报享受免税政策，并将房产土地权属资料、房产原值资料、房产土地租赁合同、孵化协议等留存备查。

5）2018 年 12 月 31 日以前认定的国家级大学科技园，自 2019 年 1 月 1 日起享受本通知规定的税收优惠政策。2019 年 1 月 1 日以后认定的国家级、省级大学科技园，自认定之日次月起享受本通知规定的税收优惠政策。2019 年 1 月 1 日以后被取消资格的，自取消资格之日次月起停止享受本通知规定的税收优惠政策。

政策依据

《财政部 税务总局 科技部 教育部关于科技企业孵化器、大学科技园和众创空间税收政策的通知》（财税〔2018〕120 号）（略，见文件 22-1）

28. 国家备案众创空间向在孵对象提供孵化服务取得的收入，免征增值税

享受主体

国家备案众创空间。

优惠内容

自 2019 年 1 月 1 日至 2021 年 12 月 31 日，对国家备案众创空间向在孵对象提供孵化服务取得的收入，免征增值税。

上文所称孵化服务是指为在孵对象提供的经纪代理、经营租赁、研发和技术、信息技术、鉴证咨询服务。

享受条件

1）国家备案众创空间应当单独核算孵化服务收入。
2）国家备案众创空间按照国务院科技部门有关规定进行认定和管理。
3）在孵对象是指符合国务院科技、教育部门发布的认定和管理办法规定的孵化企业、创业团队和个人。
4）国家备案众创空间应按规定申报享受免税政策，并将房产土地租赁合同、孵化协议等留存备查。
5）2019 年 1 月 1 日以后认定的国家备案众创空间，自认定之日次月起享受财税〔2018〕120 号文件规定的税收优惠政策。2019 年 1 月 1 日以后被取消资格的，自取消资格之日次月起停止享受财税〔2018〕120 号文件规定的税收优惠政策。

政策依据

《财政部　税务总局　科技部　教育部关于科技企业孵化器、大学科技园和众创空间税收政策的通知》（财税〔2018〕120 号）（略，见文件 22-1）

29. 国家备案众创空间免征房产税

享受主体

国家备案众创空间。

优惠内容

自 2019 年 1 月 1 日至 2021 年 12 月 31 日，对国家备案众创空间自用以及无偿或通过出租等方式提供给在孵对象使用的房产，免征房产税。

享受条件

1）国家备案众创空间应当单独核算孵化服务收入。

2）国家备案众创空间按照国务院科技、教育部门有关规定进行认定和管理。

3）在孵对象是指符合国务院科技、教育部门以及省级科技、教育部门发布的认定和管理办法规定的孵化企业、创业团队和个人。

4）国家备案众创空间应按规定申报享受免税政策，并将房产土地权属资料、房产原值资料、房产土地租赁合同、孵化协议等留存备查。

5）2019 年 1 月 1 日以后认定的国家备案众创空间，自认定之日次月起享受本通知规定的税收优惠政策。2019 年 1 月 1 日以后被取消资格的，自取消资格之日次月起停止享受本通知规定的税收优惠政策。

政策依据

《财政部 税务总局 科技部 教育部关于科技企业孵化器、大学科技园和众创空间税收政策的通知》（财税〔2018〕120 号）（略，见文件 22-1）

30. 国家备案众创空间免征城镇土地使用税

享受主体

国家备案众创空间。

优惠内容

自 2019 年 1 月 1 日至 2021 年 12 月 31 日，对国家备案众创空间自用以及无偿或通过出租等方式提供给在孵对象使用的土地，免征城镇土地使用税。

享受条件

1）国家备案众创空间应当单独核算孵化服务收入。

2）国家备案众创空间按照国务院科技、教育部门有关规定进行认定和管理。

3）在孵对象是指符合国务院科技、教育部门以及省级科技、教育部门发布的认定和管理办法规定的孵化企业、创业团队和个人。

4）国家备案众创空间应按规定申报享受免税政策，并将房产土地权属资料、房产原值资料、房产土地租赁合同、孵化协议等留存备查。

5）2019 年 1 月 1 日以后认定的国家备案众创空间，自认定之日次月起享受本通知规定的税收优惠政策。2019 年 1 月 1 日以后被取消资格的，自取消资格之日次月起停止享受本通知规定的税收优惠政策。

政策依据

《财政部　税务总局　科技部　教育部关于科技企业孵化器、大学科技园和众创空间税收政策的通知》（财税〔2018〕120 号）（略，见文件 22-1）

（四）对提供资金、非货币性资产投资助力的创投企业、金融机构等给予税收优惠

31. 创投企业投资未上市的中小高新技术企业按比例抵扣应纳税所得额

享受主体

创业投资企业。

优惠内容

自 2018 年 1 月 1 日起，创业投资企业采取股权投资方式投资于未上市的

中小高新技术企业 2 年（24 个月）以上的，可以按照其对中小高新技术企业投资额的 70% 在股权持有满 2 年的当年抵扣该创业投资企业的应纳税所得额；当年不足抵扣的，可以在以后纳税年度结转抵扣。

享受条件

1）创业投资企业采取股权投资方式投资于未上市的中小高新技术企业 2 年（24 个月）以上。

2）创业投资企业是指依照《创业投资企业管理暂行办法》（国家发展和改革委员会等 10 部委令 2005 年第 39 号，以下简称《暂行办法》）和《外商投资创业投资企业管理规定》（商务部等 5 部委令 2003 年第 2 号）在中华人民共和国境内设立的专门从事创业投资活动的企业或其他经济组织。

3）经营范围符合《暂行办法》规定，且工商登记为"创业投资有限责任公司""创业投资股份有限公司"等专业性法人创业投资企业。

4）按照《暂行办法》规定的条件和程序完成备案，经备案管理部门年度检查核实，投资运作符合《暂行办法》的有关规定。

5）创业投资企业投资的中小高新技术企业，按照科技部、财政部、国家税务总局《关于印发〈高新技术企业认定管理办法〉的通知》（国科发火〔2008〕172 号）和《关于印发〈高新技术企业认定管理工作指引〉的通知》（国科发火〔2008〕362 号）的规定，通过高新技术企业认定；同时，职工人数不超过 500 人，年销售（营业）额不超过 2 亿元，资产总额不超过 2 亿元。

6）财政部、国家税务总局规定的其他条件。

政策依据

1）《中华人民共和国企业所得税法》第三十一条

2）《中华人民共和国企业所得税法实施条例》第九十七条

3）《国家税务总局关于实施创业投资企业所得税优惠问题的通知》（国税发〔2009〕87 号）

📖 **延伸阅读**

31-1 《中华人民共和国企业所得税法》第三十一条

2018年12月29日　中华人民共和国主席令第二十三号

第三十一条 创业投资企业从事国家需要重点扶持和鼓励的创业投资，可以按投资额的一定比例抵扣应纳税所得额。

31-2 《中华人民共和国企业所得税法实施条例》第九十七条

2019年4月23日　中华人民共和国国务院令第714号

第九十七条 企业所得税法第三十一条所称抵扣应纳税所得额，是指创业投资企业采取股权投资方式投资于未上市的中小高新技术企业2年以上的，可以按照其投资额的70%在股权持有满2年的当年抵扣该创业投资企业的应纳税所得额；当年不足抵扣的，可以在以后纳税年度结转抵扣。

31-3 《国家税务总局关于实施创业投资企业所得税优惠问题的通知》[①]

2009年4月30日　国税发〔2009〕87号

各省、自治区、直辖市和计划单列市国家税务局、地方税务局：

　　为落实创业投资企业所得税优惠政策，促进创业投资企业的发展，根据《中华人民共和国企业所得税法》及其实施条例等有关规定，现就创业投资企业所得税优惠的有关问题通知如下：

　　一、创业投资企业是指依照《创业投资企业管理暂行办法》（国家发展和改革委员会等10部委令2005年第39号，以下简称《暂行办法》）和《外商

[①] 条款废止。第四条废止。参见：《国家税务总局关于公布失效废止的税务部门规章和税收规范性文件目录的决定》，国家税务总局令第42号。
政策调整。"创业投资企业享受创业投资所得税优惠核准"取消。参见：1.《国家税务总局贯彻落实〈国务院关于第二批取消152项中央指定地方实施行政审批事项的决定〉的通知》，税总发〔2016〕23号。2.《国务院关于第二批取消152项中央指定地方实施行政审批事项的决定》，国发〔2016〕9号。3.《国家税务总局关于公布已取消的22项税务非行政许可审批事项的公告》，国家税务总局公告2015年第58号。

投资创业投资企业管理规定》（商务部等5部委令2003年第2号）在中华人民共和国境内设立的专门从事创业投资活动的企业或其他经济组织。

二、创业投资企业采取股权投资方式投资于未上市的中小高新技术企业2年（24个月）以上，凡符合以下条件的，可以按照其对中小高新技术企业投资额的70%，在股权持有满2年的当年抵扣该创业投资企业的应纳税所得额；当年不足抵扣的，可以在以后纳税年度结转抵扣。

（一）经营范围符合《暂行办法》规定，且工商登记为"创业投资有限责任公司""创业投资股份有限公司"等专业性法人创业投资企业。

（二）按照《暂行办法》规定的条件和程序完成备案，经备案管理部门年度检查核实，投资运作符合《暂行办法》的有关规定。

（三）创业投资企业投资的中小高新技术企业，除应按照科技部、财政部、国家税务总局《关于印发〈高新技术企业认定管理办法〉的通知》（国科发火〔2008〕172号）和《关于印发〈高新技术企业认定管理工作指引〉的通知》（国科发火〔2008〕362号）的规定，通过高新技术企业认定以外，还应符合职工人数不超过500人，年销售（营业）额不超过2亿元，资产总额不超过2亿元的条件。

2007年底前按原有规定取得高新技术企业资格的中小高新技术企业，且在2008年继续符合新的高新技术企业标准的，向其投资满24个月的计算，可自创业投资企业实际向其投资的时间起计算。

（四）财政部、国家税务总局规定的其他条件。

三、中小企业接受创业投资之后，经认定符合高新技术企业标准的，应自其被认定为高新技术企业的年度起，计算创业投资企业的投资期限。该期限内中小企业接受创业投资后，企业规模超过中小企业标准，但仍符合高新技术企业标准的，不影响创业投资企业享受有关税收优惠。

四、创业投资企业申请享受投资抵扣应纳税所得额，应在其报送申请投资抵扣应纳税所得额年度纳税申报表以前，向主管税务机关报送以下资料备案：

（一）经备案管理部门核实后出具的年检合格通知书（副本）；

（二）关于创业投资企业投资运作情况的说明；

（三）中小高新技术企业投资合同或章程的复印件、实际所投资金验资报告等相关材料；

（四）中小高新技术企业基本情况（包括企业职工人数、年销售（营业）额、资产总额等）说明；

（五）由省、自治区、直辖市和计划单列市高新技术企业认定管理机构出具的中小高新技术企业有效的高新技术企业证书（复印件）。

五、本通知自 2008 年 1 月 1 日起执行。

32. 有限合伙制创业投资企业法人合伙人投资未上市的中小高新技术企业按比例抵扣应纳税所得额

享受主体

有限合伙制创业投资企业的法人合伙人。

优惠内容

自 2015 年 10 月 1 日起，有限合伙制创业投资企业采取股权投资方式投资于未上市的中小高新技术企业满 2 年（24 个月）的，该投资企业的法人合伙人可按照其对未上市中小高新技术企业投资额的 70% 抵扣该法人合伙人从该投资企业分得的应纳税所得额，当年不足抵扣的，可以在以后纳税年度结转抵扣。

有限合伙制创业投资企业的法人合伙人对未上市中小高新技术企业的投资额，按照有限合伙制创业投资企业对中小高新技术企业的投资额和合伙协议约定的法人合伙人占有限合伙制创业投资企业的出资比例计算确定。

享受条件

1）有限合伙制创业投资企业是指依照《中华人民共和国合伙企业法》、《创业投资企业管理暂行办法》（国家发展和改革委员会令第 39 号）和《外商投资创业投资企业管理规定》（外经贸部、科技部、工商总局、税务总局、外汇管理局令 2003 年第 2 号）设立的专门从事创业投资活动的有限合伙企业。

2）有限合伙制创业投资企业的法人合伙人，是指依照《中华人民共和国企业所得税法》及其实施条例以及相关规定，实行查账征收企业所得税的居民企业。

3）有限合伙制创业投资企业采取股权投资方式投资于未上市的中小高新技术企业满 2 年（24 个月），即 2015 年 10 月 1 日起，有限合伙制创业投资企业投资于未上市中小高新技术企业的实缴投资满 2 年，同时，法人合伙人对该有限合伙制创业投资企业的实缴出资也应满 2 年。

4）创业投资企业投资的中小高新技术企业，按照科技部、财政部、国家税务总局《关于印发〈高新技术企业认定管理办法〉的通知》(国科发火〔2008〕172号)和《关于印发〈高新技术企业认定管理工作指引〉的通知》(国科发火〔2008〕362号)的规定,通过高新技术企业认定;同时,职工人数不超过500人,年销售(营业)额不超过2亿元,资产总额不超过2亿元。

5) 有限合伙制创业投资企业应纳税所得额的确定及分配应按照《财政部 国家税务总局关于合伙企业合伙人所得税问题的通知》(财税〔2008〕159号)相关规定执行。

政策依据

1)《财政部 国家税务总局关于将国家自主创新示范区有关税收试点政策推广到全国范围实施的通知》(财税〔2015〕116号)第一条

2)《国家税务总局关于有限合伙制创业投资企业法人合伙人企业所得税有关问题的公告》(国家税务总局公告2015年第81号)

3)《国家税务总局关于实施创业投资企业所得税优惠问题的通知》(国税发〔2009〕87号)(略,见文件31-3)

延伸阅读

32-1 《财政部 国家税务总局关于将国家自主创新示范区有关税收试点政策推广到全国范围实施的通知》第一条

2015年10月23日 财税〔2015〕116号

一、关于有限合伙制创业投资企业法人合伙人企业所得税政策

1. 自2015年10月1日起,全国范围内的有限合伙制创业投资企业采取股权投资方式投资于未上市的中小高新技术企业满2年(24个月)的,该有限合伙制创业投资企业的法人合伙人可按照其对未上市中小高新技术企业投资额的70%抵扣该法人合伙人从该有限合伙制创业投资企业分得的应纳税所得额,当年不足抵扣的,可以在以后纳税年度结转抵扣。

2. 有限合伙制创业投资企业的法人合伙人对未上市中小高新技术企业的投资额,按照有限合伙制创业投资企业对中小高新技术企业的投资额和合伙协议约定的法人合伙人占有限合伙制创业投资企业的出资比例计算确定。

32-2 《国家税务总局关于有限合伙制创业投资企业法人合伙人企业所得税有关问题的公告》

2015年11月16日 国家税务总局公告2015年第81号

根据《中华人民共和国企业所得税法》及其实施条例、《财政部 国家税务总局关于将国家自主创新示范区有关税收试点政策推广到全国范围实施的通知》（财税〔2015〕116号）规定，现就有限合伙制创业投资企业法人合伙人企业所得税有关问题公告如下：

一、有限合伙制创业投资企业是指依照《中华人民共和国合伙企业法》、《创业投资企业管理暂行办法》（国家发展和改革委员会令第39号）和《外商投资创业投资企业管理规定》（外经贸部、科技部、工商总局、税务总局、外汇管理局令2003年第2号）设立的专门从事创业投资活动的有限合伙企业。

二、有限合伙制创业投资企业的法人合伙人，是指依照《中华人民共和国企业所得税法》及其实施条例以及相关规定，实行查账征收企业所得税的居民企业。

三、有限合伙制创业投资企业采取股权投资方式投资于未上市的中小高新技术企业满2年（24个月，下同）的，其法人合伙人可按照对未上市中小高新技术企业投资额的70%抵扣该法人合伙人从该有限合伙制创业投资企业分得的应纳税所得额，当年不足抵扣的，可以在以后纳税年度结转抵扣。

所称满2年是指2015年10月1日起，有限合伙制创业投资企业投资于未上市中小高新技术企业的实缴投资满2年，同时，法人合伙人对该有限合伙制创业投资企业的实缴出资也应满2年。

如果法人合伙人投资于多个符合条件的有限合伙制创业投资企业，可合并计算其可抵扣的投资额和应分得的应纳税所得额。当年不足抵扣的，可结转以后纳税年度继续抵扣；当年抵扣后有结余的，应按照企业所得税法的规定计算缴纳企业所得税。

四、有限合伙制创业投资企业的法人合伙人对未上市中小高新技术企业的投资额，按照有限合伙制创业投资企业对中小高新技术企业的投资额和合伙协议约定的法人合伙人占有限合伙制创业投资企业的出资比例计算确定。其中，有限合伙制创业投资企业对中小高新技术企业的投资额按实缴投资额计算；法人合伙人占有限合伙制创业投资企业的出资比例按法人合伙人对有限合伙制创业投资企业的实缴出资额占该有限合伙制创业投资企业的全部实缴出资额的比例计算。

五、有限合伙制创业投资企业应纳税所得额的确定及分配，按照《财政部　国家税务总局关于合伙企业合伙人所得税问题的通知》（财税〔2008〕159号）相关规定执行。

六、有限合伙制创业投资企业法人合伙人符合享受优惠条件的，应在符合条件的年度终了后3个月内向其主管税务机关报送《有限合伙制创业投资企业法人合伙人应纳税所得额分配情况明细表》（附件1）。

七、法人合伙人向其所在地主管税务机关备案享受投资抵扣应纳税所得额时，应提交《法人合伙人应纳税所得额抵扣情况明细表》（附件2）以及有限合伙制创业投资企业所在地主管税务机关受理后的《有限合伙制创业投资企业法人合伙人应纳税所得额分配情况明细表》，同时将《国家税务总局关于实施创业投资企业所得税优惠问题的通知》（国税发〔2009〕87号）规定报送的备案资料留存备查。

八、本公告自2015年10月1日起执行。2015年度符合优惠条件的企业，可统一在2015年度汇算清缴时办理相关手续。《国家税务总局关于苏州工业园区有限合伙制创业投资企业法人合伙人企业所得税政策试点有关征收管理问题的公告》（国家税务总局公告2013年第25号）同时废止。

特此公告。

附件：1. 有限合伙制创业投资企业法人合伙人应纳税所得额分配情况明细表（编者略）
　　　2. 法人合伙人应纳税所得额抵扣情况明细表（编者略）

33. 公司制创投企业投资初创科技型企业按比例抵扣应纳税所得额

享受主体

公司制创业投资企业。

优惠内容

自2018年1月1日起，公司制创业投资企业采取股权投资方式直接投资于种子期、初创期科技型企业（以下简称初创科技型企业）满2年（24个月）的，可以按照投资额的70%在股权持有满2年的当年抵扣该公司制创业投资企业的应纳税所得额；当年不足抵扣的，可以在以后纳税年度结转抵扣。

享受条件

1）创业投资企业，应同时符合以下条件：

（1）在中国境内（不含港、澳、台地区）注册成立、实行查账征收的居民企业或合伙创投企业，且不属于被投资初创科技型企业的发起人；

（2）符合《创业投资企业管理暂行办法》（发展改革委等10部门令第39号）规定或者《私募投资基金监督管理暂行办法》（证监会令第105号）关于创业投资基金的特别规定，按照上述规定完成备案且规范运作；

（3）投资后2年内，创业投资企业及其关联方持有被投资初创科技型企业的股权比例合计应低于50%。

2）初创科技型企业，应同时符合以下条件：

（1）在中国境内（不包括港、澳、台地区）注册成立、实行查账征收的居民企业；

（2）接受投资时，从业人数不超过300人，其中具有大学本科以上学历的从业人数不低于30%；资产总额和年销售收入均不超过5000万元；

（3）接受投资时设立时间不超过5年（60个月）；

（4）接受投资时以及接受投资后2年内未在境内外证券交易所上市；

（5）接受投资当年及下一纳税年度，研发费用总额占成本费用支出的比例不低于20%。

3）股权投资，仅限于通过向被投资初创科技型企业直接支付现金方式取得的股权投资，不包括受让其他股东的存量股权。

政策依据

1）《财政部　税务总局关于创业投资企业和天使投资个人有关税收政策的通知》（财税〔2018〕55号）第一条、第二条

2）《国家税务总局关于创业投资企业和天使投资个人税收政策有关问题的公告》（国家税务总局公告2018年第43号）

3）《财政部　税务总局关于实施小微企业普惠性税收减免政策的通知》（财税〔2019〕13号）第五条

延伸阅读

33-1 《财政部 税务总局关于创业投资企业和天使投资个人有关税收政策的通知》第一条、第二条

2018年5月14日 财税〔2018〕55号

一、税收政策内容

（一）公司制创业投资企业采取股权投资方式直接投资于种子期、初创期科技型企业（以下简称初创科技型企业）满2年（24个月，下同）的，可以按照投资额的70%在股权持有满2年的当年抵扣该公司制创业投资企业的应纳税所得额；当年不足抵扣的，可以在以后纳税年度结转抵扣。

（二）有限合伙制创业投资企业（以下简称合伙创投企业）采取股权投资方式直接投资于初创科技型企业满2年的，该合伙创投企业的合伙人分别按以下方式处理：

1. 法人合伙人可以按照对初创科技型企业投资额的70%抵扣法人合伙人从合伙创投企业分得的所得；当年不足抵扣的，可以在以后纳税年度结转抵扣。

2. 个人合伙人可以按照对初创科技型企业投资额的70%抵扣个人合伙人从合伙创投企业分得的经营所得；当年不足抵扣的，可以在以后纳税年度结转抵扣。

（三）天使投资个人采取股权投资方式直接投资于初创科技型企业满2年的，可以按照投资额的70%抵扣转让该初创科技型企业股权取得的应纳税所得额；当期不足抵扣的，可以在以后取得转让该初创科技型企业股权的应纳税所得额时结转抵扣。

天使投资个人投资多个初创科技型企业的，对其中办理注销清算的初创科技型企业，天使投资个人对其投资额的70%尚未抵扣完的，可自注销清算之日起36个月内抵扣天使投资个人转让其他初创科技型企业股权取得的应纳税所得额。

二、相关政策条件

（一）本通知所称初创科技型企业，应同时符合以下条件：

1. 在中国境内（不包括港、澳、台地区）注册成立、实行查账征收的居民企业；

2. 接受投资时，从业人数不超过200人，其中具有大学本科以上学历的

从业人数不低于30%；资产总额和年销售收入均不超过3000万元；

3. 接受投资时设立时间不超过5年（60个月）；

4. 接受投资时以及接受投资后2年内未在境内外证券交易所上市；

5. 接受投资当年及下一纳税年度，研发费用总额占成本费用支出的比例不低于20%。

（二）享受本通知规定税收政策的创业投资企业，应同时符合以下条件：

1. 在中国境内（不含港、澳、台地区）注册成立、实行查账征收的居民企业或合伙创投企业，且不属于被投资初创科技型企业的发起人；

2. 符合《创业投资企业管理暂行办法》（发展改革委等10部门令第39号）规定或者《私募投资基金监督管理暂行办法》（证监会令第105号）关于创业投资基金的特别规定，按照上述规定完成备案且规范运作；

3. 投资后2年内，创业投资企业及其关联方持有被投资初创科技型企业的股权比例合计应低于50%。

（三）享受本通知规定的税收政策的天使投资个人，应同时符合以下条件：

1. 不属于被投资初创科技型企业的发起人、雇员或其亲属（包括配偶、父母、子女、祖父母、外祖父母、孙子女、外孙子女、兄弟姐妹，下同），且与被投资初创科技型企业不存在劳务派遣等关系；

2. 投资后2年内，本人及其亲属持有被投资初创科技型企业股权比例合计应低于50%。

（四）享受本通知规定的税收政策的投资，仅限于通过向被投资初创科技型企业直接支付现金方式取得的股权投资，不包括受让其他股东的存量股权。

33－2 《国家税务总局关于创业投资企业和天使投资个人税收政策有关问题的公告》

2018年7月30日　国家税务总局公告2018年第43号

为贯彻落实《财政部　税务总局关于创业投资企业和天使投资个人有关税收政策的通知》（财税〔2018〕55号，以下简称《通知》），现就创业投资企业和天使投资个人税收政策有关问题公告如下：

一、相关政策执行口径

（一）《通知》第一条所称满2年是指公司制创业投资企业（以下简称"公司制创投企业"）、有限合伙制创业投资企业（以下简称"合伙创投企业")和天使投资个人投资于种子期、初创期科技型企业（以下简称"初创科技型企业"）的实缴投资满 2 年，投资时间从初创科技型企业接受投资并完成工商变更登记的日期算起。

（二）《通知》第二条第（一）项所称研发费用总额占成本费用支出的比例，是指企业接受投资当年及下一纳税年度的研发费用总额合计占同期成本费用总额合计的比例。

（三）《通知》第三条第（三）项所称出资比例，按投资满 2 年当年年末各合伙人对合伙创投企业的实缴出资额占所有合伙人全部实缴出资额的比例计算。

（四）《通知》所称从业人数及资产总额指标，按照初创科技型企业接受投资前连续 12 个月的平均数计算，不足 12 个月的，按实际月数平均计算。具体计算公式如下：

月平均数 =（月初数 + 月末数）÷ 2
接受投资前连续 12 个月平均数 = 接受投资前连续 12 个月平均数之和 ÷ 12

（五）法人合伙人投资于多个符合条件的合伙创投企业，可合并计算其可抵扣的投资额和分得的所得。当年不足抵扣的，可结转以后纳税年度继续抵扣；当年抵扣后有结余的，应按照企业所得税法的规定计算缴纳企业所得税。

所称符合条件的合伙创投企业既包括符合《通知》规定条件的合伙创投企业，也包括符合《国家税务总局关于有限合伙制创业投资企业法人合伙人企业所得税有关问题的公告》（国家税务总局公告 2015 年第 81 号）规定条件的合伙创投企业。

二、办理程序和资料

（一）企业所得税

1. 公司制创投企业和合伙创投企业法人合伙人在年度申报享受优惠时，按照《国家税务总局关于发布修订后的〈企业所得税优惠政策事项办理办法〉的公告》（国家税务总局公告 2018 年第 23 号）的规定办理有关手续。

2. 合伙创投企业的法人合伙人符合享受优惠条件的，合伙创投企业应在投资初创科技型企业满 2 年的年度以及分配所得的年度终了后及时向法人合伙人提供《合伙创投企业法人合伙人所得分配情况明细表》（附件 1）。

（二）个人所得税

1. 合伙创投企业个人合伙人

（1）合伙创投企业的个人合伙人符合享受优惠条件的，合伙创投企业应在投资初创科技型企业满 2 年的年度终了后 3 个月内，向合伙创投企业主管税务机关办理备案手续，备案时应报送《合伙创投企业个人所得税投资抵扣备案表》（附件 2），同时将有关资料留存备查（备查资料同公司制创投企业）。合伙企业多次投资同一初创科技型企业的，应按年度分别备案。

（2）合伙创投企业应在投资初创科技型企业满 2 年后的每个年度终了后 3 个月内，向合伙创投企业主管税务机关报送《合伙创投企业个人所得税投资抵扣情况表》（附件 3）。

（3）个人合伙人在个人所得税年度申报时，应将当年允许抵扣的投资额填至《个人所得税生产经营所得纳税申报表（B 表）》"允许扣除的其他费用"栏，并同时标明"投资抵扣"字样。

2. 天使投资个人

（1）投资抵扣备案

天使投资个人应在投资初创科技型企业满 24 个月的次月 15 日内，与初创科技型企业共同向初创科技型企业主管税务机关办理备案手续。备案时应报送《天使投资个人所得税投资抵扣备案表》（附件 4）。被投资企业符合初创科技型企业条件的有关资料留存企业备查，备查资料包括初创科技型企业接受现金投资时的投资合同（协议）、章程、实际出资的相关证明材料，以及被投资企业符合初创科技型企业条件的有关资料。多次投资同一初创科技型企业的，应分次备案。

（2）投资抵扣申报

①天使投资个人转让未上市的初创科技型企业股权，按照《通知》规定享受投资抵扣税收优惠时，应于股权转让次月 15 日内，向主管税务机关报送《天使投资个人所得税投资抵扣情况表》（附件 5）。同时，天使投资个人还应一并提供投资初创科技型企业后税务机关受理的《天使投资个人所得税投资抵扣备案表》。

其中，天使投资个人转让初创科技型企业股权需同时抵扣前 36 个月内投资其他注销清算初创科技型企业尚未抵扣完毕的投资额的，申报时应一并提供注销清算企业主管税务机关受理并注明注销清算等情况的《天使投资个人所得税投资抵扣备案表》，以及前期享受投资抵扣政策后税务机关受理的《天使投资个人所得税投资抵扣情况表》。

接受投资的初创科技型企业，应在天使投资个人转让股权纳税申报时，向扣缴义务人提供相关信息。

②天使投资个人投资初创科技型企业满足投资抵扣税收优惠条件后，初创科技型企业在上海证券交易所、深圳证券交易所上市的，天使投资个人在转让

初创科技型企业股票时,有尚未抵扣完毕的投资额的,应向证券机构所在地主管税务机关办理限售股转让税款清算,抵扣尚未抵扣完毕的投资额。清算时,应提供投资初创科技型企业后税务机关受理的《天使投资个人所得税投资抵扣备案表》和《天使投资个人所得税投资抵扣情况表》。

(3)被投资企业发生个人股东变动或者个人股东所持股权变动的,应在次月15日内向主管税务机关报送含有股东变动信息的《个人所得税基础信息表(A表)》。对天使投资个人,应在备注栏标明"天使投资个人"字样。

(4)天使投资个人转让股权时,扣缴义务人、天使投资个人应将当年允许抵扣的投资额填至《扣缴个人所得税报告表》或《个人所得税自行纳税申报表(A表)》"税前扣除项目"的"其他"栏,并同时标明"投资抵扣"字样。

(5)天使投资个人投资的初创科技型企业注销清算的,应及时持《天使投资个人所得税投资抵扣备案表》到主管税务机关办理情况登记。

三、其他事项

(一)税务机关在公司制创投企业、合伙创投企业合伙人享受优惠政策后续管理中,对初创科技型企业是否符合规定条件有异议的,可以转请初创科技型企业主管税务机关提供相关资料,主管税务机关应积极配合。

(二)创业投资企业、合伙创投企业合伙人、天使投资个人、初创科技型企业提供虚假情况、故意隐瞒已投资抵扣情况或采取其他手段骗取投资抵扣,不缴或者少缴应纳税款的,按税收征管法有关规定处理。

四、施行时间

本公告天使投资个人所得税有关规定自2018年7月1日起施行,其他所得税规定自2018年1月1日起施行。施行日期前2年内发生的投资,适用《通知》规定的税收政策的,按本公告规定执行。

《国家税务总局关于创业投资企业和天使投资个人税收试点政策有关问题的公告》(国家税务总局公告2017年第20号)自2018年7月1日起废止,符合试点政策条件的投资额可按本公告规定继续办理抵扣。

特此公告。

附件:1. 合伙创投企业法人合伙人所得分配情况明细表(编者略)

2. 合伙创投企业个人所得税投资抵扣备案表(编者略)

3. 合伙创投企业个人所得税投资抵扣情况表(编者略)

4. 天使投资个人所得税投资抵扣备案表(编者略)

5. 天使投资个人所得税投资抵扣情况表(编者略)

33 – 3 《财政部 税务总局关于实施小微企业普惠性税收减免政策的通知》第五条

2019 年 1 月 17 日 财税〔2019〕13 号

五、《财政部 税务总局关于创业投资企业和天使投资个人有关税收政策的通知》（财税〔2018〕55 号）第二条第（一）项关于初创科技型企业条件中的"从业人数不超过 200 人"调整为"从业人数不超过 300 人"，"资产总额和年销售收入均不超过 3000 万元"调整为"资产总额和年销售收入均不超过 5000 万元"。

2019 年 1 月 1 日至 2021 年 12 月 31 日期间发生的投资，投资满 2 年且符合本通知规定和财税〔2018〕55 号文件规定的其他条件的，可以适用财税〔2018〕55 号文件规定的税收政策。

2019 年 1 月 1 日前 2 年内发生的投资，自 2019 年 1 月 1 日起投资满 2 年且符合本通知规定和财税〔2018〕55 号文件规定的其他条件的，可以适用财税〔2018〕55 号文件规定的税收政策。

34. 有限合伙制创业投资企业法人合伙人投资初创科技型企业按比例抵扣应纳税所得额

享受主体

有限合伙制创业投资企业法人合伙人。

优惠内容

自 2018 年 1 月 1 日起，有限合伙制创业投资企业采取股权投资方式直接投资于初创科技型企业满 2 年（24 个月）的，法人合伙人可以按照对初创科技型企业投资额的 70% 抵扣法人合伙人从合伙创投企业分得的所得；当年不足抵扣的，可以在以后纳税年度结转抵扣。

享受条件

1）创业投资企业，应同时符合以下条件：

（1）在中国境内（不含港、澳、台地区）注册成立、实行查账征收的居民企业或合伙创投企业，且不属于被投资初创科技型企业的发起人；

（2）符合《创业投资企业管理暂行办法》（发展改革委等 10 部门令第 39 号）规定或者《私募投资基金监督管理暂行办法》（证监会令第 105 号）关于创业投资基金的特别规定，按照上述规定完成备案且规范运作；

（3）投资后 2 年内，创业投资企业及其关联方持有被投资初创科技型企业的股权比例合计应低于 50%。

2）初创科技型企业，应同时符合以下条件：

（1）在中国境内（不包括港、澳、台地区）注册成立、实行查账征收的居民企业；

（2）接受投资时，从业人数不超过 300 人，其中具有大学本科以上学历的从业人数不低于 30%；资产总额和年销售收入均不超过 5000 万元；

（3）接受投资时设立时间不超过 5 年（60 个月）；

（4）接受投资时以及接受投资后 2 年内未在境内外证券交易所上市；

（5）接受投资当年及下一纳税年度，研发费用总额占成本费用支出的比例不低于 20%。

3）股权投资，仅限于通过向被投资初创科技型企业直接支付现金方式取得的股权投资，不包括受让其他股东的存量股权。

政策依据

1)《财政部　税务总局关于创业投资企业和天使投资个人有关税收政策的通知》（财税〔2018〕55 号）第一条、第二条（略，见文件 33 – 1）

2)《国家税务总局关于创业投资企业和天使投资个人税收政策有关问题的公告》（国家税务总局公告 2018 年第 43 号）（略，见文件 33 – 2）

3)《财政部　税务总局关于实施小微企业普惠性税收减免政策的通知》（财税〔2019〕13 号）第五条（略，见文件 33 – 3）

35. 有限合伙制创业投资企业个人合伙人投资初创科技型企业按比例抵扣应纳税所得额

享受主体

有限合伙制创业投资企业个人合伙人。

优惠内容

自 2018 年 1 月 1 日起，有限合伙制创业投资企业采取股权投资方式直接投资于初创科技型企业满 2 年（24 个月）的，个人合伙人可以按照对初创科技型企业投资额的 70% 抵扣个人合伙人从合伙创投企业分得的经营所得；当年不足抵扣的，可以在以后纳税年度结转抵扣。

享受条件

1）创业投资企业，应同时符合以下条件：

（1）在中国境内（不含港、澳、台地区）注册成立、实行查账征收的居民企业或合伙创投企业，且不属于被投资初创科技型企业的发起人；

（2）符合《创业投资企业管理暂行办法》（发展改革委等 10 部门令第 39 号）规定或者《私募投资基金监督管理暂行办法》（证监会令第 105 号）关于创业投资基金的特别规定，按照上述规定完成备案且规范运作；

（3）投资后 2 年内，创业投资企业及其关联方持有被投资初创科技型企业的股权比例合计应低于 50%。

2）初创科技型企业，应同时符合以下条件：

（1）在中国境内（不包括港、澳、台地区）注册成立、实行查账征收的居民企业；

（2）接受投资时，从业人数不超过 300 人，其中具有大学本科以上学历的从业人数不低于 30%；资产总额和年销售收入均不超过 5000 万元；

（3）接受投资时设立时间不超过 5 年（60 个月）；

（4）接受投资时以及接受投资后 2 年内未在境内外证券交易所上市；

（5）接受投资当年及下一纳税年度，研发费用总额占成本费用支出的比例不低于 20%。

3）股权投资，仅限于通过向被投资初创科技型企业直接支付现金方式取得的股权投资，不包括受让其他股东的存量股权。

政策依据

1）《财政部　税务总局关于创业投资企业和天使投资个人有关税收政策的通知》（财税〔2018〕55 号）第一条、第二条（略，见文件 33-1）

2）《国家税务总局关于创业投资企业和天使投资个人税收政策有关问题的公告》（国家税务总局公告 2018 年第 43 号）（略，见文件 33-2）

3）《财政部　税务总局关于实施小微企业普惠性税收减免政策的通知》（财税〔2019〕13 号）第五条（略，见文件 33-3）

36. 天使投资人投资初创科技型企业按比例抵扣应纳税所得额

享受主体

天使投资人。

优惠内容

自 2018 年 7 月 1 日起，天使投资个人采取股权投资方式直接投资于初创科技型企业满 2 年的，可以按照投资额的 70% 抵扣转让该初创科技型企业股权取得的应纳税所得额；当期不足抵扣的，可以在以后取得转让该初创科技型企业股权的应纳税所得额时结转抵扣。天使投资个人投资多个初创科技型企业的，对其中办理注销清算的初创科技型企业，天使投资个人对其投资额的 70% 尚未抵扣完的，可自注销清算之日起 36 个月内抵扣天使投资个人转让其他初创科技型企业股权取得的应纳税所得额。

享受条件

1）天使投资个人，应同时符合以下条件：

（1）不属于被投资初创科技型企业的发起人、雇员或其亲属（包括配偶、父母、子女、祖父母、外祖父母、孙子女、外孙子女、兄弟姐妹，下同），且与被投资初创科技型企业不存在劳务派遣等关系；

（2）投资后 2 年内，本人及其亲属持有被投资初创科技型企业股权比例合计应低于 50%。

2）初创科技型企业，应同时符合以下条件：

（1）在中国境内（不包括港、澳、台地区）注册成立、实行查账征收的居民企业；

（2）接受投资时，从业人数不超过 300 人，其中具有大学本科以上学历的从业人数不低于 30%；资产总额和年销售收入均不超过 5000 万元；

（3）接受投资时设立时间不超过 5 年（60 个月）；

（4）接受投资时以及接受投资后 2 年内未在境内外证券交易所上市；

（5）接受投资当年及下一纳税年度，研发费用总额占成本费用支出的比例不低于 20%。

3）股权投资，仅限于通过向被投资初创科技型企业直接支付现金方式取得的股权投资，不包括受让其他股东的存量股权。

⚖ 政策依据

1)《财政部　税务总局关于创业投资企业和天使投资个人有关税收政策的通知》（财税〔2018〕55号）第一条、第二条（略，见文件33-1）

2)《国家税务总局关于创业投资企业和天使投资个人税收政策有关问题的公告》（国家税务总局公告2018年第43号）（略，见文件33-2）

3)《财政部　税务总局关于实施小微企业普惠性税收减免政策的通知》（财税〔2019〕13号）第五条（略，见文件33-3）

37. 以非货币性资产对外投资确认的非货币性资产转让所得分期缴纳企业所得税

👤 享受主体

以非货币性资产对外投资的居民企业。

💰 优惠内容

可自确认非货币性资产转让收入年度起不超过连续5个纳税年度的期间内，非货币性资产转让所得分期均匀计入相应年度的应纳税所得额，按规定计算缴纳企业所得税。

🔍 享受条件

1）企业以非货币性资产对外投资，应于投资协议生效并办理股权登记手续时，确认非货币性资产转让收入的实现，应对非货币性资产进行评估并按评估后的公允价值扣除计税基础后的余额，计算确认非货币性资产转让所得。

2）企业以非货币性资产对外投资而取得被投资企业的股权，应以非货币性资产的原计税成本为计税基础，加上每年确认的非货币性资产转让所得，逐年进行调整。

3）被投资企业取得非货币性资产的计税基础，应按非货币性资产的公允价值确定。

4）企业在对外投资5年内转让上述股权或投资收回的，应停止执行递延纳税政策，并就递延期内尚未确认的非货币性资产转让所得，在转让股权或投资收回当年的企业所得税年度汇算清缴时，一次性计算缴纳企业所得税。

5）企业在对外投资5年内注销的，应停止执行递延纳税政策，并就递延期内尚未确认的非货币性资产转让所得，在注销当年的企业所得税年度汇算清缴时，一次性计算缴纳企业所得税。

6）非货币性资产，是指现金、银行存款、应收账款、应收票据以及准备持有至到期的债券投资等货币性资产以外的资产。

7）非货币性资产投资，限于以非货币性资产出资设立新的居民企业，或将非货币性资产注入现存的居民企业。

8）享受政策的居民企业实行查账征收。

政策依据

1）《财政部 国家税务总局关于非货币性资产投资企业所得税政策问题的通知》（财税〔2014〕116号）

2）《国家税务总局关于非货币性资产投资企业所得税有关征管问题的公告》（国家税务总局公告2015年第33号）

延伸阅读

37-1 《财政部 国家税务总局关于非货币性资产投资企业所得税政策问题的通知》

2014年12月31日　财税〔2014〕116号

各省、自治区、直辖市、计划单列市财政厅（局）、国家税务局、地方税务局，新疆生产建设兵团财务局：

为贯彻落实《国务院关于进一步优化企业兼并重组市场环境的意见》（国发〔2014〕14号），根据《中华人民共和国企业所得税法》及其实施条例有关规定，现就非货币性资产投资涉及的企业所得税政策问题明确如下：

一、居民企业（以下简称企业）以非货币性资产对外投资确认的非货币性资产转让所得，可在不超过5年期限内，分期均匀计入相应年度的应纳税所得额，按规定计算缴纳企业所得税。

二、企业以非货币性资产对外投资，应对非货币性资产进行评估并按评估后的公允价值扣除计税基础后的余额，计算确认非货币性资产转让所得。

企业以非货币性资产对外投资，应于投资协议生效并办理股权登记手续时，确认非货币性资产转让收入的实现。

三、企业以非货币性资产对外投资而取得被投资企业的股权，应以非货币性资产的原计税成本为计税基础，加上每年确认的非货币性资产转让所得，逐年进行调整。

被投资企业取得非货币性资产的计税基础，应按非货币性资产的公允价值确定。

四、企业在对外投资5年内转让上述股权或投资收回的，应停止执行递延纳税政策，并就递延期内尚未确认的非货币性资产转让所得，在转让股权或投资收回当年的企业所得税年度汇算清缴时，一次性计算缴纳企业所得税；企业在计算股权转让所得时，可按本通知第三条第一款规定将股权的计税基础一次调整到位。

企业在对外投资5年内注销的，应停止执行递延纳税政策，并就递延期内尚未确认的非货币性资产转让所得，在注销当年的企业所得税年度汇算清缴时，一次性计算缴纳企业所得税。

五、本通知所称非货币性资产，是指现金、银行存款、应收账款、应收票据以及准备持有至到期的债券投资等货币性资产以外的资产。

本通知所称非货币性资产投资，限于以非货币性资产出资设立新的居民企业，或将非货币性资产注入现存的居民企业。

六、企业发生非货币性资产投资，符合《财政部 国家税务总局关于企业重组业务企业所得税处理若干问题的通知》（财税〔2009〕59号）等文件规定的特殊性税务处理条件的，也可选择按特殊性税务处理规定执行。

七、本通知自2014年1月1日起执行。本通知发布前尚未处理的非货币性资产投资，符合本通知规定的可按本通知执行。

37-2 《国家税务总局关于非货币性资产投资企业所得税有关征管问题的公告》

2015年5月8日 国家税务总局公告2015年第33号

《国务院关于进一步优化企业兼并重组市场环境的意见》（国发〔2014〕14号）和《财政部 国家税务总局关于非货币性资产投资企业所得税政策问题的通知》（财税〔2014〕116号）发布后，各地陆续反映在非货币性资产投资企业所得税政策执行过程中有些征管问题亟需明确。经研究，现就非货币性资产投资企业所得税有关征管问题公告如下：

一、实行查账征收的居民企业（以下简称企业）以非货币性资产对外投资确认的非货币性资产转让所得，可自确认非货币性资产转让收入年度起不超过连续5个纳税年度的期间内，分期均匀计入相应年度的应纳税所得额，按规定计算缴纳企业所得税。

二、关联企业之间发生的非货币性资产投资行为，投资协议生效后12个月内尚未完成股权变更登记手续的，于投资协议生效时，确认非货币性资产转让收入的实现。

三、符合财税〔2014〕116号文件规定的企业非货币性资产投资行为，同时又符合《财政部 国家税务总局关于企业重组业务企业所得税处理若干问题的通知》（财税〔2009〕59号）、《财政部 国家税务总局关于促进企业重组有关企业所得税处理问题的通知》（财税〔2014〕109号）等文件规定的特殊性税务处理条件的，可由企业选择其中一项政策执行，且一经选择，不得改变。

四、企业选择适用本公告第一条规定进行税务处理的，应在非货币性资产转让所得递延确认期间每年企业所得税汇算清缴时，填报《中华人民共和国企业所得税年度纳税申报表》（A类，2014年版）中"A105100企业重组纳税调整明细表"第13行"其中：以非货币性资产对外投资"的相关栏目，并向主管税务机关报送《非货币性资产投资递延纳税调整明细表》（详见附件）。

五、企业应将股权投资合同或协议、对外投资的非货币性资产（明细）公允价值评估确认报告、非货币性资产（明细）计税基础的情况说明、被投资企业设立或变更的工商部门证明材料等资料留存备查，并单独准确核算税法与会计差异情况。

主管税务机关应加强企业非货币性资产投资递延纳税的后续管理。

六、本公告适用于2014年度及以后年度企业所得税汇算清缴。此前尚未处理的非货币性资产投资，符合财税〔2014〕116号文件和本公告规定的可按本公告执行。

特此公告。

附件：非货币性资产投资递延纳税调整明细表（编者略）

38. 以非货币性资产对外投资确认的非货币性资产转让所得分期缴纳个人所得税

享受主体

以非货币性资产对外投资的个人。

优惠内容

对非货币资产转让所得应按"财产转让所得"缴纳个人所得税，一次性缴税有困难的，可合理确认分期缴纳计划并报主管税务机关备案后，在不超过5年期限内缴纳。

享受条件

1）非货币性资产，是指现金、银行存款等货币性资产以外的资产，包括股权、不动产、技术发明成果以及其他形式的非货币性资产。

2）非货币性资产投资，包括以非货币性资产出资设立新的企业，以及以非货币性资产出资参与企业增资扩股、定向增发股票、股权置换、重组改制等投资行为。

3）个人以非货币性资产投资，应于非货币性资产转让、取得被投资企业股权时，确认非货币性资产转让收入的实现，应按评估后的公允价值确认非货币性资产转让收入。

4）个人以非货币性资产投资交易过程中取得现金补价的，现金部分应优先用于缴税；现金不足以缴纳的部分，可分期缴纳。个人在分期缴税期间转让其持有的上述全部或部分股权，并取得现金收入的，该现金收入应优先用于缴纳尚未缴清的税款。

政策依据

1）《财政部 国家税务总局关于个人非货币性资产投资有关个人所得税政策的通知》（财税〔2015〕41号）

2）《国家税务总局关于个人非货币性资产投资有关个人所得税征管问题的公告》（国家税务总局公告2015年第20号）

> **延伸阅读**

38-1 《财政部 国家税务总局关于个人非货币性资产投资有关个人所得税政策的通知》

2015年3月30日 财税〔2015〕41号

各省、自治区、直辖市、计划单列市财政厅（局）、地方税务局，新疆生产建设兵团财务局：

为进一步鼓励和引导民间个人投资，经国务院批准，将在上海自由贸易试验区试点的个人非货币性资产投资分期缴税政策推广至全国。现就个人非货币性资产投资有关个人所得税政策通知如下：

一、个人以非货币性资产投资，属于个人转让非货币性资产和投资同时发生。对个人转让非货币性资产的所得，应按照"财产转让所得"项目，依法计算缴纳个人所得税。

二、个人以非货币性资产投资，应按评估后的公允价值确认非货币性资产转让收入。非货币性资产转让收入减除该资产原值及合理税费后的余额为应纳税所得额。

个人以非货币性资产投资，应于非货币性资产转让、取得被投资企业股权时，确认非货币性资产转让收入的实现。

三、个人应在发生上述应税行为的次月15日内向主管税务机关申报纳税。纳税人一次性缴税有困难的，可合理确定分期缴纳计划并报主管税务机关备案后，自发生上述应税行为之日起不超过5个公历年度内（含）分期缴纳个人所得税。

四、个人以非货币性资产投资交易过程中取得现金补价的，现金部分应优先用于缴税；现金不足以缴纳的部分，可分期缴纳。

个人在分期缴税期间转让其持有的上述全部或部分股权，并取得现金收入的，该现金收入应优先用于缴纳尚未缴清的税款。

五、本通知所称非货币性资产，是指现金、银行存款等货币性资产以外的资产，包括股权、不动产、技术发明成果以及其他形式的非货币性资产。

本通知所称非货币性资产投资，包括以非货币性资产出资设立新的企业，以及以非货币性资产出资参与企业增资扩股、定向增发股票、股权置换、重组改制等投资行为。

六、本通知规定的分期缴税政策自2015年4月1日起施行。对2015年4

月1日之前发生的个人非货币性资产投资,尚未进行税收处理且自发生上述应税行为之日起期限未超过5年的,可在剩余的期限内分期缴纳其应纳税款。

38-2 《国家税务总局关于个人非货币性资产投资有关个人所得税征管问题的公告》[①]

2015年4月8日 国家税务总局公告2015年第20号

为落实国务院第83次常务会议决定,鼓励和引导民间个人投资,根据《中华人民共和国个人所得税法》及其实施条例、《中华人民共和国税收征收管理法》及其实施细则、《财政部 国家税务总局关于个人非货币性资产投资有关个人所得税政策的通知》(财税〔2015〕41号)规定,现就落实个人非货币性资产投资有关个人所得税征管问题公告如下:

一、非货币性资产投资个人所得税以发生非货币性资产投资行为并取得被投资企业股权的个人为纳税人。

二、非货币性资产投资个人所得税由纳税人向主管税务机关自行申报缴纳。

三、纳税人以不动产投资的,以不动产所在地地税机关为主管税务机关;纳税人以其持有的企业股权对外投资的,以该企业所在地地税机关为主管税务机关;纳税人以其他非货币资产投资的,以被投资企业所在地地税机关为主管税务机关。

四、纳税人非货币性资产投资应纳税所得额为非货币性资产转让收入减除该资产原值及合理税费后的余额。

五、非货币性资产原值为纳税人取得该项资产时实际发生的支出。

纳税人无法提供完整、准确的非货币性资产原值凭证,不能正确计算非货币性资产原值的,主管税务机关可依法核定其非货币性资产原值。

六、合理税费是指纳税人在非货币性资产投资过程中发生的与资产转移相关的税金及合理费用。

---

① 条款修改。"三、纳税人以不动产投资的,以不动产所在地地税机关为主管税务机关;纳税人以其持有的企业股权对外投资的,以该企业所在地地税机关为主管税务机关;纳税人以其他非货币资产投资的,以被投资企业所在地地税机关为主管税务机关。"修改为"三、纳税人以不动产投资的,以不动产所在地税务机关为主管税务机关;纳税人以其持有的企业股权对外投资的,以该企业所在地税务机关为主管税务机关;纳税人以其他非货币资产投资的,以被投资企业所在地税务机关为主管税务机关。"参见:《国家税务总局关于修改部分税收规范性文件的公告》,国家税务总局公告2018年第31号。

七、纳税人以股权投资的，该股权原值确认等相关问题依照《股权转让所得个人所得税管理办法（试行）》（国家税务总局公告2014年第67号发布）有关规定执行。

八、纳税人非货币性资产投资需要分期缴纳个人所得税的，应于取得被投资企业股权之日的次月15日内，自行制定缴税计划并向主管税务机关报送《非货币性资产投资分期缴纳个人所得税备案表》（见附件）、纳税人身份证明、投资协议、非货币性资产评估价格证明材料、能够证明非货币性资产原值及合理税费的相关资料。

2015年4月1日之前发生的非货币性资产投资，期限未超过5年，尚未进行税收处理且需要分期缴纳个人所得税的，纳税人应于本公告下发之日起30日内向主管税务机关办理分期缴税备案手续。

九、纳税人分期缴税期间提出变更原分期缴税计划的，应重新制定分期缴税计划并向主管税务机关重新报送《非货币性资产投资分期缴纳个人所得税备案表》。

十、纳税人按分期缴税计划向主管税务机关办理纳税申报时，应提供已在主管税务机关备案的《非货币性资产投资分期缴纳个人所得税备案表》和本期之前各期已缴纳个人所得税的完税凭证。

十一、纳税人在分期缴税期间转让股权的，应于转让股权之日的次月15日内向主管税务机关申报纳税。

十二、被投资企业应将纳税人以非货币性资产投入本企业取得股权和分期缴税期间纳税人股权变动情况，分别于相关事项发生后15日内向主管税务机关报告，并协助税务机关执行公务。

十三、纳税人和被投资企业未按规定备案、缴税和报送资料的，按照《中华人民共和国税收征收管理法》及有关规定处理。

十四、本公告自2015年4月1日起施行。

特此公告。

附件：《非货币性资产投资分期缴纳个人所得税备案表》及填报说明（编者略）

39. 金融机构农户小额贷款利息收入所得税减计收入

享受主体

向农户发放小额贷款的金融机构。

💰 优惠内容

自 2017 年 1 月 1 日至 2019 年 12 月 31 日，对金融机构农户小额贷款的利息收入，在计算应纳税所得额时，按 90% 计入收入总额。

🔍 享受条件

农户，是指长期（一年以上）居住在乡镇（不包括城关镇）行政管理区域内的住户，还包括长期居住在城关镇所辖行政村范围内的住户和户口不在本地而在本地居住一年以上的住户，国有农场的职工和农村个体工商户。位于乡镇（不包括城关镇）行政管理区域内和在城关镇所辖行政村范围内的国有经济的机关、团体、学校、企事业单位的集体户；有本地户口，但举家外出谋生一年以上的住户，无论是否保留承包耕地均不属于农户。农户以户为统计单位，既可以从事农业生产经营，也可以从事非农业生产经营。农户贷款的判定应以贷款发放时的承贷主体是否属于农户为准。

小额贷款，是指单笔且该农户贷款余额总额在 10 万元（含本数）以下的贷款。

⚖ 政策依据

《财政部 税务总局关于延续支持农村金融发展有关税收政策的通知》（财税〔2017〕44 号）第二条

📖 延伸阅读

39－1 《财政部 税务总局关于延续支持农村金融发展有关税收政策的通知》第二条

2017 年 6 月 9 日 财税〔2017〕44 号

二、自 2017 年 1 月 1 日至 2019 年 12 月 31 日，对金融机构农户小额贷款的利息收入，在计算应纳税所得额时，按 90% 计入收入总额。

40. 小额贷款公司农户小额贷款利息收入免征增值税

享受主体

经省级金融管理部门（金融办、局等）批准成立的小额贷款公司。

优惠内容

自 2017 年 1 月 1 日至 2019 年 12 月 31 日，对经省级金融管理部门（金融办、局等）批准成立的小额贷款公司取得的农户小额贷款利息收入，免征增值税。

享受条件

1）农户，是指长期（一年以上）居住在乡镇（不包括城关镇）行政管理区域内的住户，还包括长期居住在城关镇所辖行政村范围内的住户和户口不在本地而在本地居住一年以上的住户，国有农场的职工和农村个体工商户。位于乡镇（不包括城关镇）行政管理区域内和在城关镇所辖行政村范围内的国有经济的机关、团体、学校、企事业单位的集体户；有本地户口，但举家外出谋生一年以上的住户，无论是否保留承包耕地均不属于农户。农户以户为统计单位，既可以从事农业生产经营，也可以从事非农业生产经营。农户贷款的判定应以贷款发放时的承贷主体是否属于农户为准。

2）小额贷款，是指单笔且该农户贷款余额总额在 10 万元（含本数）以下的贷款。

政策依据

《财政部　税务总局关于小额贷款公司有关税收政策的通知》（财税〔2017〕48 号）第一条、第四条

一、企业初创期税收优惠

📖 **延伸阅读**

40-1 《财政部 税务总局关于小额贷款公司有关税收政策的通知》第一条、第四条

2017年6月9日 财税〔2017〕48号

一、自2017年1月1日至2019年12月31日,对经省级金融管理部门(金融办、局等)批准成立的小额贷款公司取得的农户小额贷款利息收入,免征增值税。

……

四、本通知所称农户,是指长期(一年以上)居住在乡镇(不包括城关镇)行政管理区域内的住户,还包括长期居住在城关镇所辖行政村范围内的住户和户口不在本地而在本地居住一年以上的住户,国有农场的职工和农村个体工商户。位于乡镇(不包括城关镇)行政管理区域内和在城关镇所辖行政村范围内的国有经济的机关、团体、学校、企事业单位的集体户;有本地户口,但举家外出谋生一年以上的住户,无论是否保留承包耕地均不属于农户。农户以户为统计单位,既可以从事农业生产经营,也可以从事非农业生产经营。农户贷款的判定应以贷款发放时的承贷主体是否属于农户为准。

本通知所称小额贷款,是指单笔且该农户贷款余额总额在10万元(含本数)以下的贷款。

41. 小额贷款公司农户小额贷款利息收入所得税减计收入

👤 **享受主体**

经省级金融管理部门(金融办、局等)批准成立的小额贷款公司。

💰 **优惠内容**

自2017年1月1日至2019年12月31日,对经省级金融管理部门(金融办、局等)批准成立的小额贷款公司取得的农户小额贷款利息收入,在计算应纳税所得额时,按90%计入收入总额。

享受条件

1）农户，是指长期（一年以上）居住在乡镇（不包括城关镇）行政管理区域内的住户，还包括长期居住在城关镇所辖行政村范围内的住户和户口不在本地而在本地居住一年以上的住户，国有农场的职工和农村个体工商户。位于乡镇（不包括城关镇）行政管理区域内和在城关镇所辖行政村范围内的国有经济的机关、团体、学校、企事业单位的集体户；有本地户口，但举家外出谋生一年以上的住户，无论是否保留承包耕地均不属于农户。农户以户为统计单位，既可以从事农业生产经营，也可以从事非农业生产经营。农户贷款的判定应以贷款发放时的承贷主体是否属于农户为准。

2）小额贷款，是指单笔且该农户贷款余额总额在 10 万元（含本数）以下的贷款。

政策依据

《财政部 税务总局关于小额贷款公司有关税收政策的通知》（财税〔2017〕48 号）第二条、第四条

延伸阅读

41-1 《财政部 税务总局关于小额贷款公司有关税收政策的通知》第二条、第四条

2017 年 6 月 9 日 财税〔2017〕48 号

二、自 2017 年 1 月 1 日至 2019 年 12 月 31 日，对经省级金融管理部门（金融办、局等）批准成立的小额贷款公司取得的农户小额贷款利息收入，在计算应纳税所得额时，按 90% 计入收入总额。

……

四、本通知所称农户，是指长期（一年以上）居住在乡镇（不包括城关镇）行政管理区域内的住户，还包括长期居住在城关镇所辖行政村范围内的住户和户口不在本地而在本地居住一年以上的住户，国有农场的职工和农村个体工商户。位于乡镇（不包括城关镇）行政管理区域内和在城关镇所辖行政村范围内的国有经济的机关、团体、学校、企事业单位的集体户；有本地户口，但举家外出谋生一年以上的住户，无论是否保留承包耕地均不属于农户。

农户以户为统计单位,既可以从事农业生产经营,也可以从事非农业生产经营。农户贷款的判定应以贷款发放时的承贷主体是否属于农户为准。

本通知所称小额贷款,是指单笔且该农户贷款余额总额在10万元(含本数)以下的贷款。

42. 金融机构向农户、小微企业及个体工商户小额贷款利息收入免征增值税

👤 享受主体

向农户、小型企业、微型企业及个体工商户发放小额贷款的金融机构。

💰 优惠内容

1)自2017年12月1日至2019年12月31日,对金融机构向农户、小型企业、微型企业及个体工商户发放小额贷款取得的利息收入,免征增值税。上述小额贷款,是指单户授信小于100万元(含本数)的农户、小型企业、微型企业或个体工商户贷款;没有授信额度的,是指单户贷款合同金额且贷款余额在100万元(含本数)以下的贷款。

2)自2018年9月1日至2020年12月31日,对金融机构向小型企业、微型企业和个体工商户发放小额贷款取得的利息收入,免征增值税。上述小额贷款,是指单户授信小于1000万元(含本数)的小型企业、微型企业或个体工商户贷款;没有授信额度的,是指单户贷款合同金额且贷款余额在1000万元(含本数)以下的贷款。

🔍 享受条件

1)小型企业、微型企业,是指符合《中小企业划型标准规定》(工信部联企业〔2011〕300号)的小型企业和微型企业。其中,资产总额和从业人员指标均以贷款发放时的实际状态确定,营业收入指标以贷款发放前12个自然月的累计数确定,不满12个自然月的,按照以下公式计算:

营业收入(年)=企业实际存续期间营业收入÷企业实际存续月数×12

2)适用"优惠内容"第2条规定的金融机构需符合以下条件:

金融机构,是指经人民银行、银保监会批准成立的已通过监管部门上一年度"两增两控"考核的机构,以及经人民银行、银保监会、证监会批准成立

的开发银行及政策性银行、外资银行和非银行业金融机构。

"两增两控"是指单户授信总额 1000 万元以下（含）小微企业贷款同比增速不低于各项贷款同比增速，有贷款余额的户数不低于上年同期水平，合理控制小微企业贷款资产质量水平和贷款综合成本（包括利率和贷款相关的银行服务收费）水平。金融机构完成"两增两控"情况，以银保监会及其派出机构考核结果为准。

3) 金融机构可以选择以下两种方法之一适用免税：

(1) 对金融机构向小型企业、微型企业和个体工商户发放的，利率水平不高于人民银行同期贷款基准利率 150%（含本数）的单笔小额贷款取得的利息收入，免征增值税；高于人民银行同期贷款基准利率 150% 的单笔小额贷款取得的利息收入，按照现行政策规定缴纳增值税。

(2) 对金融机构向小型企业、微型企业和个体工商户发放单笔小额贷款取得的利息收入中，不高于该笔贷款按照人民银行同期贷款基准利率 150%（含本数）计算的利息收入部分，免征增值税；超过部分按照现行政策规定缴纳增值税。

金融机构可按会计年度在以上两种方法之间选定其一作为该年的免税适用方法，一经选定，该会计年度内不得变更。

政策依据

1)《财政部 税务总局关于支持小微企业融资有关税收政策的通知》（财税〔2017〕77 号）第一条、第三条

2)《财政部 税务总局关于金融机构小微企业贷款利息收入免征增值税政策的通知》（财税〔2018〕91 号）

3)《工业和信息化部 国家统计局 国家发展和改革委员会 财政部关于印发中小企业划型标准规定的通知》（工信部联企业〔2011〕300 号）

延伸阅读

42-1 《财政部 税务总局关于支持小微企业融资有关税收政策的通知》第一条、第三条

2017 年 10 月 26 日 财税〔2017〕77 号

一、自 2017 年 12 月 1 日至 2019 年 12 月 31 日，对金融机构向农户、小型

企业、微型企业及个体工商户发放小额贷款取得的利息收入，免征增值税。金融机构应将相关免税证明材料留存备查，单独核算符合免税条件的小额贷款利息收入，按现行规定向主管税务机构办理纳税申报；未单独核算的，不得免征增值税。《财政部 税务总局关于延续支持农村金融发展有关税收政策的通知》（财税〔2017〕44号）第一条相应废止。

……

三、本通知所称农户，是指长期（一年以上）居住在乡镇（不包括城关镇）行政管理区域内的住户，还包括长期居住在城关镇所辖行政村范围内的住户和户口不在本地而在本地居住一年以上的住户，国有农场的职工。位于乡镇（不包括城关镇）行政管理区域内和在城关镇所辖行政村范围内的国有经济的机关、团体、学校、企事业单位的集体户；有本地户口，但举家外出谋生一年以上的住户，无论是否保留承包耕地均不属于农户。农户以户为统计单位，既可以从事农业生产经营，也可以从事非农业生产经营。农户贷款的判定应以贷款发放时的借款人是否属于农户为准。

本通知所称小型企业、微型企业，是指符合《中小企业划型标准规定》（工信部联企业〔2011〕300号）的小型企业和微型企业。其中，资产总额和从业人员指标均以贷款发放时的实际状态确定；营业收入指标以贷款发放前12个自然月的累计数确定，不满12个自然月的，按照以下公式计算：

营业收入（年）＝企业实际存续期间营业收入／企业实际存续月数×12

本通知所称小额贷款，是指单户授信小于100万元（含本数）的农户、小型企业、微型企业或个体工商户贷款；没有授信额度的，是指单户贷款合同金额且贷款余额在100万元（含本数）以下的贷款。

42-2 《财政部 税务总局关于金融机构小微企业贷款利息收入免征增值税政策的通知》

2018年9月5日 财税〔2018〕91号

各省、自治区、直辖市、计划单列市财政厅（局），国家税务总局各省、自治区、直辖市、计划单列市税务局，新疆生产建设兵团财政局：

为进一步加大对小微企业的支持力度，现将金融机构小微企业贷款利息收入免征增值税政策通知如下：

一、自2018年9月1日至2020年12月31日，对金融机构向小型企业、微型企业和个体工商户发放小额贷款取得的利息收入，免征增值税。金融机构可以选择以下两种方法之一适用免税：

（一）对金融机构向小型企业、微型企业和个体工商户发放的，利率水平不高于人民银行同期贷款基准利率150%（含本数）的单笔小额贷款取得的利息收入，免征增值税；高于人民银行同期贷款基准利率150%的单笔小额贷款取得的利息收入，按照现行政策规定缴纳增值税。

（二）对金融机构向小型企业、微型企业和个体工商户发放单笔小额贷款取得的利息收入中，不高于该笔贷款按照人民银行同期贷款基准利率150%（含本数）计算的利息收入部分，免征增值税；超过部分按照现行政策规定缴纳增值税。

金融机构可按会计年度在以上两种方法之间选定其一作为该年的免税适用方法，一经选定，该会计年度内不得变更。

二、本通知所称金融机构，是指经人民银行、银保监会批准成立的已通过监管部门上一年度"两增两控"考核的机构（2018年通过考核的机构名单以2018年上半年实现"两增两控"目标为准），以及经人民银行、银保监会、证监会批准成立的开发银行及政策性银行、外资银行和非银行业金融机构。"两增两控"是指单户授信总额1000万元以下（含）小微企业贷款同比增速不低于各项贷款同比增速，有贷款余额的户数不低于上年同期水平，合理控制小微企业贷款资产质量水平和贷款综合成本（包括利率和贷款相关的银行服务收费）水平。金融机构完成"两增两控"情况，以银保监会及其派出机构考核结果为准。

三、本通知所称小型企业、微型企业，是指符合《中小企业划型标准规定》（工信部联企业〔2011〕300号）的小型企业和微型企业。其中，资产总额和从业人员指标均以贷款发放时的实际状态确定；营业收入指标以贷款发放前12个自然月的累计数确定，不满12个自然月的，按照以下公式计算：

营业收入（年）＝企业实际存续期间营业收入/企业实际存续月数×12

四、本通知所称小额贷款，是指单户授信小于1000万元（含本数）的小型企业、微型企业或个体工商户贷款；没有授信额度的，是指单户贷款合同金额且贷款余额在1000万元（含本数）以下的贷款。

五、金融机构应将相关免税证明材料留存备查，单独核算符合免税条件的小额贷款利息收入，按现行规定向主管税务机构办理纳税申报；未单独核算的，不得免征增值税。

金融机构应依法依规享受增值税优惠政策，一经发现存在虚报或造假骗取本项税收优惠情形的，停止享受本通知有关增值税优惠政策。

金融机构应持续跟踪贷款投向,确保贷款资金真正流向小型企业、微型企业和个体工商户,贷款的实际使用主体与申请主体一致。

六、银保监会按年组织开展免税政策执行情况督察,并将督察结果及时通报财税主管部门。鼓励金融机构发放小微企业信用贷款,减少抵押担保的中间环节,切实有效降低小微企业综合融资成本。

各地税务部门要加强免税政策执行情况后续管理,对金融机构开展小微金融免税政策专项检查,发现问题的,按照现行税收法律法规进行处理,并将有关情况逐级上报国家税务总局(货物和劳务税司)。

财政部驻各地财政监察专员办要组织开展免税政策执行情况专项检查。

七、金融机构向小型企业、微型企业及个体工商户发放单户授信小于100万元(含本数),或者没有授信额度,单户贷款合同金额且贷款余额在100万元(含本数)以下的贷款取得的利息收入,可继续按照《财政部 税务总局关于支持小微企业融资有关税收政策的通知》(财税〔2017〕77号)的规定免征增值税。

42-3 《工业和信息化部 国家统计局 国家发展和改革委员会 财政部关于印发中小企业划型标准规定的通知》

2011年6月18日 工信部联企业〔2011〕300号

各省、自治区、直辖市人民政府,国务院各部委、各直属机构及有关单位:

为贯彻落实《中华人民共和国中小企业促进法》和《国务院关于进一步促进中小企业发展的若干意见》(国发〔2009〕36号),工业和信息化部、国家统计局、发展改革委、财政部研究制定了《中小企业划型标准规定》。经国务院同意,现印发给你们,请遵照执行。

中小企业划型标准规定

一、根据《中华人民共和国中小企业促进法》和《国务院关于进一步促进中小企业发展的若干意见》(国发〔2009〕36号),制定本规定。

二、中小企业划分为中型、小型、微型三种类型,具体标准根据企业从业人员、营业收入、资产总额等指标,结合行业特点制定。

三、本规定适用的行业包括:农、林、牧、渔业,工业(包括采矿业,制造业,电力、热力、燃气及水生产和供应业),建筑业,批发业,零售业,交通运输业(不含铁路运输业),仓储业,邮政业,住宿业,餐饮业,信息传输业(包括电信、互联网和相关服务),软件和信息技术服务业,房地产开发经营,物业管理,租赁和商务服务业,其他未列明行业(包括科学研究和技术服务业,水利、环境和公共设施管理业,居民服务、修理和其他服务业,社会工作,文化、体育和娱乐业等)。

四、各行业划型标准为:

(一)农、林、牧、渔业。营业收入20000万元以下的为中小微型企业。其中,营业收入500万元及以上的为中型企业,营业收入50万元及以上的为小型企业,营业收入50万元以下的为微型企业。

(二)工业。从业人员1000人以下或营业收入40000万元以下的为中小微型企业。其中,从业人员300人及以上,且营业收入2000万元及以上的为中型企业;从业人员20人及以上,且营业收入300万元及以上的为小型企业;从业人员20人以下或营业收入300万元以下的为微型企业。

(三)建筑业。营业收入80000万元以下或资产总额80000万元以下的为中小微型企业。其中,营业收入6000万元及以上,且资产总额5000万元及以上的为中型企业;营业收入300万元及以上,且资产总额300万元及以上的为小型企业;营业收入300万元以下或资产总额300万元以下的为微型企业。

(四)批发业。从业人员200人以下或营业收入40000万元以下的为中小微型企业。其中,从业人员20人及以上,且营业收入5000万元及以上的为中型企业;从业人员5人及以上,且营业收入1000万元及以上的为小型企业;从业人员5人以下或营业收入1000万元以下的为微型企业。

(五)零售业。从业人员300人以下或营业收入20000万元以下的为中小微型企业。其中,从业人员50人及以上,且营业收入500万元及以上的为中型企业;从业人员10人及以上,且营业收入100万元及以上的为小型企业;从业人员10人以下或营业收入100万元以下的为微型企业。

(六)交通运输业。从业人员1000人以下或营业收入30000万元以下的为中小微型企业。其中,从业人员300人及以上,且营业收入3000万元及以上的为中型企业;从业人员20人及以上,且营业收入200万元及以上的为小型企业;从业人员20人以下或营业收入200万元以下的为微型企业。

(七)仓储业。从业人员200人以下或营业收入30000万元以下的为中小微型企业。其中,从业人员100人及以上,且营业收入1000万元及以上的为中型企业;从业人员20人及以上,且营业收入100万元及以上的为小型企业;从业人员20人以下或营业收入100万元以下的为微型企业。

(八)邮政业。从业人员1000人以下或营业收入30000万元以下的为中小微型企业。其中,从业人员 300 人及以上,且营业收入 2000 万元及以上的为中型企业;从业人员 20 人及以上,且营业收入 100 万元及以上的为小型企业;从业人员 20 人以下或营业收入 100 万元以下的为微型企业。

(九)住宿业。从业人员 300 人以下或营业收入 10000 万元以下的为中小微型企业。其中,从业人员 100 人及以上,且营业收入 2000 万元及以上的为中型企业;从业人员 10 人及以上,且营业收入 100 万元及以上的为小型企业;从业人员 10 人以下或营业收入 100 万元以下的为微型企业。

(十)餐饮业。从业人员 300 人以下或营业收入 10000 万元以下的为中小微型企业。其中,从业人员 100 人及以上,且营业收入 2000 万元及以上的为中型企业;从业人员 10 人及以上,且营业收入 100 万元及以上的为小型企业;从业人员 10 人以下或营业收入 100 万元以下的为微型企业。

(十一)信息传输业。从业人员 2000 人以下或营业收入 100000 万元以下的为中小微型企业。其中,从业人员 100 人及以上,且营业收入 1000 万元及以上的为中型企业;从业人员 10 人及以上,且营业收入 100 万元及以上的为小型企业;从业人员 10 人以下或营业收入 100 万元以下的为微型企业。

(十二)软件和信息技术服务业。从业人员 300 人以下或营业收入 10000 万元以下的为中小微型企业。其中,从业人员 100 人及以上,且营业收入 1000 万元及以上的为中型企业;从业人员 10 人及以上,且营业收入 50 万元及以上的为小型企业;从业人员 10 人以下或营业收入 50 万元以下的为微型企业。

(十三)房地产开发经营。营业收入 200000 万元以下或资产总额 10000 万元以下的为中小微型企业。其中,营业收入 1000 万元及以上,且资产总额 5000 万元及以上的为中型企业;营业收入 100 万元及以上,且资产总额 2000 万元及以上的为小型企业;营业收入 100 万元以下或资产总额 2000 万元以下的为微型企业。

(十四)物业管理。从业人员 1000 人以下或营业收入 5000 万元以下的为中小微型企业。其中,从业人员 300 人及以上,且营业收入 1000 万元及以上的为中型企业;从业人员 100 人及以上,且营业收入 500 万元及以上的为小型企业;从业人员 100 人以下或营业收入 500 万元以下的为微型企业。

(十五)租赁和商务服务业。从业人员 300 人以下或资产总额 120000 万元以下的为中小微型企业。其中,从业人员 100 人及以上,且资产总额 8000 万元及以上的为中型企业;从业人员 10 人及以上,且资产总额 100 万元及以上的为小型企业;从业人员 10 人以下或资产总额 100 万元以下的为微型企业。

(十六)其他未列明行业。从业人员 300 人以下的为中小微型企业。其中,从业人员100人及以上的为中型企业;从业人员10人及以上的为小型企业;从业人员10人以下的为微型企业。

五、企业类型的划分以统计部门的统计数据为依据。

六、本规定适用于在中华人民共和国境内依法设立的各类所有制和各种组织形式的企业。个体工商户和本规定以外的行业,参照本规定进行划型。

七、本规定的中型企业标准上限即为大型企业标准的下限,国家统计部门据此制定大中小微型企业的统计分类。国务院有关部门据此进行相关数据分析,不得制定与本规定不一致的企业划型标准。

八、本规定由工业和信息化部、国家统计局会同有关部门根据《国民经济行业分类》修订情况和企业发展变化情况适时修订。

九、本规定由工业和信息化部、国家统计局会同有关部门负责解释。

十、本规定自发布之日起执行,原国家经贸委、原国家计委、财政部和国家统计局2003年颁布的《中小企业标准暂行规定》同时废止。

43. 向农户、小微企业及个体工商户提供融资担保及再担保服务收入免征增值税

享受主体

为农户、小型企业、微型企业及个体工商户借款、发行债券提供融资担保服务,以及为上述融资担保(以下称原担保)提供再担保服务的纳税人。

优惠内容

自2018年1月1日至2019年12月31日,上述主体为农户、小型企业、微型企业及个体工商户借款、发行债券提供融资担保取得的担保费收入,以及为原担保提供再担保取得的再担保费收入,免征增值税。

享受条件

1)农户,是指长期(一年以上)居住在乡镇(不包括城关镇)行政管理区域内的住户,还包括长期居住在城关镇所辖行政范围内的住户和户口不在本地而在本地居住一年以上的住户,国有农场的职工。位于乡镇(不包括城关镇)行政管理区域内和在城关镇所辖行政村范围内的国有经济的机关、团体、学校、企事业单位的集体户;有本地户口,但举家外出谋生一年以上的住户,无论是否保留承包耕地均不属于农户。农户以户为统计单位,既可以从事

农业生产经营，也可以从事非农业生产经营。农户担保、再担保的判定应以原担保生效时的被担保人是否属于农户为准。

2）小型企业、微型企业，是指符合《中小企业划型标准规定》（工信部联企业〔2011〕300号）的小型企业和微型企业。其中，资产总额和从业人员指标均以原担保生效时的实际状态确定；营业收入指标以原担保生效前12个自然月的累计数确定，不满12个自然月的，按照以下公式计算：

营业收入（年）=企业实际存续期间营业收入÷企业实际存续月数×12

3）再担保合同对应多个原担保合同的，原担保合同应全部适用免征增值税政策。否则，再担保合同应按规定缴纳增值税。

4）纳税人应将相关免税证明材料留存备查，单独核算符合免税条件的融资担保费和再担保费收入，按现行规定向主管税务机关办理纳税申报；未单独核算的，不得免征增值税。

政策依据

1）《财政部 税务总局关于租入固定资产进项税额抵扣等增值税政策的通知》（财税〔2017〕90号）第六条

2）《工业和信息化部 国家统计局 国家发展和改革委员会 财政部关于印发中小企业划型标准规定的通知》（工信部联企业〔2011〕300号）（略，见文件42-3）

延伸阅读

43-1 《财政部 税务总局关于租入固定资产进项税额抵扣等增值税政策的通知》第六条

2017年12月25日 财税〔2017〕90号

六、自2018年1月1日至2019年12月31日，纳税人为农户、小型企业、微型企业及个体工商户借款、发行债券提供融资担保取得的担保费收入，以及为上述融资担保（以下称"原担保"）提供再担保取得的再担保费收入，免征增值税。再担保合同对应多个原担保合同的，原担保合同应全部适用免征增值税政策。否则，再担保合同应按规定缴纳增值税。

纳税人应将相关免税证明材料留存备查，单独核算符合免税条件的融资担保费和再担保费收入，按现行规定向主管税务机关办理纳税申报；未单独核算的,不得免征增值税。

农户,是指长期(一年以上)居住在乡镇(不包括城关镇)行政管理区域内的住户,还包括长期居住在城关镇所辖行政村范围内的住户和户口不在本地而在本地居住一年以上的住户,国有农场的职工。位于乡镇(不包括城关镇)行政管理区域内和在城关镇所辖行政村范围内的国有经济的机关、团体、学校、企事业单位的集体户;有本地户口,但举家外出谋生一年以上的住户,无论是否保留承包耕地均不属于农户。农户以户为统计单位,既可以从事农业生产经营,也可以从事非农业生产经营。农户担保、再担保的判定应以原担保生效时的被担保人是否属于农户为准。

小型企业、微型企业,是指符合《中小企业划型标准规定》(工信部联企业〔2011〕300号)的小型企业和微型企业。其中,资产总额和从业人员指标均以原担保生效时的实际状态确定;营业收入指标以原担保生效前12个自然月的累计数确定,不满12个自然月的,按照以下公式计算:

营业收入(年) = 企业实际存续期间营业收入/企业实际存续月数×12

《财政部 税务总局关于全面推开营业税改征增值税试点的通知》(财税〔2016〕36号)附件3《营业税改征增值税试点过渡政策的规定》第一条第(二十四)款规定的中小企业信用担保增值税免税政策自2018年1月1日起停止执行。纳税人享受中小企业信用担保增值税免税政策在2017年12月31日前未满3年的,可以继续享受至3年期满为止。

44. 金融机构与小型微型企业签订借款合同免征印花税

享受主体

金融机构和小型微型企业。

优惠内容

自2018年1月1日至2020年12月31日,对金融机构与小型企业、微型企业签订的借款合同免征印花税。

享受条件

小型企业、微型企业,是指符合《中小企业划型标准规定》(工信部联企业〔2011〕300号)的小型企业和微型企业。其中,资产总额和从业人员指标均以贷款发放时的实际状态确定;营业收入指标以贷款发放前12个自然月的累计数确定，不满12个自然月的，按照以下公式计算：

营业收入（年）＝企业实际存续期间营业收入÷企业实际存续月数×12

政策依据

1)《财政部　税务总局关于支持小微企业融资有关税收政策的通知》（财税〔2017〕77号）第二条、第三条

2)《工业和信息化部　国家统计局　国家发展和改革委员会　财政部关于印发中小企业划型标准规定的通知》（工信部联企业〔2011〕300号）（略，见文件42－3）

延伸阅读

44－1　《财政部　税务总局关于支持小微企业融资有关税收政策的通知》第二条、第三条

2017年10月26日　财税〔2017〕77号

二、自2018年1月1日至2020年12月31日，对金融机构与小型企业、微型企业签订的借款合同免征印花税。

三、本通知所称农户，是指长期（一年以上）居住在乡镇（不包括城关镇）行政管理区域内的住户，还包括长期居住在城关镇所辖行政村范围内的住户和户口不在本地而在本地居住一年以上的住户，国有农场的职工。位于乡镇（不包括城关镇）行政管理区域内和在城关镇所辖行政村范围内的国有经济的机关、团体、学校、企事业单位的集体户；有本地户口，但举家外出谋生一年以上的住户，无论是否保留承包耕地均不属于农户。农户以户为统计单位，既可以从事农业生产经营，也可以从事非农业生产经营。农户贷款的判定应以贷款发放时的借款人是否属于农户为准。

本通知所称小型企业、微型企业，是指符合《中小企业划型标准规定》（工信部联企业〔2011〕300号）的小型企业和微型企业。其中，资产总额和从业人员指标均以贷款发放时的实际状态确定；营业收入指标以贷款发放前12个自然月的累计数确定，不满12个自然月的，按照以下公式计算：

营业收入（年）＝企业实际存续期间营业收入／企业实际存续月数×12

本通知所称小额贷款，是指单户授信小于100万元（含本数）的农户、小型企业、微型企业或个体工商户贷款；没有授信额度的，是指单户贷款合同

金额且贷款余额在 100 万元（含本数）以下的贷款。

45. 账簿印花税减免

享受主体
所有企业。

优惠内容
自 2018 年 5 月 1 日起，对按万分之五税率贴花的资金账簿减半征收印花税，对按件贴花五元的其他账簿免征印花税。

享受条件
无。

政策依据
《财政部　税务总局关于对营业账簿减免印花税的通知》（财税〔2018〕50 号）

延伸阅读

45－1　《财政部　税务总局关于对营业账簿减免印花税的通知》
2018 年 5 月 3 日　财税〔2018〕50 号

各省、自治区、直辖市、计划单列市财政厅（局）、国家税务局、地方税务局，新疆生产建设兵团财政局：

为减轻企业负担，鼓励投资创业，现就减免营业账簿印花税有关事项通知如下：

自 2018 年 5 月 1 日起，对按万分之五税率贴花的资金账簿减半征收印花税，对按件贴花五元的其他账簿免征印花税。

请遵照执行。

二、企业成长期税收优惠

（一）研发费用加计扣除政策

46. 研发费用加计扣除

享受主体

会计核算健全、实行查账征收并能够准确归集研发费用的居民企业。

表1　　　　　　　不适用税前加计扣除政策的行业和活动

不适用税前加计扣除政策的行业	不适用税前加计扣除政策的活动
1. 烟草制造业。	1. 企业产品（服务）的常规性升级。
2. 住宿和餐饮业。	2. 对某项科研成果的直接应用，如直接采用公开的新工艺、材料、装置、产品、服务或知识等。
3. 批发和零售业。	3. 企业在商品化后为顾客提供的技术支持活动。
4. 房地产业。	4. 对现存产品、服务、技术、材料或工艺流程进行的重复或简单改变。
5. 租赁和商务服务业。	5. 市场调查研究、效率调查或管理研究。
6. 娱乐业。	6. 作为工业（服务）流程环节或常规的质量控制、测试分析、维修维护。
7. 财政部和国家税务总局规定的其他行业。	
备注：上述行业以《国民经济行业分类与代码（GB/4754—2011）》为准，并随之更新。	7. 社会科学、艺术或人文学方面的研究。

优惠内容

1）2018年1月1日至2020年12月31日期间，企业开展研发活动中实际发生的研发费用，未形成无形资产计入当期损益的，在按规定据实扣除的基础上，按照实际发生额的75%，在税前加计扣除；

2）2018年1月1日至2020年12月31日期间，企业开展研发活动中实际发生的研发费用形成无形资产的，按照无形资产成本的175%在税前摊销。

享受条件

1）企业应按照财务会计制度要求,对研发支出进行会计处理;同时,对享受加计扣除的研发费用按研发项目设置辅助账,准确归集核算当年可加计扣除的各项研发费用实际发生额。企业在一个纳税年度内进行多项研发活动的,应按照不同研发项目分别归集可加计扣除的研发费用。

2）企业应对研发费用和生产经营费用分别核算,准确、合理归集各项费用支出,对划分不清的,不得实行加计扣除。

3）企业委托外部机构或个人进行研发活动所发生的费用,按照费用实际发生额的80%计入委托方研发费用并计算加计扣除。无论委托方是否享受研发费用税前加计扣除政策,受托方均不得加计扣除。

委托外部研究开发费用实际发生额应按照独立交易原则确定。委托方与受托方存在关联关系的,受托方应向委托方提供研发项目费用支出明细情况。

4）企业共同合作开发的项目,由合作各方就自身实际承担的研发费用分别计算加计扣除。

5）企业集团根据生产经营和科技开发的实际情况,对技术要求高、投资数额大,需要集中研发的项目,其实际发生的研发费用,可以按照权利和义务相一致、费用支出和收益分享相配比的原则,合理确定研发费用的分摊方法,在受益成员企业间进行分摊,由相关成员企业分别计算加计扣除。

6）企业为获得创新性、创意性、突破性的产品进行创意设计活动而发生的相关费用,可按照规定进行税前加计扣除。

政策依据

1）《中华人民共和国企业所得税法》第三十条第（一）项

2）《中华人民共和国企业所得税法实施条例》第九十五条

3）《财政部 国家税务总局 科技部关于完善研究开发费用税前加计扣除政策的通知》（财税〔2015〕119号）

4）《国家税务总局关于企业研究开发费用税前加计扣除政策有关问题的公告》（国家税务总局公告2015年第97号）

5）《国家税务总局于研发费用税前加计扣除归集范围有关问题的公告》（国家税务总局公告2017年第40号）

6）《财政部 税务总局 科技部关于提高研究开发费用税前加计扣除比例的通知》（财税〔2018〕99号）

延伸阅读

46-1 《中华人民共和国企业所得税法》第三十条第（一）项
2018年12月29日　中华人民共和国主席令第二十三号

第三十条　企业的下列支出，可以在计算应纳税所得额时加计扣除：
（一）开发新技术、新产品、新工艺发生的研究开发费用；

46-2 《中华人民共和国企业所得税法实施条例》第九十五条
2019年4月23日　中华人民共和国国务院令第714号

第九十五条　企业所得税法第三十条第（一）项所称研究开发费用的加计扣除，是指企业为开发新技术、新产品、新工艺发生的研究开发费用，未形成无形资产计入当期损益的，在按照规定据实扣除的基础上，按照研究开发费用的50%加计扣除；形成无形资产的，按照无形资产成本的150%摊销。

46-3 《财政部　国家税务总局　科技部关于完善研究开发费用税前加计扣除政策的通知》[①]
2015年11月2日　财税〔2015〕119号

各省、自治区、直辖市、计划单列市财政厅（局）、国家税务局、地方税务局、科技厅（局），新疆生产建设兵团财务局、科技局：

根据《中华人民共和国企业所得税法》及其实施条例有关规定，为进一步贯彻落实《中共中央　国务院关于深化体制机制改革加快实施创新驱动发展战略的若干意见》精神，更好地鼓励企业开展研究开发活动（以下简称研发活动）和规范企业研究开发费用（以下简称研发费用）加计扣除优惠政策执行，现就企业研发费用税前加计扣除有关问题通知如下：

一、研发活动及研发费用归集范围。

本通知所称研发活动，是指企业为获得科学与技术新知识，创造性运用科

[①] 条款废止。第二条中"企业委托境外机构或个人进行研发活动所发生的费用，不得加计扣除"的规定废止。自2018年1月1日起废止。参见：《财政部　税务总局　科技部关于企业委托境外研究开发费用税前加计扣除有关政策问题的通知》，财税〔2018〕64号。

学技术新知识，或实质性改进技术、产品（服务）、工艺而持续进行的具有明确目标的系统性活动。

（一）允许加计扣除的研发费用。

企业开展研发活动中实际发生的研发费用，未形成无形资产计入当期损益的，在按规定据实扣除的基础上，按照本年度实际发生额的50%，从本年度应纳税所得额中扣除；形成无形资产的，按照无形资产成本的150%在税前摊销。研发费用的具体范围包括：

1. 人员人工费用。

直接从事研发活动人员的工资薪金、基本养老保险费、基本医疗保险费、失业保险费、工伤保险费、生育保险费和住房公积金，以及外聘研发人员的劳务费用。

2. 直接投入费用。

（1）研发活动直接消耗的材料、燃料和动力费用。

（2）用于中间试验和产品试制的模具、工艺装备开发及制造费，不构成固定资产的样品、样机及一般测试手段购置费，试制产品的检验费。

（3）用于研发活动的仪器、设备的运行维护、调整、检验、维修等费用，以及通过经营租赁方式租入的用于研发活动的仪器、设备租赁费。

3. 折旧费用。

用于研发活动的仪器、设备的折旧费。

4. 无形资产摊销。

用于研发活动的软件、专利权、非专利技术（包括许可证、专有技术、设计和计算方法等）的摊销费用。

5. 新产品设计费、新工艺规程制定费、新药研制的临床试验费、勘探开发技术的现场试验费。

6. 其他相关费用。

与研发活动直接相关的其他费用，如技术图书资料费、资料翻译费、专家咨询费、高新科技研发保险费，研发成果的检索、分析、评议、论证、鉴定、评审、评估、验收费用，知识产权的申请费、注册费、代理费，差旅费、会议费等。此项费用总额不得超过可加计扣除研发费用总额的10%。

7. 财政部和国家税务总局规定的其他费用。

（二）下列活动不适用税前加计扣除政策。

1. 企业产品（服务）的常规性升级。

2. 对某项科研成果的直接应用，如直接采用公开的新工艺、材料、装置、产品、服务或知识等。

3. 企业在商品化后为顾客提供的技术支持活动。

4. 对现存产品、服务、技术、材料或工艺流程进行的重复或简单改变。

5. 市场调查研究、效率调查或管理研究。

6. 作为工业（服务）流程环节或常规的质量控制、测试分析、维修维护。

7. 社会科学、艺术或人文学方面的研究。

二、特别事项的处理

1. 企业委托外部机构或个人进行研发活动所发生的费用，按照费用实际发生额的80%计入委托方研发费用并计算加计扣除，受托方不得再进行加计扣除。委托外部研究开发费用实际发生额应按照独立交易原则确定。

委托方与受托方存在关联关系的，受托方应向委托方提供研发项目费用支出明细情况。

企业委托境外机构或个人进行研发活动所发生的费用，不得加计扣除。

2. 企业共同合作开发的项目，由合作各方就自身实际承担的研发费用分别计算加计扣除。

3. 企业集团根据生产经营和科技开发的实际情况，对技术要求高、投资数额大，需要集中研发的项目，其实际发生的研发费用，可以按照权利和义务相一致、费用支出和收益分享相配比的原则，合理确定研发费用的分摊方法，在受益成员企业间进行分摊，由相关成员企业分别计算加计扣除。

4. 企业为获得创新性、创意性、突破性的产品进行创意设计活动而发生的相关费用，可按照本通知规定进行税前加计扣除。

创意设计活动是指多媒体软件、动漫游戏软件开发，数字动漫、游戏设计制作；房屋建筑工程设计（绿色建筑评价标准为三星）、风景园林工程专项设计；工业设计、多媒体设计、动漫及衍生产品设计、模型设计等。

三、会计核算与管理

1. 企业应按照国家财务会计制度要求，对研发支出进行会计处理；同时，对享受加计扣除的研发费用按研发项目设置辅助账，准确归集核算当年可加计扣除的各项研发费用实际发生额。企业在一个纳税年度内进行多项研发活动的，应按照不同研发项目分别归集可加计扣除的研发费用。

2. 企业应对研发费用和生产经营费用分别核算，准确、合理归集各项费用支出，对划分不清的，不得实行加计扣除。

四、不适用税前加计扣除政策的行业

1. 烟草制造业。

2. 住宿和餐饮业。

3. 批发和零售业。

4. 房地产业。

5. 租赁和商务服务业。

6. 娱乐业。

7. 财政部和国家税务总局规定的其他行业。

上述行业以《国民经济行业分类与代码（GB/4754—2011）》为准，并随之更新。

五、管理事项及征管要求

1. 本通知适用于会计核算健全、实行查账征收并能够准确归集研发费用的居民企业。

2. 企业研发费用各项目的实际发生额归集不准确、汇总额计算不准确的，税务机关有权对其税前扣除额或加计扣除额进行合理调整。

3. 税务机关对企业享受加计扣除优惠的研发项目有异议的，可以转请地市级（含）以上科技行政主管部门出具鉴定意见，科技部门应及时回复意见。企业承担省部级（含）以上科研项目的，以及以前年度已鉴定的跨年度研发项目，不再需要鉴定。

4. 企业符合本通知规定的研发费用加计扣除条件而在 2016 年 1 月 1 日以后未及时享受该项税收优惠的，可以追溯享受并履行备案手续，追溯期限最长为 3 年。

5. 税务部门应加强研发费用加计扣除优惠政策的后续管理，定期开展核查，年度核查面不得低于 20%。

六、执行时间

本通知自 2016 年 1 月 1 日起执行。《国家税务总局关于印发〈企业研究开发费用税前扣除管理办法（试行）〉的通知》（国税发〔2008〕116 号）和《财政部 国家税务总局关于研究开发费用税前加计扣除有关政策问题的通知》（财税〔2013〕70 号）同时废止。

46-4 《国家税务总局关于企业研究开发费用税前加计扣除政策有关问题的公告》①

2015年12月29日　国家税务总局公告2015年第97号

根据《中华人民共和国企业所得税法》及其实施条例（以下简称税法）、《财政部　国家税务总局　科技部关于完善研究开发费用税前加计扣除政策的通知》（财税〔2015〕119号，以下简称《通知》）规定，现就落实完善研究开发费用（以下简称研发费用）税前加计扣除政策有关问题公告如下：

一、研究开发人员范围

企业直接从事研发活动人员包括研究人员、技术人员、辅助人员。研究人员是指主要从事研究开发项目的专业人员；技术人员是指具有工程技术、自然科学和生命科学中一个或一个以上领域的技术知识和经验，在研究人员指导下参与研发工作的人员；辅助人员是指参与研究开发活动的技工。

企业外聘研发人员是指与本企业签订劳务用工协议（合同）和临时聘用的研究人员、技术人员、辅助人员。

二、研发费用归集

（一）加速折旧费用的归集

企业用于研发活动的仪器、设备，符合税法规定且选择加速折旧优惠政策的，在享受研发费用税前加计扣除时，就已经进行会计处理计算的折旧、费用的部分加计扣除，但不得超过按税法规定计算的金额。

（二）多用途对象费用的归集

企业从事研发活动的人员和用于研发活动的仪器、设备、无形资产，同时从事或用于非研发活动的，应对其人员活动及仪器设备、无形资产使用情况做必要记录，并将其实际发生的相关费用按实际工时占比等合理方法在研发费用和生产经营费用间分配，未分配的不得加计扣除。

（三）其他相关费用的归集与限额计算

企业在一个纳税年度内进行多项研发活动的，应按照不同研发项目分别归集可加计扣除的研发费用。在计算每个项目其他相关费用的限额时应当按照以下公式计算：

---

① 条款废止。第一条、第二条第（一）项、第二条第（二）项、第二条第（四）项废止。参见：《国家税务总局关于研发费用税前加计扣除归集范围有关问题的公告》，国家税务总局公告2017年第40号。

其他相关费用限额=《通知》第一条第一项允许加计扣除的研发费用中的第1项至第5项的费用之和×10%/（1－10%）。

当其他相关费用实际发生数小于限额时，按实际发生数计算税前加计扣除数额；当其他相关费用实际发生数大于限额时，按限额计算税前加计扣除数额。

（四）特殊收入的扣减

企业在计算加计扣除的研发费用时，应扣减已按《通知》规定归集计入研发费用，但在当期取得的研发过程中形成的下脚料、残次品、中间试制品等特殊收入；不足扣减的，允许加计扣除的研发费用按零计算。

企业研发活动直接形成产品或作为组成部分形成的产品对外销售的，研发费用中对应的材料费用不得加计扣除。

（五）财政性资金的处理

企业取得作为不征税收入处理的财政性资金用于研发活动所形成的费用或无形资产，不得计算加计扣除或摊销。

（六）不允许加计扣除的费用

法律、行政法规和国务院财税主管部门规定不允许企业所得税前扣除的费用和支出项目不得计算加计扣除。

已计入无形资产但不属于《通知》中允许加计扣除研发费用范围的，企业摊销时不得计算加计扣除。

三、委托研发

企业委托外部机构或个人开展研发活动发生的费用，可按规定税前扣除；加计扣除时按照研发活动发生费用的80%作为加计扣除基数。委托个人研发的，应凭个人出具的发票等合法有效凭证在税前加计扣除。

企业委托境外研发所发生的费用不得加计扣除，其中受托研发的境外机构是指依照外国和地区（含港澳台）法律成立的企业和其他取得收入的组织。受托研发的境外个人是指外籍（含港澳台）个人。

四、不适用加计扣除政策行业的判定

《通知》中不适用税前加计扣除政策行业的企业，是指以《通知》所列行业业务为主营业务，其研发费用发生当年的主营业务收入占企业按税法第六条规定计算的收入总额减除不征税收入和投资收益的余额50%（不含）以上的企业。

五、核算要求

企业应按照国家财务会计制度要求，对研发支出进行会计处理。研发项目立项时应设置研发支出辅助账，由企业留存备查；年末汇总分析填报研发支出辅助账汇总表，并在报送《年度财务会计报告》的同时随附注一并报送主管税务机关。研发支出辅助账、研发支出辅助账汇总表可参照本公告所附样式（见附件）编制。

六、申报及备案管理

（一）企业年度纳税申报时，根据研发支出辅助账汇总表填报研发项目可加计扣除研发费用情况归集表（见附件），在年度纳税申报时随申报表一并报送。

（二）研发费用加计扣除实行备案管理，除"备案资料"和"主要留存备查资料"按照本公告规定执行外，其他备案管理要求按照《国家税务总局关于发布〈企业所得税优惠政策事项办理办法〉的公告》（国家税务总局公告2015年第76号）的规定执行。

（三）企业应当不迟于年度汇算清缴纳税申报时，向税务机关报送《企业所得税优惠事项备案表》和研发项目文件完成备案，并将下列资料留存备查：

1. 自主、委托、合作研究开发项目计划书和企业有权部门关于自主、委托、合作研究开发项目立项的决议文件；

2. 自主、委托、合作研究开发专门机构或项目组的编制情况和研发人员名单；

3. 经科技行政主管部门登记的委托、合作研究开发项目的合同；

4. 从事研发活动的人员和用于研发活动的仪器、设备、无形资产的费用分配说明（包括工作使用情况记录）；

5. 集中研发项目研发费决算表、集中研发项目费用分摊明细情况表和实际分享收益比例等资料；

6. "研发支出"辅助账；

7. 企业如果已取得地市级（含）以上科技行政主管部门出具的鉴定意见，应作为资料留存备查；

8. 省税务机关规定的其他资料。

七、后续管理与核查

税务机关应加强对享受研发费用加计扣除优惠企业的后续管理和监督检查。每年汇算清缴期结束后应开展核查，核查面不得低于享受该优惠企业户数的20%。省级税务机关可根据实际情况制订具体核查办法或工作措施。

八、执行时间

本公告适用于2016年度及以后年度企业所得税汇算清缴。

特此公告。

附件：1. 自主研发"研发支出"辅助账（编者略）
2. 委托研发"研发支出"辅助账（编者略）
3. 合作研发"研发支出"辅助账（编者略）
4. 集中研发"研发支出"辅助账（编者略）
5. "研发支出"辅助账汇总表（编者略）
6. 研发项目可加计扣除研究开发费用情况归集表（编者略）

46-5 《国家税务总局于研发费用税前加计扣除归集范围有关问题的公告》

2017年11月8日 国家税务总局公告2017年第40号

为进一步做好研发费用税前加计扣除优惠政策的贯彻落实工作，切实解决政策落实过程中存在的问题，根据《财政部 国家税务总局 科技部关于完善研究开发费用税前加计扣除政策的通知》（财税〔2015〕119号）及《国家税务总局关于企业研究开发费用税前加计扣除政策有关问题的公告》（国家税务总局公告2015年第97号）等文件的规定，现就研发费用税前加计扣除归集范围有关问题公告如下：

一、人员人工费用

指直接从事研发活动人员的工资薪金、基本养老保险费、基本医疗保险费、失业保险费、工伤保险费、生育保险费和住房公积金，以及外聘研发人员的劳务费用。

（一）直接从事研发活动人员包括研究人员、技术人员、辅助人员。研究人员是指主要从事研究开发项目的专业人员；技术人员是指具有工程技术、自然科学和生命科学中一个或一个以上领域的技术知识和经验，在研究人员指导下参与研发工作的人员；辅助人员是指参与研究开发活动的技工。外聘研发人员是指与本企业或劳务派遣企业签订劳务用工协议（合同）和临时聘用的研究人员、技术人员、辅助人员。

接受劳务派遣的企业按照协议（合同）约定支付给劳务派遣企业，且由劳务派遣企业实际支付给外聘研发人员的工资薪金等费用，属于外聘研发人员的劳务费用。

（二）工资薪金包括按规定可以在税前扣除的对研发人员股权激励的支出。

（三）直接从事研发活动的人员、外聘研发人员同时从事非研发活动的，企业应对其人员活动情况做必要记录，并将其实际发生的相关费用按实际工时占比等合理方法在研发费用和生产经营费用间分配，未分配的不得加计扣除。

二、直接投入费用

指研发活动直接消耗的材料、燃料和动力费用；用于中间试验和产品试制的模具、工艺装备开发及制造费，不构成固定资产的样品、样机及一般测试手段购置费，试制产品的检验费；用于研发活动的仪器、设备的运行维护、调整、检验、维修等费用，以及通过经营租赁方式租入的用于研发活动的仪器、设备租赁费。

（一）以经营租赁方式租入的用于研发活动的仪器、设备，同时用于非研发活动的，企业应对其仪器设备使用情况做必要记录，并将其实际发生的租赁费按实际工时占比等合理方法在研发费用和生产经营费用间分配，未分配的不得加计扣除。

（二）企业研发活动直接形成产品或作为组成部分形成的产品对外销售的，研发费用中对应的材料费用不得加计扣除。

产品销售与对应的材料费用发生在不同纳税年度且材料费用已计入研发费用的，可在销售当年以对应的材料费用发生额直接冲减当年的研发费用，不足冲减的，结转以后年度继续冲减。

三、折旧费用

指用于研发活动的仪器、设备的折旧费。

（一）用于研发活动的仪器、设备，同时用于非研发活动的，企业应对其仪器设备使用情况做必要记录，并将其实际发生的折旧费按实际工时占比等合理方法在研发费用和生产经营费用间分配，未分配的不得加计扣除。

（二）企业用于研发活动的仪器、设备，符合税法规定且选择加速折旧优惠政策的，在享受研发费用税前加计扣除政策时，就税前扣除的折旧部分计算加计扣除。

四、无形资产摊销费用

指用于研发活动的软件、专利权、非专利技术（包括许可证、专有技术、设计和计算方法等）的摊销费用。

（一）用于研发活动的无形资产，同时用于非研发活动的，企业应对其无形资产使用情况做必要记录，并将其实际发生的摊销费按实际工时占比等合理方法在研发费用和生产经营费用间分配，未分配的不得加计扣除。

（二）用于研发活动的无形资产，符合税法规定且选择缩短摊销年限的，在享受研发费用税前加计扣除政策时,就税前扣除的摊销部分计算加计扣除。

五、新产品设计费、新工艺规程制定费、新药研制的临床试验费、勘探开发技术的现场试验费

指企业在新产品设计、新工艺规程制定、新药研制的临床试验、勘探开发技术的现场试验过程中发生的与开展该项活动有关的各类费用。

六、其他相关费用

指与研发活动直接相关的其他费用,如技术图书资料费、资料翻译费、专家咨询费、高新科技研发保险费、研发成果的检索、分析、评议、论证、鉴定、评审、评估、验收费用,知识产权的申请费、注册费、代理费、差旅费、会议费、职工福利费、补充养老保险费、补充医疗保险费。

此类费用总额不得超过可加计扣除研发费用总额的10%。

七、其他事项

(一)企业取得的政府补助,会计处理时采用直接冲减研发费用方法且税务处理时未将其确认为应税收入的,应按冲减后的余额计算加计扣除金额。

(二)企业取得研发过程中形成的下脚料、残次品、中间试制品等特殊收入,在计算确认收入当年的加计扣除研发费用时,应从已归集研发费用中扣减该特殊收入,不足扣减的,加计扣除研发费用按零计算。

(三)企业开展研发活动中实际发生的研发费用形成无形资产的,其资本化的时点与会计处理保持一致。

(四)失败的研发活动所发生的研发费用可享受税前加计扣除政策。

(五)国家税务总局公告2015年第97号第三条所称"研发活动发生费用"是指委托方实际支付给受托方的费用。无论委托方是否享受研发费用税前加计扣除政策,受托方均不得加计扣除。

委托方委托关联方开展研发活动的,受托方需向委托方提供研发过程中实际发生的研发项目费用支出明细情况。

八、执行时间和适用对象

本公告适用于2017年度及以后年度汇算清缴。以前年度已经进行税务处理的不再调整。涉及追溯享受优惠政策情形的,按照本公告的规定执行。科技型中小企业研发费用加计扣除事项按照本公告执行。

国家税务总局公告2015年第97号第一条、第二条第(一)项、第二条第(二)项、第二条第(四)项同时废止。

46-6 《财政部 税务总局 科技部关于提高研究开发费用税前加计扣除比例的通知》

2018年9月20日 财税〔2018〕99号

各省、自治区、直辖市、计划单列市财政厅（局）、科技厅（局），国家税务总局各省、自治区、直辖市、计划单列市税务局，新疆生产建设兵团财政局、科技局：

为进一步激励企业加大研发投入，支持科技创新，现就提高企业研究开发费用（以下简称研发费用）税前加计扣除比例有关问题通知如下：

一、企业开展研发活动中实际发生的研发费用，未形成无形资产计入当期损益的，在按规定据实扣除的基础上，在2018年1月1日至2020年12月31日期间，再按照实际发生额的75%在税前加计扣除；形成无形资产的，在上述期间按照无形资产成本的175%在税前摊销。

二、企业享受研发费用税前加计扣除政策的其他政策口径和管理要求按照《财政部 国家税务总局 科技部关于完善研究开发费用税前加计扣除政策的通知》（财税〔2015〕119号）、《财政部 税务总局 科技部关于企业委托境外研究开发费用税前加计扣除有关政策问题的通知》（财税〔2018〕64号）、《国家税务总局关于企业研究开发费用税前加计扣除政策有关问题的公告》（国家税务总局公告2015年第97号）等文件规定执行。

47. 委托境外研发费用加计扣除

享受主体

会计核算健全、实行查账征收并能够准确归集研发费用的居民企业。

优惠内容

委托境外进行研发活动所发生的费用，按照费用实际发生额的80%计入委托方的委托境外研发费用。委托境外研发费用不超过境内符合条件的研发费用2/3的部分，可以按规定在企业所得税前加计扣除。

享受条件

1) 上述费用实际发生额应按照独立交易原则确定。委托方与受托方存在关联关系的，受托方应向委托方提供研发项目费用支出明细情况。

2）委托境外进行研发活动应签订技术开发合同，并由委托方到科技行政主管部门进行登记。相关事项按技术合同认定登记管理办法及技术合同认定规则执行。

3）委托境外进行研发活动不包括委托境外个人进行的研发活动。

政策依据

1）《财政部 国家税务总局 科技部关于完善研究开发费用税前加计扣除政策的通知》（财税〔2015〕119号）（略，见文件46-3）

2）《国家税务总局关于企业研究开发费用税前加计扣除政策有关问题的公告》（国家税务总局公告2015年第97号）（略，见文件46-4）

3）《财政部 税务总局 科技部关于企业委托境外研究开发费用税前加计扣除有关政策问题的通知》（财税〔2018〕64号）

4）《财政部 税务总局 科技部关于提高研究开发费用税前加计扣除比例的通知》（财税〔2018〕99号）（略，见文件46-6）

延伸阅读

47-1 《财政部 税务总局 科技部关于企业委托境外研究开发费用税前加计扣除有关政策问题的通知》

2018年6月25日 财税〔2018〕64号

各省、自治区、直辖市、计划单列市财政厅（局）、科技厅（局），国家税务总局各省、自治区、直辖市、计划单列市税务局，新疆生产建设兵团财政局、科技局：

为进一步激励企业加大研发投入，加强创新能力开放合作，现就企业委托境外进行研发活动发生的研究开发费用（以下简称研发费用）企业所得税前加计扣除有关政策问题通知如下：

一、委托境外进行研发活动所发生的费用，按照费用实际发生额的80%计入委托方的委托境外研发费用。委托境外研发费用不超过境内符合条件的研发费用三分之二的部分，可以按规定在企业所得税前加计扣除。

上述费用实际发生额应按照独立交易原则确定。委托方与受托方存在关联关系的，受托方应向委托方提供研发项目费用支出明细情况。

二、委托境外进行研发活动应签订技术开发合同，并由委托方到科技行政主管部门进行登记。相关事项按技术合同认定登记管理办法及技术合同认定规则执行。

三、企业应在年度申报享受优惠时，按照《国家税务总局关于发布修订后的〈企业所得税优惠政策事项办理办法〉的公告》（国家税务总局公告2018年第23号）的规定办理有关手续，并留存备查以下资料：

（一）企业委托研发项目计划书和企业有权部门立项的决议文件；

（二）委托研究开发专门机构或项目组的编制情况和研发人员名单；

（三）经科技行政主管部门登记的委托境外研发合同；

（四）"研发支出"辅助账及汇总表；

（五）委托境外研发银行支付凭证和受托方开具的收款凭据；

（六）当年委托研发项目的进展情况等资料。

企业如果已取得地市级（含）以上科技行政主管部门出具的鉴定意见，应作为资料留存备查。

四、企业对委托境外研发费用以及留存备查资料的真实性、合法性承担法律责任。

五、委托境外研发费用加计扣除其他政策口径和管理要求按照《财政部　国家税务总局　科技部关于完善研究开发费用税前加计扣除政策的通知》（财税〔2015〕119号）、《财政部　税务总局　科技部关于提高科技型中小企业研究开发费用税前加计扣除比例的通知》（财税〔2017〕34号）、《国家税务总局关于企业研究开发费用税前加计扣除政策有关问题的公告》（国家税务总局公告2015年第97号）等文件规定执行。

六、本通知所称委托境外进行研发活动不包括委托境外个人进行的研发活动。

七、本通知自2018年1月1日起执行。财税〔2015〕119号文件第二条中"企业委托境外机构或个人进行研发活动所发生的费用，不得加计扣除"的规定同时废止。

（二）固定资产加速折旧政策

48. 固定资产加速折旧或一次性扣除

享受主体

所有行业企业。

优惠内容

1）企业 2014 年 1 月 1 日后新购进的专门用于研发的仪器、设备，单位价值不超过 100 万元的，允许一次性计入当期成本费用在计算应纳税所得额时扣除，不再分年度计算折旧；单位价值超过 100 万元的，可缩短折旧年限或采取加速折旧的方法。缩短折旧年限的，最低折旧年限不得低于企业所得税法实施条例第六十条规定折旧年限的 60%；采取加速折旧方法的，可采取双倍余额递减法或者年数总和法。

2）企业持有的单位价值不超过 5000 元的固定资产，允许一次性计入当期成本费用在计算应纳税所得额时扣除，不再分年度计算折旧。企业在 2013 年 12 月 31 日前持有的单位价值不超过 5000 元的固定资产，其折余价值部分，2014 年 1 月 1 日以后可以一次性在计算应纳税所得额时扣除。

3）企业在 2018 年 1 月 1 日至 2020 年 12 月 31 日期间新购进的设备、器具，单位价值不超过 500 万元的，允许一次性计入当期成本费用在计算应纳税所得额时扣除，不再分年度计算折旧；单位价值超过 500 万元的，仍按企业所得税法实施条例、《财政部　国家税务总局关于完善固定资产加速折旧企业所得税政策的通知》（财税〔2014〕75 号）、《财政部　国家税务总局关于进一步完善固定资产加速折旧企业所得税政策的通知》（财税〔2015〕106 号）等相关规定执行。

享受条件

1）前述第一项优惠中仪器、设备要专门用于研发，且单位价值不超过 100 万元。

2）前述第二项优惠中固定资产单位价值不超过 5000 元。

3）前述第三项优惠中设备、器具是指除房屋、建筑物以外的固定资产，且单位价值不超过 500 万元。

政策依据

1）《财政部　国家税务总局关于完善固定资产加速折旧企业所得税政策的通知》（财税〔2014〕75 号）

2）《国家税务总局关于固定资产加速折旧税收政策有关问题的公告》（国家税务总局公告 2014 年第 64 号）

3）《财政部　税务总局关于设备　器具扣除有关企业所得税政策的通知》（财税〔2018〕54 号）

延伸阅读

48-1 《财政部　国家税务总局关于完善固定资产加速折旧企业所得税政策的通知》

2014 年 10 月 20 日　财税〔2014〕75 号

各省、自治区、直辖市、计划单列市财政厅（局）、国家税务局、地方税务局，新疆生产建设兵团财务局：

为贯彻落实国务院完善固定资产加速折旧政策精神，现就有关固定资产加速折旧企业所得税政策问题通知如下：

一、对生物药品制造业，专用设备制造业，铁路、船舶、航空航天和其他运输设备制造业，计算机、通信和其他电子设备制造业，仪器仪表制造业，信息传输、软件和信息技术服务业等 6 个行业的企业 2014 年 1 月 1 日后新购进的固定资产，可缩短折旧年限或采取加速折旧的方法。

对上述 6 个行业的小型微利企业 2014 年 1 月 1 日后新购进的研发和生产经营共用的仪器、设备，单位价值不超过 100 万元的，允许一次性计入当期成本费用在计算应纳税所得额时扣除，不再分年度计算折旧；单位价值超过 100 万元的，可缩短折旧年限或采取加速折旧的方法。

二、对所有行业企业 2014 年 1 月 1 日后新购进的专门用于研发的仪器、设备，单位价值不超过 100 万元的，允许一次性计入当期成本费用在计算应纳税所得额时扣除，不再分年度计算折旧；单位价值超过 100 万元的，可缩短折旧年限或采取加速折旧的方法。

三、对所有行业企业持有的单位价值不超过5000元的固定资产,允许一次性计入当期成本费用在计算应纳税所得额时扣除,不再分年度计算折旧。

四、企业按本通知第一条、第二条规定缩短折旧年限的,最低折旧年限不得低于企业所得税法实施条例第六十条规定折旧年限的60%;采取加速折旧方法的,可采取双倍余额递减法或者年数总和法。本通知第一至三条规定之外的企业固定资产加速折旧所得税处理问题,继续按照企业所得税法及其实施条例和现行税收政策规定执行。

五、本通知自2014年1月1日起执行。

48-2 《国家税务总局关于固定资产加速折旧税收政策有关问题的公告》①

2014年11月14日 国家税务总局公告2014年第64号

为落实国务院完善固定资产加速折旧政策,促进企业技术改造,支持创业创新,根据《中华人民共和国企业所得税法》(以下简称企业所得税法)及其实施条例、《财政部 国家税务总局关于完善固定资产加速折旧企业所得税政策的通知》(财税〔2014〕75号)规定,现就落实完善固定资产加速折旧企业所得税政策有关问题公告如下:

一、对生物药品制造业,专用设备制造业,铁路、船舶、航空航天和其他运输设备制造业,计算机、通信和其他电子设备制造业,仪器仪表制造业,信息传输、软件和信息技术服务业等行业企业(以下简称六大行业),2014年1月1日后购进的固定资产(包括自行建造),允许按不低于企业所得税法规定折旧年限的60%缩短折旧年限,或选择采取双倍余额递减法或年数总和法进行加速折旧。

六大行业按照国家统计局《国民经济行业分类与代码(GB/T 4754—2011)》确定。今后国家有关部门更新国民经济行业分类与代码,从其规定。

六大行业企业是指以上述行业业务为主营业务,其固定资产投入使用当年主营业务收入占企业收入总额50%(不含)以上的企业。所称收入总额,是

---

① 条款废止。第七条第一款废止。参见:《国家税务总局关于公布全文失效废止和部分条款废止的税收规范性文件目录的公告》,国家税务总局公告2016年第34号。

条款废止。附件《固定资产加速折旧预缴情况统计表》及其填报说明废止。自2015年7月1日起废止。参见:《国家税务总局关于发布〈中华人民共和国企业所得税月(季)度预缴纳税申报表(2015年版)等报表〉的公告》,国家税务总局公告2015年第31号。

指企业所得税法第六条规定的收入总额。

二、企业在 2014 年 1 月 1 日后购进并专门用于研发活动的仪器、设备，单位价值不超过 100 万元的，可以一次性在计算应纳税所得额时扣除；单位价值超过 100 万元的，允许按不低于企业所得税法规定折旧年限的 60% 缩短折旧年限，或选择采取双倍余额递减法或年数总和法进行加速折旧。

用于研发活动的仪器、设备范围口径，按照《国家税务总局关于印发〈企业研究开发费用税前扣除管理办法（试行）〉的通知》（国税发〔2008〕116 号）或《科学技术部 财政部 国家税务总局关于印发〈高新技术企业认定管理工作指引〉的通知》（国科发火〔2008〕362 号）规定执行。

企业专门用于研发活动的仪器、设备已享受上述优惠政策的，在享受研发费加计扣除时，按照《国家税务总局关于印发〈企业研发费用税前扣除管理办法（试行）〉的通知》（国税发〔2008〕116 号）、《财政部 国家税务总局关于研究开发费用税前加计扣除有关政策问题的通知》（财税〔2013〕70 号）的规定，就已经进行会计处理的折旧、费用等金额进行加计扣除。

六大行业中的小型微利企业研发和生产经营共用的仪器、设备，可以执行本条第一、二款的规定。所称小型微利企业，是指企业所得税法第二十八条规定的小型微利企业。

三、企业持有的固定资产，单位价值不超过 5000 元的，可以一次性在计算应纳税所得额时扣除。企业在 2013 年 12 月 31 日前持有的单位价值不超过 5000 元的固定资产，其折余价值部分，2014 年 1 月 1 日以后可以一次性在计算应纳税所得额时扣除。

四、企业采取缩短折旧年限方法的，对其购置的新固定资产，最低折旧年限不得低于企业所得税法实施条例第六十条规定的折旧年限的 60%；企业购置已使用过的固定资产，其最低折旧年限不得低于实施条例规定的最低折旧年限减去已使用年限后剩余年限的 60%。最低折旧年限一经确定，一般不得变更。

五、企业的固定资产采取加速折旧方法的，可以采用双倍余额递减法或者年数总和法。加速折旧方法一经确定，一般不得变更。

所称双倍余额递减法或者年数总和法，按照《国家税务总局关于企业固定资产加速折旧所得税处理有关问题的通知》（国税发〔2009〕81 号）第四条的规定执行。

六、企业的固定资产既符合本公告优惠政策条件，同时又符合《国家税务总局关于企业固定资产加速折旧所得税处理有关问题的通知》（国税发

〔2009〕81号)、《财政部 国家税务总局关于进一步鼓励软件产业和集成电路产业发展企业所得税政策的通知》(财税〔2012〕27号)中相关加速折旧政策条件的,可由企业选择其中最优惠的政策执行,且一经选择,不得改变。

七、企业固定资产采取一次性税前扣除、缩短折旧年限或加速折旧方法的,预缴申报时,须同时报送《固定资产加速折旧(扣除)预缴情况统计表》(见附件1),年度申报时,实行事后备案管理,并按要求报送相关资料。

企业应将购进固定资产的发票、记账凭证等有关凭证、凭据(购入已使用过的固定资产,应提供已使用年限的相关说明)等资料留存备查,并应建立台账,准确核算税法与会计差异情况。

主管税务机关应对适用本公告规定优惠政策的企业加强后续管理,对预缴申报时享受了优惠政策的企业,年终汇算清缴时应对企业全年主营业务收入占企业收入总额的比例进行重点审核。

八、本公告适用于2014年及以后纳税年度。

特此公告。

附件:1. 固定资产加速折旧(扣除)预缴情况统计表(编者略)
 2.《固定资产加速折旧(扣除)预缴情况统计表》填报说明(编者略)

48-3 《财政部 税务总局关于设备 器具扣除有关企业所得税政策的通知》

2018年5月7日 财税〔2018〕54号

各省、自治区、直辖市、计划单列市财政厅(局)、国家税务局、地方税务局,新疆生产建设兵团财政局:

为引导企业加大设备、器具投资力度,现就有关企业所得税政策通知如下:

一、企业在2018年1月1日至2020年12月31日期间新购进的设备、器具,单位价值不超过500万元的,允许一次性计入当期成本费用在计算应纳税所得额时扣除,不再分年度计算折旧;单位价值超过500万元的,仍按企业所得税法实施条例、《财政部 国家税务总局关于完善固定资产加速折旧企业所得税政策的通知》(财税〔2014〕75号)、《财政部 国家税务总局关于进一步完善固定资产加速折旧企业所得税政策的通知》(财税〔2015〕106号)等相关规定执行。

二、本通知所称设备、器具,是指除房屋、建筑物以外的固定资产。

49. 制造业及部分服务业企业符合条件的仪器、设备加速折旧

享受主体

全部制造业领域及信息传输、软件和信息技术服务业企业。

优惠内容

1)生物药品制造业,专用设备制造业,铁路、船舶、航空航天和其他运输设备制造业,计算机、通信和其他电子设备制造业,仪器仪表制造业,信息传输、软件和信息技术服务业等六个行业的企业 2014 年 1 月 1 日后新购进的固定资产,可缩短折旧年限或采取加速折旧的方法。

2)轻工、纺织、机械、汽车等四个领域重点行业的企业 2015 年 1 月 1 日后新购进的固定资产,可由企业选择缩短折旧年限或采取加速折旧的方法。

3)自 2019 年 1 月 1 日起,适用《财政部 国家税务总局关于完善固定资产加速折旧企业所得税政策的通知》(财税〔2014〕75 号)和《财政部 国家税务总局关于进一步完善固定资产加速折旧企业所得税政策的通知》(财税〔2015〕106 号)规定固定资产加速折旧优惠的行业范围,扩大至全部制造业领域。

4)缩短折旧年限的,最低折旧年限不得低于企业所得税法实施条例第六十条规定折旧年限的 60%;采取加速折旧方法的,可采取双倍余额递减法或者年数总和法。

享受条件

制造业及软件和信息技术服务业按照国家统计局《国民经济行业分类与代码(GB/T 4754—2017)》确定。今后国家有关部门更新国民经济行业分类与代码,从其规定。

政策依据

1)《财政部 国家税务总局关于完善固定资产加速折旧企业所得税政策的通知》(财税〔2014〕75 号)(略,见文件 48 – 1)

2)《国家税务总局关于固定资产加速折旧税收政策有关问题的公告》(国

家税务总局公告2014年第64号）（略，见文件48-2）

3)《财政部　国家税务总局关于进一步完善固定资产加速折旧企业所得税政策的通知》（财税〔2015〕106号）

4)《国家税务总局关于进一步完善固定资产加速折旧企业所得税政策有关问题的公告》（国家税务总局公告2015年第68号）

5)《财政部　税务总局关于扩大固定资产加速折旧优惠政策适用范围的公告》（财政部　税务总局公告2019年第66号）

延伸阅读

49-1 《财政部　国家税务总局关于进一步完善固定资产加速折旧企业所得税政策的通知》

2015年9月17日　财税〔2015〕106号

各省、自治区、直辖市、计划单列市财政厅（局）、国家税务局、地方税务局，新疆生产建设兵团财务局：

根据国务院常务会议的有关决定精神，现就有关固定资产加速折旧企业所得税政策问题通知如下：

一、对轻工、纺织、机械、汽车等四个领域重点行业（具体范围见附件）的企业2015年1月1日后新购进的固定资产，可由企业选择缩短折旧年限或采取加速折旧的方法。

二、对上述行业的小型微利企业2015年1月1日后新购进的研发和生产经营共用的仪器、设备，单位价值不超过100万元的，允许一次性计入当期成本费用在计算应纳税所得额时扣除，不再分年度计算折旧；单位价值超过100万元的，可由企业选择缩短折旧年限或采取加速折旧的方法。

三、企业按本通知第一条、第二条规定缩短折旧年限的，最低折旧年限不得低于企业所得税法实施条例第六十条规定折旧年限的60%；采取加速折旧方法的，可采取双倍余额递减法或者年数总和法。

按照企业所得税法及其实施条例有关规定，企业根据自身生产经营需要，也可选择不实行加速折旧政策。

四、本通知自2015年1月1日起执行。2015年前3季度按本通知规定未能计算办理的，统一在2015年第4季度预缴申报时享受优惠或2015年度汇算清缴时办理。

附件：轻工、纺织、机械、汽车四个领域重点行业范围

附件

轻工、纺织、机械、汽车四个领域重点行业范围

代码			类别名称	备注
大类	中类	小类		
	268		日用化学产品制造	轻工
		2681	肥皂及合成洗涤剂制造	
		2682	化妆品制造	
		2683	口腔清洁用品制造	
		2684	香料、香精制造	
		2689	其他日用化学产品制造	
27			医药制造业	轻工
	271		化学药品原料药制造	
	272		化学药品制剂制造	
	273		中药饮片加工	
	274		中成药生产	
	275		兽用药品制造	
	277		卫生材料及医药用品制造	
13			农副食品加工业	轻工
	131		谷物磨制	
	132		饲料加工	
	133		植物油加工	
	134		制糖业	
	135		屠宰及肉类加工	
	136		水产品加工	
	137		蔬菜、水果和坚果加工	
	139		其他农副食品加工	
14			食品制造业	轻工
	141		焙烤食品制造	
	142		糖果、巧克力及蜜饯制造	
	143		方便食品制造	
	144		乳制品制造	

续表

代码			类别名称	备注
大类	中类	小类		
14	145		罐头食品制造	
	146		调味品、发酵制品制造	
	149		其他食品制造	
17			纺织业	纺织
	171		棉纺织及印染精加工	
	172		毛纺织及染整精加工	
	173		麻纺织及染整精加工	
	174		丝绢纺织及印染精加工	
	175		化纤织造及印染精加工	
	176		针织或钩针编织物及其制品制造	
	177		家用纺织制成品制造	
	178		非家用纺织制成品制造	
18			纺织服装、服饰业	纺织
	181		机织服装制造	
	182		针织或钩针编织服装制造	
	183		服饰制造	
19			皮革、毛皮、羽毛及其制品和制鞋业	轻工
	191		皮革鞣制加工	
	192		皮革制品制造	
	193		毛皮鞣制及制品加工	
	194		羽毛（绒）加工及制品制造	
	195		制鞋业	
20			木材加工和木、竹、藤、棕、草制品业	轻工
	201		木材加工	
	202		人造板制造	
	203		木制品制造	
	204		竹、藤、棕、草等制品制造	
21			家具制造业	轻工
	211		木质家具制造	
	212		竹、藤家具制造	
	213		金属家具制造	
	214		塑料家具制造	

续表

代码			类别名称	备注
大类	中类	小类		
21	219		其他家具制造	
22			造纸和纸制品业	轻工
	221		纸浆制造	
	222		造纸	
	223		纸制品制造	
23			印刷和记录媒介复制业	轻工
	231		印刷	
	232		装订及印刷相关服务	
	233		记录媒介复制	
24			文教、工美、体育和娱乐用品制造业	轻工
	241		文教办公用品制造	
	242		乐器制造	
	243		工艺美术品制造	
	244		体育用品制造	
	245		玩具制造	
28			化学纤维制造业	纺织
	281		纤维素纤维原料及纤维制造	
	282		合成纤维制造	
	292		塑料制品业	轻工
		2921	塑料薄膜制造	
		2922	塑料板、管、型材制造	
		2923	塑料丝、绳及编织品制造	
		2924	泡沫塑料制造	
		2925	塑料人造革、合成革制造	
		2926	塑料包装箱及容器制造	
		2927	日用塑料制品制造	
		2928	塑料零件制造	
		2929	其他塑料制品制造	
33			金属制品业	机械
	331		结构性金属制品制造	
	332		金属工具制造	
	333		集装箱及金属包装容器制造	

续表

代码			类别名称	备注
大类	中类	小类		
33	334		金属丝绳及其制品制造	
	335		建筑、安全用金属制品制造	
	336		金属表面处理及热处理加工	
	337		搪瓷制品制造	
	338		金属制日用品制造	
	339		其他金属制品制造	
34			通用设备制造业	机械
	341		锅炉及原动设备制造	
	342		金属加工机械制造	
	343		物料搬运设备制造	
	344		泵、阀门、压缩机及类似机械制造	
	345		轴承、齿轮和传动部件制造	
	346		烘炉、风机、衡器、包装等设备制造	
	347		文化、办公用机械制造	
	348		通用零部件制造	
	349		其他通用设备制造业	
36			汽车制造业	汽车
	361		汽车整车制造	
	362		改装汽车制造	
	363		低速载货汽车制造	
	364		电车制造	
	365		汽车车身、挂车制造	
	366		汽车零部件及配件制造	
38			电气机械和器材制造业	机械
	381		电机制造	
	382		输配电及控制设备制造	
	383		电线、电缆、光缆及电工器材制造	
	384		电池制造	
	385		家用电力器具制造	
	386		非电力家用器具制造	
	387		照明器具制造	
	389		其他电气机械及器材制造	

注：以上代码和类别名称来自《国民经济行业分类（GB/T 4754—2011）》。

49-2 《国家税务总局关于进一步完善固定资产加速折旧企业所得税政策有关问题的公告》

2015年9月25日　国家税务总局公告2015年第68号

为落实国务院扩大固定资产加速折旧优惠范围的决定，根据《中华人民共和国企业所得税法》（以下简称企业所得税法）及其实施条例（以下简称实施条例）、《财政部　国家税务总局关于进一步完善固定资产加速折旧企业所得税政策的通知》（财税〔2015〕106号）规定，现就进一步完善固定资产加速折旧企业所得税政策有关问题公告如下：

一、对轻工、纺织、机械、汽车等四个领域重点行业（以下简称四个领域重点行业）企业2015年1月1日后新购进的固定资产（包括自行建造，下同），允许缩短折旧年限或采取加速折旧方法。

四个领域重点行业按照财税〔2015〕106号附件"轻工、纺织、机械、汽车四个领域重点行业范围"确定。今后国家有关部门更新国民经济行业分类与代码，从其规定。

四个领域重点行业企业是指以上述行业业务为主营业务，其固定资产投入使用当年的主营业务收入占企业收入总额50%（不含）以上的企业。所称收入总额，是指企业所得税法第六条规定的收入总额。

二、对四个领域重点行业小型微利企业2015年1月1日后新购进的研发和生产经营共用的仪器、设备，单位价值不超过100万元（含）的，允许在计算应纳税所得额时一次性全额扣除；单位价值超过100万元的，允许缩短折旧年限或采取加速折旧方法。

用于研发活动的仪器、设备范围口径，按照《国家税务总局关于印发〈企业研究开发费用税前扣除管理办法（试行）〉的通知》（国税发〔2008〕116号）或《科学技术部　财政部　国家税务总局关于印发〈高新技术企业认定管理工作指引〉的通知》（国科发火〔2008〕362号）规定执行。

小型微利企业，是指企业所得税法第二十八条规定的小型微利企业。

三、企业按本公告第一条、第二条规定缩短折旧年限的，对其购置的新固定资产，最低折旧年限不得低于实施条例第六十条规定的折旧年限的60%；对其购置的已使用过的固定资产，最低折旧年限不得低于实施条例规定的最低折旧年限减去已使用年限后剩余年限的60%。最低折旧年限一经确定，不得改变。

四、企业按本公告第一条、第二条规定采取加速折旧方法的，可以采用双倍余额递减法或者年数总和法。加速折旧方法一经确定，不得改变。

双倍余额递减法或者年数总和法，按照《国家税务总局关于固定资产加速折旧所得税处理有关问题的通知》（国税发〔2009〕81号）第四条的规定执行。

五、企业的固定资产既符合本公告优惠政策条件，又符合《国家税务总局关于企业固定资产加速折旧所得税处理有关问题的通知》（国税发〔2009〕81号）、《财政部 国家税务总局关于进一步鼓励软件产业和集成电路产业发展企业所得税政策的通知》（财税〔2012〕27号）中有关加速折旧优惠政策条件，可由企业选择其中一项加速折旧优惠政策执行，且一经选择，不得改变。

六、企业应将购进固定资产的发票、记账凭证等有关资料留存备查，并建立台账，准确反映税法与会计差异情况。

七、本公告适用于2015年及以后纳税年度。企业2015年前3季度按本公告规定未能享受加速折旧优惠的，可将前3季度应享受的加速折旧部分，在2015年第4季度企业所得税预缴申报时享受，或者在2015年度企业所得税汇算清缴时统一享受。

特此公告。

49-3 《财政部 税务总局关于扩大固定资产加速折旧优惠政策适用范围的公告》

2019年4月23日 财政部 税务总局公告2019年第66号

为支持制造业企业加快技术改造和设备更新，现就有关固定资产加速折旧政策公告如下：

一、自2019年1月1日起，适用《财政部 国家税务总局关于完善固定资产加速折旧企业所得税政策的通知》（财税〔2014〕75号）和《财政部 国家税务总局关于进一步完善固定资产加速折旧企业所得税政策的通知》（财税〔2015〕106号）规定固定资产加速折旧优惠的行业范围，扩大至全部制造业领域。

二、制造业按照国家统计局《国民经济行业分类与代码（GB/T 4754—2017）》确定。今后国家有关部门更新国民经济行业分类与代码，从其规定。

三、本公告发布前，制造业企业未享受固定资产加速折旧优惠的，可自本公告发布后在月（季）度预缴申报时享受优惠或在2019年度汇算清缴时享受优惠。

特此公告。

50. 制造业及部分服务业小型微利企业符合条件的仪器、设备加速折旧

享受主体

全部制造业领域、信息传输、软件和信息技术服务业的小型微利企业。

优惠内容

1）生物药品制造业，专用设备制造业，铁路、船舶、航空航天和其他运输设备制造业，计算机、通信和其他电子设备制造业，仪器仪表制造业，信息传输、软件和信息技术服务业等六个行业的小型微利企业2014年1月1日后新购进的研发和生产经营共用的仪器、设备，单位价值超过100万元的，可缩短折旧年限或采取加速折旧的方法。

2）轻工、纺织、机械、汽车等四个领域重点行业的小型微利企业2015年1月1日后新购进的研发和生产经营共用的仪器、设备，单位价值超过100万元的，可由企业选择缩短折旧年限或采取加速折旧的方法。

3）自2019年1月1日起，适用《财政部 国家税务总局关于完善固定资产加速折旧企业所得税政策的通知》（财税〔2014〕75号）和《财政部 国家税务总局关于进一步完善固定资产加速折旧企业所得税政策的通知》（财税〔2015〕106号）规定固定资产加速折旧优惠的行业范围，扩大至全部制造业领域。

享受条件

小型微利企业为《财政部 税务总局关于实施小微企业普惠性税收减免政策的通知》（财税〔2019〕13号）规定的小型微利企业。

政策依据

1）《财政部 国家税务总局关于完善固定资产加速折旧企业所得税政策的通知》（财税〔2014〕75号）（略，见文件48-1）

2）《国家税务总局关于固定资产加速折旧税收政策有关问题的公告》（国

家税务总局公告 2014 年第 64 号）（略，见文件 48－2）

3）《财政部　国家税务总局关于进一步完善固定资产加速折旧企业所得税政策的通知》（财税〔2015〕106 号）（略，见文件 49－1）

4）《国家税务总局关于进一步完善固定资产加速折旧企业所得税政策有关问题的公告》（国家税务总局公告 2015 年第 68 号）（略，见文件 49－2）

5）《财政部　税务总局关于实施小微企业普惠性税收减免政策的通知》（财税〔2019〕13 号）

6）《财政部　税务总局关于扩大固定资产加速折旧优惠政策适用范围的公告》（财政部　税务总局公告 2019 年第 66 号）（略，见文件 49－3）

延伸阅读

50－1　《财政部　税务总局关于实施小微企业普惠性税收减免政策的通知》

2019 年 1 月 17 日　财税〔2019〕13 号

各省、自治区、直辖市、计划单列市财政厅（局），新疆生产建设兵团财政局，国家税务总局各省、自治区、直辖市和计划单列市税务局：

为贯彻落实党中央、国务院决策部署，进一步支持小微企业发展，现就实施小微企业普惠性税收减免政策有关事项通知如下：

一、对月销售额 10 万元以下（含本数）的增值税小规模纳税人，免征增值税。

二、对小型微利企业年应纳税所得额不超过 100 万元的部分，减按 25% 计入应纳税所得额，按 20% 的税率缴纳企业所得税；对年应纳税所得额超过 100 万元但不超过 300 万元的部分，减按 50% 计入应纳税所得额，按 20% 的税率缴纳企业所得税。

上述小型微利企业是指从事国家非限制和禁止行业，且同时符合年度应纳税所得额不超过 300 万元、从业人数不超过 300 人、资产总额不超过 5000 万元等三个条件的企业。

从业人数，包括与企业建立劳动关系的职工人数和企业接受的劳务派遣用工人数。所称从业人数和资产总额指标，应按企业全年的季度平均值确定。具体计算公式如下：

季度平均值 =（季初值 + 季末值）÷2

全年季度平均值＝全年各季度平均值之和÷4

年度中间开业或者终止经营活动的，以其实际经营期作为一个纳税年度确定上述相关指标。

三、由省、自治区、直辖市人民政府根据本地区实际情况，以及宏观调控需要确定，对增值税小规模纳税人可以在50%的税额幅度内减征资源税、城市维护建设税、房产税、城镇土地使用税、印花税（不含证券交易印花税）、耕地占用税和教育费附加、地方教育附加。

四、增值税小规模纳税人已依法享受资源税、城市维护建设税、房产税、城镇土地使用税、印花税、耕地占用税、教育费附加、地方教育附加其他优惠政策的，可叠加享受本通知第三条规定的优惠政策。

五、《财政部　税务总局关于创业投资企业和天使投资个人有关税收政策的通知》（财税〔2018〕55号）第二条第（一）项关于初创科技型企业条件中的"从业人数不超过200人"调整为"从业人数不超过300人"，"资产总额和年销售收入均不超过3000万元"调整为"资产总额和年销售收入均不超过5000万元"。

2019年1月1日至2021年12月31日期间发生的投资，投资满2年且符合本通知规定和财税〔2018〕55号文件规定的其他条件的，可以适用财税〔2018〕55号文件规定的税收政策。

2019年1月1日前2年内发生的投资，自2019年1月1日起投资满2年且符合本通知规定和财税〔2018〕55号文件规定的其他条件的，可以适用财税〔2018〕55号文件规定的税收政策。

六、本通知执行期限为2019年1月1日至2021年12月31日。《财政部　税务总局关于延续小微企业增值税政策的通知》（财税〔2017〕76号）、《财政部　税务总局关于进一步扩大小型微利企业所得税优惠政策范围的通知》（财税〔2018〕77号）同时废止。

七、各级财税部门要切实提高政治站位，深入贯彻落实党中央、国务院减税降费的决策部署，充分认识小微企业普惠性税收减免的重要意义，切实承担起抓落实的主体责任，将其作为一项重大任务，加强组织领导，精心筹划部署，不折不扣落实到位。要加大力度、创新方式，强化宣传辅导，优化纳税服务，增进办税便利，确保纳税人和缴费人实打实享受到减税降费的政策红利。要密切跟踪政策执行情况，加强调查研究，对政策执行中各方反映的突出问题和意见建议，要及时向财政部和税务总局反馈。

（三）购买符合条件设备税收优惠

51. 重大技术装备进口免征增值税

享受主体

申请享受政策的企业一般应为从事开发、生产国家支持发展的重大技术装备或产品的制造企业（对于城市轨道交通、核电等领域承担重大技术装备自主化依托项目业主以及开发自用生产设备的企业，可申请享受该政策）。

优惠内容

符合规定条件的国内企业为生产《国家支持发展的重大技术装备和产品目录》所列装备或产品而确有必要进口《重大技术装备和产品进口关键零部件、原材料商品目录》所列商品，免征关税和进口环节增值税。

享受条件

1）独立法人资格；
2）具有较强的设计研发和生产制造能力；
3）具备专业比较齐全的技术人员队伍；
4）具有核心技术和自主知识产权；
5）申请享受政策的重大技术装备应符合《国家支持发展的重大技术装备和产品目录》有关要求。

政策依据

《财政部 发展改革委 工业和信息化部 海关总署 税务总局 能源局关于调整重大技术装备进口税收政策有关目录的通知》（财关税〔2018〕42号）

> 延伸阅读

51-1 《财政部　发展改革委　工业和信息化部　海关总署　税务总局　能源局关于调整重大技术装备进口税收政策有关目录的通知》

2018 年 11 月 14 日　财关税〔2018〕42 号

各省、自治区、直辖市、计划单列市财政厅（局）、发展改革委、工业和信息化主管部门，新疆生产建设兵团财政局、发展改革委，海关总署广东分署、各直属海关，国家税务总局各省、自治区、直辖市、计划单列市税务局，财政部驻各省、自治区、直辖市、计划单列市财政监察专员办事处：

根据近年来国内装备制造业及其配套产业的发展情况，在广泛听取产业主管部门、行业协会、企业代表等方面意见的基础上，财政部、发展改革委、工业和信息化部、海关总署、税务总局、能源局决定对重大技术装备进口税收政策有关目录进行修订。现通知如下：

一、《国家支持发展的重大技术装备和产品目录（2018 年修订）》（见附件 1）和《重大技术装备和产品进口关键零部件、原材料商品目录（2018 年修订）》（见附件 2）自 2019 年 1 月 1 日起执行，符合规定条件的国内企业为生产本通知附件 1 所列装备或产品而确有必要进口附件 2 所列商品，免征关税和进口环节增值税。附件 1、2 中列明执行年限的，有关装备、产品、零部件、原材料免税执行期限截止到该年度 12 月 31 日。

根据国内产业发展情况，自 2019 年 1 月 1 日起，取消百万千瓦级核电机组（二代改进型核电机组）等装备的免税政策，生产制造相关装备和产品的企业 2019 年度预拨免税进口额度相应取消。

二、《进口不予免税的重大技术装备和产品目录（2018 年修订）》（见附件 3）自 2019 年 1 月 1 日起执行。对 2019 年 1 月 1 日以后（含 1 月 1 日）批准的按照或比照《国务院关于调整进口设备税收政策的通知》（国发〔1997〕37 号）有关规定享受进口税收优惠政策的下列项目和企业，进口附件 3 所列自用设备以及按照合同随上述设备进口的技术及配套件、备件，一律照章征收进口税收：

（一）国家鼓励发展的国内投资项目和外商投资项目；
（二）外国政府贷款和国际金融组织贷款项目；
（三）由外商提供不作价进口设备的加工贸易企业；

（四）中西部地区外商投资优势产业项目；

（五）《海关总署关于进一步鼓励外商投资有关进口税收政策的通知》（署税〔1999〕791号）规定的外商投资企业和外商投资设立的研究中心利用自有资金进行技术改造项目。

为保证《进口不予免税的重大技术装备和产品目录（2018年修订）》调整前已批准的上述项目顺利实施，对2018年12月31日前（含12月31日）批准的上述项目和企业在2019年6月30日前（含6月30日）进口设备，继续按照《财政部　发展改革委　工业和信息化部　海关总署　税务总局　能源局关于调整重大技术装备进口税收政策有关目录的通知》（财关税〔2017〕39号）附件3和《财政部　国家发展改革委　海关总署　国家税务总局关于调整〈国内投资项目不予免税的进口商品目录〉的公告》（2012年第83号）执行。

自2019年7月1日起对上述项目和企业进口《进口不予免税的重大技术装备和产品目录（2018年修订）》中所列设备，一律照章征收进口税收。为保证政策执行的统一性，对有关项目和企业进口商品需对照《进口不予免税的重大技术装备和产品目录（2018年修订）》和《国内投资项目不予免税的进口商品目录（2012年调整）》审核征免税的，《进口不予免税的重大技术装备和产品目录（2018年修订）》与《国内投资项目不予免税的进口商品目录（2012年调整）》所列商品名称相同，或仅在《进口不予免税的重大技术装备和产品目录（2018年修订）》中列名的商品，一律以《进口不予免税的重大技术装备和产品目录（2018年修订）》所列商品及其技术规格指标为准。

三、自2019年1月1日起，《财政部　发展改革委　工业和信息化部　海关总署　税务总局　能源局关于调整重大技术装备进口税收政策有关目录的通知》（财关税〔2017〕39号）予以废止。

附件：1. 国家支持发展的重大技术装备和产品目录（2018年修订）（编者略）

2. 重大技术装备和产品进口关键零部件、原材料商品目录（2018年修订）（编者略）

3. 进口不予免税的重大技术装备和产品目录（2018年修订）（编者略）

52. 科学研究机构、技术开发机构、学校等单位进口免征增值税、消费税

享受主体

1）国务院部委、直属机构和省、自治区、直辖市、计划单列市所属从事科学研究工作的各类科研院所。

2）国家承认学历的实施专科及以上高等学历教育的高等学校。

3）国家发展改革委会同财政部、海关总署和国家税务总局核定的国家工程研究中心；国家发展改革委会同财政部、海关总署、国家税务总局和科技部核定的企业技术中心。

4）科技部会同财政部、海关总署和国家税务总局核定的：

（1）科技体制改革过程中转制为企业和进入企业的主要从事科学研究和技术开发工作的机构；

（2）国家重点实验室及企业国家重点实验室；

（3）国家工程技术研究中心。

5）科技部会同民政部核定或者各省、自治区、直辖市、计划单列市及新疆生产建设兵团科技主管部门会同同级民政部门核定的科技类民办非企业单位。

6）工业和信息化部会同财政部、海关总署、国家税务总局核定的国家中小企业公共服务示范平台（技术类）。

7）各省、自治区、直辖市、计划单列市及新疆生产建设兵团商务主管部门会同同级财政、国税部门和外资研发中心所在地直属海关核定的外资研发中心。

8）国家新闻出版广电总局批准的下列具有出版物进口许可的出版物进口单位：中国图书进出口（集团）总公司及其具有独立法人资格的子公司、中国经济图书进出口公司、中国教育图书进出口有限公司、北京中科进出口有限责任公司、中国科技资料进出口总公司、中国国际图书贸易集团有限公司。

9）财政部会同有关部门核定的其他科学研究机构、技术开发机构、学校。

优惠内容

自2016年1月1日至2020年12月31日，对科学研究机构、技术开发机构、学校等单位进口国内不能生产或者性能不能满足需要的科学研究、科技开

发和教学用品，免征进口关税和进口环节增值税、消费税；对出版物进口单位为科研院所、学校进口用于科研、教学的图书、资料等，免征进口环节增值税。

享受条件

1）科学研究机构、技术开发机构、学校和出版物进口单位等是指：

（1）国务院部委、直属机构和省、自治区、直辖市、计划单列市所属从事科学研究工作的各类科研院所。

（2）国家承认学历的实施专科及以上高等学历教育的高等学校。

（3）国家发展改革委会同财政部、海关总署和国家税务总局核定的国家工程研究中心；国家发展改革委会同财政部、海关总署、国家税务总局和科技部核定的企业技术中心。

（4）科技部会同财政部、海关总署和国家税务总局核定的：①科技体制改革过程中转制为企业和进入企业的主要从事科学研究和技术开发工作的机构；②国家重点实验室及企业国家重点实验室；③国家工程技术研究中心。

（5）科技部会同民政部核定或者各省、自治区、直辖市、计划单列市及新疆生产建设兵团科技主管部门会同同级民政部门核定的科技类民办非企业单位。

（6）工业和信息化部会同财政部、海关总署、国家税务总局核定的国家中小企业公共服务示范平台（技术类）。

（7）各省、自治区、直辖市、计划单列市及新疆生产建设兵团商务主管部门会同同级财政、国税部门和外资研发中心所在地直属海关核定的外资研发中心。

（8）国家新闻出版广电总局批准的下列具有出版物进口许可的出版物进口单位：中国图书进出口（集团）总公司及其具有独立法人资格的子公司、中国经济图书进出口公司、中国教育图书进出口有限公司、北京中科进出口有限责任公司、中国科技资料进出口总公司、中国国际图书贸易集团有限公司。

（9）财政部会同有关部门核定的其他科学研究机构、技术开发机构、学校。

2）科学研究机构、技术开发机构、学校等单位进口的国内不能生产或者性能不能满足需要的科学研究、科技开发和教学用品（含出版物进口单位为科研院所、学校进口用于科研、教学的图书、资料等），列入了财政部会同海关总署、国家税务总局制定并发布的《进口科学研究、科技开发和教学用品免税清单》。

政策依据

1)《财政部 海关总署 国家税务总局关于"十三五"期间支持科技创新进口税收政策的通知》(财关税〔2016〕70号)

2)《财政部 教育部 国家发展改革委 科技部 工业和信息化部 民政部 商务部 海关总署 国家税务总局 国家新闻出版广电总局关于支持科技创新进口税收政策管理办法的通知》(财关税〔2016〕71号)

3)《财政部 海关总署 国家税务总局关于公布进口科学研究、科技开发和教学用品免税清单的通知》(财关税〔2016〕72号)

延伸阅读

52-1 《财政部 海关总署 国家税务总局关于"十三五"期间支持科技创新进口税收政策的通知》

2016年12月27日 财关税〔2016〕70号

各省、自治区、直辖市、计划单列市财政厅(局)、国家税务局,海关总署广东分署、各直属海关,新疆生产建设兵团财务局:

为深入实施创新驱动发展战略,发挥科技创新在全面创新中的引领作用,规范科学研究、科技开发和教学用品免税进口行为,经国务院批准,特制定支持科技创新进口税收政策,现将有关政策内容通知如下:

一、对科学研究机构、技术开发机构、学校等单位进口国内不能生产或者性能不能满足需要的科学研究、科技开发和教学用品,免征进口关税和进口环节增值税、消费税;对出版物进口单位为科研院所、学校进口用于科研、教学的图书、资料等,免征进口环节增值税。

二、本通知第一条中科学研究机构、技术开发机构、学校和出版物进口单位等是指:

(一)国务院部委、直属机构和省、自治区、直辖市、计划单列市所属从事科学研究工作的各类科研院所。

(二)国家承认学历的实施专科及以上高等学历教育的高等学校。

(三)国家发展改革委会同财政部、海关总署和国家税务总局核定的国家工程研究中心;国家发展改革委会同财政部、海关总署、国家税务总局和科技部核定的企业技术中心。

（四）科技部会同财政部、海关总署和国家税务总局核定的：1. 科技体制改革过程中转制为企业和进入企业的主要从事科学研究和技术开发工作的机构；2. 国家重点实验室及企业国家重点实验室；3. 国家工程技术研究中心。

（五）科技部会同民政部核定或者各省、自治区、直辖市、计划单列市及新疆生产建设兵团科技主管部门会同同级民政部门核定的科技类民办非企业单位。

（六）工业和信息化部会同财政部、海关总署、国家税务总局核定的国家中小企业公共服务示范平台（技术类）。

（七）各省、自治区、直辖市、计划单列市及新疆生产建设兵团商务主管部门会同同级财政、国税部门和外资研发中心所在地直属海关核定的外资研发中心。

（八）国家新闻出版广电总局批准的下列具有出版物进口许可的出版物进口单位：中国图书进出口（集团）总公司及其具有独立法人资格的子公司、中国经济图书进出口公司、中国教育图书进出口有限公司、北京中科进出口有限责任公司、中国科技资料进出口总公司、中国国际图书贸易集团有限公司。

（九）财政部会同有关部门核定的其他科学研究机构、技术开发机构、学校。

三、本通知第一条所述科学研究机构、技术开发机构、学校等单位进口国内不能生产或者性能不能满足需要的科学研究、科技开发和教学用品免税清单（含出版物进口单位为科研院所、学校进口用于科研、教学的图书、资料等），由财政部会同海关总署、国家税务总局制定并另行发布。

四、财政部会同有关部门根据科学研究、科技开发和教学用品需求变化及国内生产发展等情况，适时对第三条进口科学研究、科技开发和教学用品免税清单进行调整。

五、本通知有关的政策管理办法由财政部会同有关部门另行发布。

六、经海关审核同意，科学研究机构、技术开发机构、学校可将免税进口的科学研究、科技开发和教学用品用于其他单位的科学研究、科技开发和教学活动。

对纳入国家网络管理平台统一管理、符合本通知规定的免税进口的科学仪器设备，在符合监管条件的前提下，准予用于其他单位的科学研究、科技开发和教学活动。具体管理办法由科技部会同海关总署等有关部门另行制定并发布。

经海关审核同意，医院类高等学校、专业和科学研究机构以科学研究或教学为目的，可将免税进口的医疗检测、分析仪器及其附件用于其附属、所属医院的临床活动，或用于开展临床实验所需依托的其分立前附属、所属医院的临床活动。其中，大中型医疗检测、分析仪器，限每所医院每5年每种1台。

七、违反本通知规定，将免税进口的科学研究、科技开发和教学用品擅自转让、移作他用或者进行其他处置的，按照有关规定处罚，有关进口单位在1年内不得享受本通知规定的进口税收政策；依法被追究刑事责任的，有关进口单位在3年内不得享受本通知规定的进口税收政策。

八、海关总署根据本通知制定海关具体实施办法。

九、本通知自2016年1月1日起实施，2020年12月31日截止。自实施之日起，《财政部　科技部　民政部　海关总署　国家税务总局关于科技类民办非企业单位适用科学研究和教学用品进口税收政策的通知》（财关税〔2012〕54号）同时废止。

52-2 《财政部　教育部　国家发展改革委　科技部　工业和信息化部　民政部　商务部　海关总署　国家税务总局　国家新闻出版广电总局关于支持科技创新进口税收政策管理办法的通知》

2017年1月14日　财关税〔2016〕71号

各省、自治区、直辖市、计划单列市财政厅（局）、教育厅（局）、发展改革委、科技厅（委、局）、工业和信息化主管部门、民政厅（局）、商务厅（局）、国家税务局，海关总署广东分署、各直属海关，新疆生产建设兵团财务局、科技局、民政局、商务局：

为深入贯彻落实党中央、国务院关于创新驱动发展战略有关精神，发挥科技创新在全面创新中的引领作用，经国务院批准，财政部、海关总署、国家税务总局联合印发了《关于"十三五"期间支持科技创新进口税收政策的通知》（财关税〔2016〕70号）。为加强政策管理，现将支持科技创新进口税收政策管理办法通知如下：

一、国务院部委、直属机构所属从事科学研究工作的各类科研院所，由科技部核定名单，函告海关总署，并抄送本通知第八条出版物进口单位。此类科研院所持凭主管部门批准成立的文件、《事业单位法人证书》，按海关规定办理有关减免税手续。

各省、自治区、直辖市、计划单列市所属从事科学研究工作的各类科研院所，由本级科技主管部门核定名单，函告相关科研院所所在地直属海关，并抄送本通知第八条出版物进口单位。此类科研院所持凭主管部门批准成立的文件、《事业单位法人证书》，按海关规定办理有关减免税手续。

二、国家承认学历的实施专科及以上高等学历教育的高等学校，由教育部核定并在教育部门户网站公布，按海关规定办理有关减免税手续。

三、国家发展改革委会同财政部、海关总署和国家税务总局核定的国家工程研究中心的免税进口资格，按国家发展和改革委员会会同有关部门另行制定的国家工程研究中心管理办法确定。

国家发展改革委会同财政部、海关总署、国家税务总局和科技部核定的企业技术中心，按《国家企业技术中心认定管理办法》（国家发展改革委　科技部　财政部　海关总署　国家税务总局令第34号）确定免税资格，按海关规定办理有关减免税手续。

四、科技部会同财政部、海关总署和国家税务总局核定的科技体制改革过程中转制为企业和进入企业的主要从事科学研究和技术开发工作的机构、国家重点实验室、企业国家重点实验室、国家工程技术研究中心的免税进口管理办法由科技部会同有关部门另行制定。

五、科技部会同民政部核定或者各省、自治区、直辖市、计划单列市及新疆生产建设兵团科技主管部门会同同级民政部门核定的科技类民办非企业单位的免税进口管理办法见附件1。

六、工业和信息化部会同财政部、海关总署、国家税务总局核定的国家中小企业公共服务示范平台（技术类）的免税进口管理办法见附件2。

七、各省、自治区、直辖市、计划单列市及新疆生产建设兵团商务主管部门会同同级财政、国税部门和外资研发中心所在地直属海关核定的外资研发中心的免税进口管理办法见附件3。

八、国家新闻出版广电总局批准的下列具有出版物进口许可的出版物进口单位：中国图书进出口（集团）总公司及其具有独立法人资格的子公司、中国经济图书进出口公司、中国教育图书进出口有限公司、北京中科进出口有限责任公司、中国科技资料进出口总公司、中国国际图书贸易集团有限公司，按海关规定办理有关减免税手续。免税进口商品销售对象中的科研院所是指本通知第一条中经核定的科研院所；学校是指本通知第二条中经核定的高等学校。

出版物进口单位应在每年3月31日前将上一年度免税进口图书、资料等情况报财政部、海关总署、国家税务总局、国家新闻出版广电总局备案。备案信息应包括商品种类、进口额、免税进口商品的销售流向、使用单位等。

对出版物进口单位为科研院所、学校进口用于科研、教学的图书、资料等的免税范围，按进口科学研究、科技开发和教学用品免税清单中的"五、图书、文献、报刊及其他资料（包括只读光盘、微缩平片、胶卷、地球资料卫星照片、科技和教学声像制品）"执行。

九、财政部会同有关部门核定的其他科学研究机构、技术开发机构、学校，比照上述有关条款进行免税进口管理。

十、财政部等有关部门及其工作人员在政策执行过程中，存在违反执行免税政策规定的行为，以及滥用职权、玩忽职守、徇私舞弊等违法违纪行为的，按照《预算法》《公务员法》《行政监察法》《财政违法行为处罚处分条例》等国家有关规定追究相应责任；涉嫌犯罪的，移送司法机关处理。

本通知自 2016 年 1 月 1 日起实施。

附件：1. 科技类民办非企业单位免税进口科学研究、科技开发和教学用品管理办法

2. 国家中小企业公共服务示范平台（技术类）免税进口科学研究、科技开发和教学用品管理办法

3. 外资研发中心免税进口科学研究、科技开发和教学用品管理办法

附件 1

科技类民办非企业单位免税进口科学研究、科技开发和教学用品管理办法

第一条 本办法所指的民办非企业单位，应同时具备下列条件：

（一）依照《民办非企业单位登记管理暂行条例》《民办非企业单位登记暂行办法》的要求，在民政部或省、自治区、直辖市、计划单列市和新疆生产建设兵团民政部门登记注册的、具有法人资格的民办非企业单位；

（二）资产总额在 300 万元人民币（含）以上；

（三）从事科学研究的专业技术人员（指大专以上学历或中级以上技术职称专业技术人员）在 20 人以上，且占全部人员的比例不低于 60%；

（四）兼职的科研人员不超过 25%。

第二条 符合上述条件的科技类民办非企业单位，应向科技部或省、自治区、直辖市、计划单列市、新疆生产建设兵团科技主管部门提出免税资格申

请，科技主管部门会同同级民政部门按本办法第一条所列条件对其进行免税资格审核认定，对经认定符合免税资格条件的单位颁发免税资格证书，免税资格证书标明"颁发日期"，同时函告上述单位所在地直属海关。经认定符合免税资格条件的单位，自免税资格证书颁发之日起，可按规定享受支持科技创新进口税收政策。

第三条 科技主管部门会同同级民政部门对科技类民办非企业单位的免税资格进行复审。对复审未通过的单位，撤销其免税资格，注明撤销日期，并函告单位所在地直属海关。自撤销之日起，取消其免税资格。

第四条 已经获得免税资格的科技类民办非企业单位，如存在以虚报情况获得免税资格的，经科技部门会同民政部门查实后，除按有关法律法规和有关规定处理外，将撤销其免税资格，注明撤销日期，并函告同级海关，自撤销之日起，取消其免税资格。

科技主管部门会同民政部门及时将有关情况通报单位所在地直属海关，有关科技类民办非企业单位应补缴在支持科技创新进口税收政策项下已免税进口有关科学研究、科技开发和教学用品的相关税款。

第五条 经认定符合免税资格条件的科技类民办非企业单位可持有效的免税资格证书和其他有关材料，按海关规定办理减免税手续。

第六条 经认定符合免税资格条件的科技类民办非企业单位免税进口与本单位承担的科研任务直接相关的科学研究、科技开发和教学用品的范围，按照进口科学研究、科技开发和教学用品免税清单执行。

第七条 财政部会同科技部、民政部、海关总署和国家税务总局根据实际需要，适时对本办法第一条所列科技类民办非企业单位免税资格的认定条件进行调整。

附件2

国家中小企业公共服务示范平台（技术类）
免税进口科学研究、科技开发和教学用品管理办法

第一条 本办法所指的示范平台（技术类）应同时满足以下条件：

1. 属于工业和信息化部认定的国家中小企业公共服务示范平台范围，且平台类别为技术类；

2. 资产总额不低于1000万元；

3. 累计购置设备总额（国产和进口设备原值）不低于300万元；

4. 具有良好的服务资质和业绩，年服务中小企业在 150 家以上，用户满意度在 90% 以上；

5. 在专业服务领域或区域内有一定的声誉和品牌影响力。

第二条 符合本管理办法第一条条件的示范平台（技术类），应于每年 3 月 1 日前向所在省、自治区、直辖市、计划单列市、新疆生产建设兵团中小企业主管部门（以下简称省级中小企业主管部门）提出书面申请，并附以下材料：

1. 进口科学研究、科技开发和教学用品免税资格审核表（见附 1）；

2. 资产总额和累计购置设备总额的专项审计报告；

3. 年度服务中小企业情况的报告；

4. 省级中小企业主管部门对平台服务中小企业户数及满意度的测评意见（具体测评要求以及测评意见表详见附 2、3）。

5. 审核部门要求提交的其他材料。

第三条 省级中小企业主管部门会同同级财政、国税部门和示范平台（技术类）所在地直属海关对提出申请的示范平台的免税资格进行初审，并将审核意见于每年 3 月底前报工业和信息化部。工业和信息化部会同财政部、海关总署、国家税务总局对示范平台（技术类）的免税资格进行最终审核。工业和信息化部、财政部、海关总署、国家税务总局联合公布享受支持科技创新进口税收政策的示范平台（技术类）名单。

经认定符合免税资格条件的新增单位，自名单公布之日起，可按规定享受支持科技创新进口税收政策。

第四条 经认定符合免税资格条件的示范平台（技术类）免税进口范围按照进口科学研究、科技开发和教学用品免税清单执行。

第五条 经认定符合免税资格条件的示范平台（技术类）应按照海关规定，向海关申请办理相关进口科学研究、科技开发和教学用品的减免税手续。

第六条 示范平台（技术类）免税资格每两年复审一次。享受支持科技创新进口税收政策的示范平台（技术类）将复审申请报告和两年的工作总结报省级中小企业主管部门。省级中小企业主管部门对其服务中小企业的业绩进行测评，出具测评意见，报工业和信息化部。

工业和信息化部会同财政部、海关总署、国家税务总局对示范平台（技术类）的免税资格进行复审。复审不合格的，由工业和信息化部、财政部、海关总署、国家税务总局联合公布名单。对复审不合格的示范平台（技术类），自名单公布之日起，取消其免税资格。

第七条 已经获得免税资格的示范平台（技术类），如存在以虚报情况获得免税资格的，经工业和信息化部查实后，除按有关法律法规和有关规定处理外，将撤销其免税资格。

工业和信息化部及时将有关情况通报财政部、海关总署和国家税务总局，有关示范平台（技术类）应补缴在支持科技创新进口税收政策项下已免税进口有关科学研究、科技开发和教学用品的相关税款。

第八条 工业和信息化部应于每年6月底前，将汇总的经认定符合免税资格条件的示范平台（技术类）上一年度政策执行情况函告财政部，同时抄送海关总署和国家税务总局。

第九条 财政部会同工业和信息化部、海关总署和国家税务总局根据实际需要，适时对本办法第一条所列示范平台（技术类）免税资格的认定条件进行调整。

附：1. 国家中小企业公共服务示范平台（技术类）进口科学研究、科技开发和教学用品免税资格审核表（编者略）

2. 国家中小企业公共服务示范平台（技术类）服务满意度测评要求（编者略）

3. 国家中小企业公共服务示范平台（技术类）服务满意度测评意见表（编者略）

附件3

外资研发中心免税进口科学研究、科技开发和教学用品管理办法

第一条 本管理办法所指外资研发中心，根据其设立时间，应分别满足下列条件：

（一）对2009年9月30日及其之前设立的外资研发中心，应同时满足下列条件：

1. 研发费用标准：（1）对外资研发中心，作为独立法人的，其投资总额不低于500万美元；作为公司内设部门或分公司的非独立法人的，其研发总投入不低于500万美元；（2）企业研发经费年支出额不低于1000万元。

2. 专职研究与试验发展人员不低于90人。

3. 设立以来累计购置的设备原值不低于1000万元。

（二）对2009年10月1日及其之后设立的外资研发中心，应同时满足下列条件：

1. 研发费用标准：作为独立法人的，其投资总额不低于 800 万美元；作为公司内设部门或分公司的非独立法人的，其研发总投入不低于 800 万美元。

2. 专职研究与试验发展人员不低于 150 人。

3. 设立以来累计购置的设备原值不低于 2000 万元。

其中，有关定义如下：

（1）"投资总额"，是指外商投资企业批准证书或设立、变更备案回执所载明的金额。

（2）"研发总投入"，是指外商投资企业专门为设立和建设本研发中心而投入的资产，包括即将投入并签订购置合同的资产（应提交已采购资产清单和即将采购资产的合同清单）。

（3）"研发经费年支出额"，是指近两个会计年度研发经费年均支出额；不足两个完整会计年度的，可按外资研发中心设立以来任意连续 12 个月的实际研发经费支出额计算；现金与实物资产投入应不低于 60%。

（4）"专职研究与试验发展人员"，是指企业科技活动人员中专职从事基础研究、应用研究和试验发展三类项目活动的人员，包括直接参加上述三类项目活动的人员以及相关专职科技管理人员和为项目提供资料文献、材料供应、设备的直接服务人员，上述人员须与外资研发中心或其所在外商投资企业签订 1 年以上劳动合同，以外资研发中心提交申请的前一日人数为准。

（5）"设备"，是指为科学研究、教学和科技开发提供必要条件的实验设备、装置和器械。在计算累计购置的设备原值时，应将进口设备和采购国产设备的原值一并计入，包括已签订购置合同并于当年内交货的设备（应提交购置合同清单及交货期限），适用本办法的上述进口设备范围为进口科学研究、科技开发和教学用品免税清单所列商品。

第二条 资格条件审核

（一）各省、自治区、直辖市、计划单列市及新疆生产建设兵团商务主管部门会同同级财政、国税部门和外资研发中心所在地直属海关（以下简称审核部门），根据本地情况，制定审核流程和具体办法。研发中心应按本办法有关要求向其所在地商务主管部门提交申请材料。

（二）商务主管部门牵头召开审核部门联席会议，对外资研发中心上报的申请材料进行审核，按照本办法第一条所列条件和要求，确定符合免税资格条件的研发中心名单。

（三）经审核，对符合免税资格条件的外资研发中心，由审核部门以公告形式联合发布，并将名单抄送商务部（外资司）、财政部（关税司）、海关总署（关税征管司）、国家税务总局（货物和劳务税司）备案。对不符合有关规定的，由商务主管部门根据联席会议的决定出具书面审核意见，并说明理由。上述公告或审核意见应在审核部门受理申请之日起45个工作日之内做出。

符合免税资格条件的外资研发中心，自公告发布之日起，可按规定享受支持科技创新进口税收政策，按照进口科学研究、科技开发和教学用品免税清单免税进口。在2015年12月31日（含）以前，已取得免税资格未满2年暂不需要进行资格复审的、按规定已复审合格的外资研发中心，在2015年12月31日享受免税未满2年的，可继续享受至2年期满。

（四）审核部门每两年对已获得免税资格的外资研发中心进行资格复审。对于复审不合格的研发中心，名单函告外资研发中心所在地直属海关，抄送海关总署（关税征管司）备案，并在函中明确取消复审不合格的研发中心享受支持科技创新进口税收政策资格的日期。

第三条 外资研发中心申请进口设备免税资格，应提交以下材料：

（一）外资研发中心进口设备免税资格申请书和审核表；

（二）外资研发中心为独立法人的，应提交外商投资企业批准证书或设立、变更备案回执及营业执照复印件；研发中心为非独立法人的，应提交其所在外商投资企业的外商投资企业批准证书或设立、变更备案回执及营业执照复印件；

（三）验资报告及上一年度审计报告复印件；

（四）研发费用支出明细、设备购置支出明细和清单以及通知规定应提交的材料；

（五）专职研究与试验发展人员名册（包括姓名、工作岗位、劳动合同期限、联系方式）；

（六）审核部门要求提交的其他材料。

第四条 相关工作管理

（一）列入公告名单的符合免税资格条件的外资研发中心，可按有关规定向海关申请办理减免税手续。

（二）审核部门在共同审核认定研发中心资格的过程中，可到研发中心查阅有关资料，了解情况，核实其报送的申请材料的真实性。同时应注意加强对研发中心的政策指导和服务，提高工作效率。

（三）省级商务主管部门应将《外资研发中心采购设备免、退税资格审核表》有关信息及时录入外商投资综合管理信息系统。

附表：外资研发中心采购设备免、退税资格审核表（编者略）

52-3 《财政部 海关总署 国家税务总局关于公布进口科学研究、科技开发和教学用品免税清单的通知》

2016年12月27日 财关税〔2016〕72号

各省、自治区、直辖市、计划单列市财政厅（局）、国家税务局，海关总署广东分署、各直属海关，新疆生产建设兵团财务局：

为深入贯彻落实党中央、国务院关于创新驱动发展战略有关精神，发挥科技创新在全面创新中的引领作用，经国务院批准，财政部 海关总署 国家税务总局联合印发了《关于"十三五"期间支持科技创新进口税收政策的通知》（财关税〔2016〕70号）。现将进口科学研究、科技开发和教学用品免税清单（详见附件）予以公布，自2016年1月1日起实施。

附件：进口科学研究、科技开发和教学用品免税清单（编者略）

53. 民口科技重大专项项目进口免征增值税

享受主体

承担《国家中长期科学和技术发展规划纲要（2006—2020年）》中民口科技重大专项项目（课题）的企业和大专院校、科研院所等事业单位（以下简称项目承担单位）。

优惠内容

自2010年7月15日起，对项目承担单位使用中央财政拨款、地方财政资金、单位自筹资金以及其他渠道获得的资金进口项目（课题）所需国内不能生产的关键设备（含软件工具及技术）、零部件、原材料，免征进口关税和进口环节增值税。

享受条件

1）申请享受本规定进口税收政策的项目承担单位应当具备以下条件：
（1）独立的法人资格；
（2）经科技重大专项领导小组批准承担重大专项任务。

2）项目承担单位申请免税进口的设备、零部件、原材料应当符合以下要求：

（1）直接用于项目（课题）的科学研究、技术开发和应用，且进口数量在合理范围内；

（2）国内不能生产或者国产品性能不能满足要求的，且价值较高；

（3）申请免税进口设备的主要技术指标一般应优于当前实施的《国内投资项目不予免税的进口商品目录》所列设备。

3）民口科技重大专项，包括核心电子器件、高端通用芯片及基础软件产品，极大规模集成电路制造装备及成套工艺，新一代宽带无线移动通信网，高档数控机床与基础制造装备，大型油气田及煤层气开发，大型先进压水堆及高温气冷堆核电站，水体污染控制与治理，转基因生物新品种培育，重大新药创制，艾滋病和病毒性肝炎等重大传染病防治。

政策依据

《财政部 科技部 国家发展改革委 海关总署 国家税务总局关于科技重大专项进口税收政策的通知》（财关税〔2010〕28号）

延伸阅读

53-1 《财政部 科技部 国家发展改革委 海关总署 国家税务总局关于科技重大专项进口税收政策的通知》

2010年7月24日 财关税〔2010〕28号

各省、自治区、直辖市、计划单列市财政厅（局）、科技厅（委、局）、发展改革委、国家税务局，新疆生产建设兵团财务局、科技局、发展改革委，海关总署广东分署、各直属海关：

为贯彻落实国务院关于实施《国家中长期科学和技术发展规划纲要（2006—2020年）》若干配套政策中有关科技重大专项进口税收政策的要求，扶持国家重大战略产品、关键共性技术和重大工程的研究开发，营造激励自主创新的环境，特制定《科技重大专项进口税收政策暂行规定》（见附件，以下简称《暂行规定》），现将有关事项通知如下：

一、自2010年7月15日起，对承担《国家中长期科学和技术发展规划纲要（2006—2020年）》中民口科技重大专项项目（课题）的企业和大专院校、科研院所等事业单位（以下简称项目承担单位）使用中央财政拨款、地方财政资金、单位自筹资金以及其他渠道获得的资金进口项目（课题）所需国内不能生产的关键设备（含软件工具及技术）、零部件、原材料，免征进口关税和进口环节增值税。

二、项目承担单位在 2010 年 7 月 15 日至 2011 年 12 月 31 日期间进口物资申请享受免税政策的，应在 2010 年 9 月 1 日前向科技重大专项项目牵头组织单位提交申请文件，具体申请程序和要求见《暂行规定》，逾期不予受理。符合条件的项目承担单位自 2010 年 7 月 15 日起享受进口免税政策，可凭牵头组织单位出具的已受理申请的证明文件，向海关申请凭税款担保办理有关进口物资先予放行手续。

三、科技重大专项牵头组织单位应按《暂行规定》有关要求，受理和审核项目承担单位的申请文件，并在 2010 年 10 月 1 日前向财政部报送科技重大专项免税进口物资需求清单。财政部会同科技部、发展改革委、海关总署、国家税务总局等有关部门按照《暂行规定》有关要求，及时研究制定各科技重大专项免税进口物资清单。

四、项目承担单位应当在进口物资前按照有关规定，持有关材料向其所在地海关申请办理免税审批手续。

附件：科技重大专项进口税收政策暂行规定

附件

科技重大专项进口税收政策暂行规定

第一条 为贯彻落实国务院关于实施《国家中长期科学和技术发展规划纲要（2006—2020 年）》若干配套政策中有关科技重大专项进口税收政策的要求，扶持国家重大战略产品、关键共性技术和重大工程的研究开发，营造激励自主创新的环境，特制定本规定。

第二条 承担科技重大专项项目（课题）的企业和大专院校、科研院所等事业单位（以下简称项目承担单位）使用中央财政拨款、地方财政资金、单位自筹资金以及其他渠道获得的资金进口项目（课题）所需国内不能生产的关键设备（含软件工具及技术）、零部件、原材料，免征进口关税和进口环节增值税。

第三条 本规定第二条所述科技重大专项是指列入《国家中长期科学和技术发展规划纲要（2006—2020 年）》的民口科技重大专项，包括核心电子器件、高端通用芯片及基础软件产品，极大规模集成电路制造装备及成套工艺，新一代宽带无线移动通信网，高档数控机床与基础制造装备，大型油气田及煤层气开发，大型先进压水堆及高温气冷堆核电站，水体污染控制与治理，转基因生物新品种培育，重大新药创制，艾滋病和病毒性肝炎等重大传染病防治。

第四条 申请享受本规定进口税收政策的项目承担单位应当具备以下条件：

1. 独立的法人资格；
2. 经科技重大专项领导小组批准承担重大专项任务。

第五条 项目承担单位申请免税进口的设备、零部件、原材料应当符合以下要求：

1. 直接用于项目（课题）的科学研究、技术开发和应用，且进口数量在合理范围内；
2. 国内不能生产或者国产品性能不能满足要求的，且价值较高；
3. 申请免税进口设备的主要技术指标一般应优于当前实施的《国内投资项目不予免税的进口商品目录》所列设备。

第六条 为了提高财政资金和进口税收政策的使用效益，对于使用中央财政和地方财政安排的重大专项资金购置的仪器设备，在申报设备预算时，应当主动说明是否申请进口免税和涉及的进口税款。

第七条 各科技重大专项牵头组织单位（以下简称牵头组织单位）是落实进口税收政策的责任主体，负责受理和审核项目承担单位的申请文件、报送科技重大专项免税进口物资需求清单、出具《科技重大专项项目（课题）进口物资确认函》（格式见附件1，以下简称《进口物资确认函》）、报送政策落实情况报告等事宜。

有两个及以上牵头组织单位的科技重大专项，由第一牵头组织单位会同其他牵头组织单位共同组织落实上述事宜。科技重大专项牵头组织单位为企业的，由该专项领导小组组长单位负责审核项目承担单位的申请文件、报送科技重大专项免税进口物资需求清单、出具《进口物资确认函》。

第八条 财政部会同科技部、国家发展改革委、海关总署、国家税务总局等有关部门根据科技重大专项进口物资需求，结合国内外生产情况和供需状况，研究制定各科技重大专项免税进口物资清单，组织落实政策年度执行方案，定期评估政策的执行效果，并适时调整和完善政策。

第九条 项目承担单位是享受本进口税收政策和履行相应义务的责任主体。项目承担单位应在每年7月15日前向牵头组织单位提交下一年度进口免税申请文件（要求见附件2），项目承担单位在领取《进口物资确认函》之前，可凭牵头组织单位出具的已受理申请的证明文件，向海关申请凭税款担保办理有关进口物资先予放行手续。上年度已享受免税政策的项目承担单位尚未领取当年度《进口物资确认函》之前，可直接向海关申请凭税款担保办理有关进口物资先予放行手续。

第十条 项目承担单位应当在进口物资前，按照《中华人民共和国海关进出口货物减免税管理办法》（海关总署令第179号）的有关规定，持《进口物资确认函》等有关材料向其所在地海关申请办理免税审批手续。

对项目承担单位在《进口物资确认函》确定的免税额度内进口物资的免税申请，海关按照科技重大专项免税进口物资清单进行审核，并确定相关物资是否符合免税条件。

第十一条 为及时对政策进行绩效评价，享受本规定进口税收政策的单位，应在每年2月1日前将上一年度的政策执行情况如实上报牵头组织单位。牵头组织单位应在每年3月1日前向财政部报送科技重大专项进口税收政策落实情况报告，说明上一年度实际免税进口物资总体情况，同时抄送科技部、国家发展改革委、海关总署、国家税务总局。

牵头组织单位连续两年未按规定提交报告的，该科技重大专项停止享受本规定进口税收优惠政策1年。项目承担单位未按规定提交报告的，停止该单位享受本规定进口税收优惠政策1年。

第十二条 牵头组织单位应当按照本规定要求，切实做好科技重大专项进口税收政策执行的管理工作，保证政策执行的规范性、安全性和有效性。

项目承担单位应当严格按照本规定有关要求，如实申报材料、办理相关进口物资的免税申请和进口手续。项目承担单位违反规定，将免税进口物资擅自转让、销售、移作他用或者进行其他处置，除按照有关法律、法规及规定处理外，对于被依法追究刑事责任的，从违法行为发现之日起停止享受本规定进口税收优惠政策；尚不够追究刑事责任的，从违法行为发现之日起停止享受本规定进口税收优惠政策2年。

第十三条 经海关核准，有关项目承担单位免税进口的设备可用于其他单位的科学研究、教学活动和技术开发，但未经海关许可，免税进口的设备不得移出原项目承担单位。科技重大专项项目（课题）完成后，对于仍处于海关监管年限内的免税进口设备和剩余的少量原材料、零部件，项目承担单位可及时向所在地海关申请办理提前解除监管的手续，并免予补缴税款。

第十四条 本规定自2010年7月15日起施行。

附件：1. 科技重大专项项目（课题）进口物资确认函（编者略）
　　　2. 项目（课题）承担单位免税申请文件有关要求（编者略）

（四）科技成果转化税收优惠

54. 技术转让、技术开发和与之相关的技术咨询、技术服务免征增值税

享受主体

提供技术转让、技术开发和与之相关的技术咨询、技术服务的纳税人。

优惠内容

纳税人提供技术转让、技术开发和与之相关的技术咨询、技术服务免征增值税。

享受条件

1）技术转让、技术开发，是指《销售服务、无形资产、不动产注释》中"转让技术""研发服务"范围内的业务活动。技术咨询，是指就特定技术项目提供可行性论证、技术预测、专题技术调查、分析评价报告等业务活动。

2）与技术转让、技术开发相关的技术咨询、技术服务，是指转让方（或者受托方）根据技术转让或者开发合同的规定，为帮助受让方（或者委托方）掌握所转让（或者委托开发）的技术，而提供的技术咨询、技术服务业务，且这部分技术咨询、技术服务的价款与技术转让或者技术开发的价款应当在同一张发票上开具。

3）纳税人申请免征增值税时，须持技术转让、技术开发的书面合同，到纳税人所在地省级科技主管部门进行认定，并持有关的书面合同和科技主管部门审核意见证明文件报主管税务机关备查。

政策依据

《财政部 国家税务总局关于全面推开营业税改征增值税试点的通知》（财税〔2016〕36号）附件3《营业税改征增值税试点过渡政策的规定》第一条第（二十六）项

延伸阅读

54-1 《财政部 国家税务总局关于全面推开营业税改征增值税试点的通知》附件3《营业税改征增值税试点过渡政策的规定》第一条第（二十六）项

2016年3月23日 财税〔2016〕36号

一、下列项目免征增值税

……

（二十六）纳税人提供技术转让、技术开发和与之相关的技术咨询、技术服务。

1. 技术转让、技术开发，是指《销售服务、无形资产、不动产注释》中"转让技术""研发服务"范围内的业务活动。技术咨询，是指就特定技术项目提供可行性论证、技术预测、专题技术调查、分析评价报告等业务活动。

与技术转让、技术开发相关的技术咨询、技术服务，是指转让方（或者受托方）根据技术转让或者开发合同的规定，为帮助受让方（或者委托方）掌握所转让（或者委托开发）的技术，而提供的技术咨询、技术服务业务，且这部分技术咨询、技术服务的价款与技术转让或者技术开发的价款应当在同一张发票上开具。

2. 备案程序。试点纳税人申请免征增值税时，须持技术转让、开发的书面合同，到纳税人所在地省级科技主管部门进行认定，并持有关的书面合同和科技主管部门审核意见证明文件报主管税务机关备查。

55. 技术转让所得减免企业所得税

享受主体

技术转让的居民企业。

优惠内容

一个纳税年度内，居民企业技术转让所得不超过500万元的部分，免征企业所得税；超过500万元的部分，减半征收企业所得税。

享受条件

1）享受优惠的技术转让主体是企业所得税法规定的居民企业。

2）技术转让的范围，包括专利（含国防专利）、计算机软件著作权、集成电路布图设计专有权、植物新品种权、生物医药新品种，以及财政部和国家税务总局确定的其他技术。其中，专利是指法律授予独占权的发明、实用新型以及非简单改变产品图案和形状的外观设计。

3）技术转让，是指居民企业转让其拥有上述范围内技术的所有权，5年以上（含5年）全球独占许可使用权。

自2015年10月1日起，全国范围内的居民企业转让5年以上非独占许可使用权取得的技术转让所得，纳入享受企业所得税优惠的技术转让所得范围。

企业转让符合条件的5年以上非独占许可使用权的技术，限于其拥有所有权的技术。技术所有权的权属由国务院行政主管部门确定。其中，专利由国家知识产权局确定权属；国防专利由总装备部确定权属；计算机软件著作权由国家版权局确定权属；集成电路布图设计专有权由国家知识产权局确定权属；植物新品种权由农业部确定权属；生物医药新品种由国家食品药品监督管理总局确定权属。

4）技术转让应签订技术转让合同。其中，境内的技术转让须经省级以上（含省级）科技部门认定登记，跨境的技术转让须经省级以上（含省级）商务部门认定登记，涉及财政经费支持产生技术的转让，需省级以上（含省级）科技部门审批。

政策依据

1）《中华人民共和国企业所得税法》第二十七条第（四）项

2）《中华人民共和国企业所得税法实施条例》第九十条

3）《财政部 国家税务总局关于居民企业技术转让有关企业所得税政策问题的通知》（财税〔2010〕111号）

4）《财政部 国家税务总局关于将国家自主创新示范区有关税收试点政策推广到全国范围实施的通知》（财税〔2015〕116号）第二条

5）《国家税务总局关于技术转让所得减免企业所得税有关问题的公告》（国家税务总局公告2013年第62号）

6）《国家税务总局关于许可使用权技术转让所得企业所得税有关问题的公告》（国家税务总局公告2015年第82号）

二、企业成长期税收优惠

> 延伸阅读

55－1 《中华人民共和国企业所得税法》第二十七条第（四）项
　　　2018年12月29日　中华人民共和国主席令第二十三号

第二十七条　企业的下列所得，可以免征、减征企业所得税：
……
（四）符合条件的技术转让所得；

55－2 《中华人民共和国企业所得税法实施条例》第九十条
　　　2019年4月23日　中华人民共和国国务院令第714号

第九十条　企业所得税法第二十七条第（四）项所称符合条件的技术转让所得免征、减征企业所得税，是指一个纳税年度内，居民企业技术转让所得不超过500万元的部分，免征企业所得税；超过500万元的部分，减半征收企业所得税。

55－3 《财政部　国家税务总局关于居民企业技术转让有关企业所得税政策问题的通知》
　　　2010年12月31日　财税〔2010〕111号

各省、自治区、直辖市、计划单列市财政厅（局）、国家税务局、地方税务局，新疆生产建设兵团财务局：

根据《中华人民共和国企业所得税法》（以下简称企业所得税法）及《中华人民共和国企业所得税法实施条例》（国务院令第512号，以下简称实施条例）的有关规定，现就符合条件的技术转让所得减免企业所得税有关问题通知如下：

一、技术转让的范围，包括居民企业转让专利技术、计算机软件著作权、集成电路布图设计权、植物新品种、生物医药新品种，以及财政部和国家税务总局确定的其他技术。

其中：专利技术，是指法律授予独占权的发明、实用新型和非简单改变产品图案的外观设计。

二、本通知所称技术转让，是指居民企业转让其拥有符合本通知第一条规定技术的所有权或 5 年以上（含 5 年）全球独占许可使用权的行为。

三、技术转让应签订技术转让合同。其中，境内的技术转让须经省级以上（含省级）科技部门认定登记，跨境的技术转让须经省级以上（含省级）商务部门认定登记，涉及财政经费支持产生技术的转让，需省级以上（含省级）科技部门审批。

居民企业技术出口应由有关部门按照商务部、科技部发布的《中国禁止出口限制出口技术目录》（商务部、科技部令 2008 年第 12 号）进行审查。居民企业取得禁止出口和限制出口技术转让所得，不享受技术转让减免企业所得税优惠政策。

四、居民企业从直接或间接持有股权之和达到 100% 的关联方取得的技术转让所得，不享受技术转让减免企业所得税优惠政策。

五、本通知自 2008 年 1 月 1 日起执行。

55-4 《财政部　国家税务总局关于将国家自主创新示范区有关税收试点政策推广到全国范围实施的通知》第二条

2015 年 10 月 23 日　财税〔2015〕116 号

二、关于技术转让所得企业所得税政策

1. 自 2015 年 10 月 1 日起，全国范围内的居民企业转让 5 年以上非独占许可使用权取得的技术转让所得，纳入享受企业所得税优惠的技术转让所得范围。居民企业的年度技术转让所得不超过 500 万元的部分，免征企业所得税；超过 500 万元的部分，减半征收企业所得税。

2. 本通知所称技术，包括专利（含国防专利）、计算机软件著作权、集成电路布图设计专有权、植物新品种权、生物医药新品种，以及财政部和国家税务总局确定的其他技术。其中，专利是指法律授予独占权的发明、实用新型以及非简单改变产品图案和形状的外观设计。

55-5 《国家税务总局关于技术转让所得减免企业所得税有关问题的公告》

2013 年 10 月 21 日　国家税务总局公告 2013 年第 62 号

为加强技术转让所得减免企业所得税的征收管理，现将《国家税务总局关于技术转让所得减免企业所得税有关问题的通知》（国税函〔2009〕212

号）中技术转让收入计算的有关问题，公告如下：

一、可以计入技术转让收入的技术咨询、技术服务、技术培训收入，是指转让方为使受让方掌握所转让的技术投入使用、实现产业化而提供的必要的技术咨询、技术服务、技术培训所产生的收入，并应同时符合以下条件：

（一）在技术转让合同中约定的与该技术转让相关的技术咨询、技术服务、技术培训；

（二）技术咨询、技术服务、技术培训收入与该技术转让项目收入一并收取价款。

二、本公告自 2013 年 11 月 1 日起施行。此前已进行企业所得税处理的相关业务，不作纳税调整。

55－6 《国家税务总局关于许可使用权技术转让所得企业所得税有关问题的公告》

2015 年 11 月 16 日　国家税务总局公告 2015 年第 82 号

根据《中华人民共和国企业所得税法》及其实施条例、《财政部　国家税务总局关于将国家自主创新示范区有关税收试点政策推广到全国范围实施的通知》（财税〔2015〕116 号）规定，现就许可使用权技术转让所得企业所得税有关问题公告如下：

一、自 2015 年 10 月 1 日起，全国范围内的居民企业转让 5 年（含，下同）以上非独占许可使用权取得的技术转让所得，纳入享受企业所得税优惠的技术转让所得范围。居民企业的年度技术转让所得不超过 500 万元的部分，免征企业所得税；超过 500 万元的部分，减半征收企业所得税。

所称技术包括专利（含国防专利）、计算机软件著作权、集成电路布图设计专有权、植物新品种权、生物医药新品种，以及财政部和国家税务总局确定的其他技术。其中，专利是指法律授予独占权的发明、实用新型以及非简单改变产品图案和形状的外观设计。

二、企业转让符合条件的 5 年以上非独占许可使用权的技术，限于其拥有所有权的技术。技术所有权的权属由国务院行政主管部门确定。其中，专利由国家知识产权局确定权属；国防专利由总装备部确定权属；计算机软件著作权由国家版权局确定权属；集成电路布图设计专有权由国家知识产权局确定权属；植物新品种权由农业部确定权属；生物医药新品种由国家食品药品监督管理总局确定权属。

三、符合条件的 5 年以上非独占许可使用权技术转让所得应按以下方法计算：

技术转让所得＝技术转让收入－无形资产摊销费用－相关税费－应分摊期间费用

技术转让收入是指转让方履行技术转让合同后获得的价款，不包括销售或转让设备、仪器、零部件、原材料等非技术性收入。不属于与技术转让项目密不可分的技术咨询、服务、培训等收入，不得计入技术转让收入。技术许可使用权转让收入，应按转让协议约定的许可使用权人应付许可使用权使用费的日期确认收入的实现。

无形资产摊销费用是指该无形资产按税法规定当年计算摊销的费用。涉及自用和对外许可使用的，应按照受益原则合理划分。

相关税费是指技术转让过程中实际发生的有关税费，包括除企业所得税和允许抵扣的增值税以外的各项税金及其附加、合同签订费用、律师费等相关费用。

应分摊期间费用（不含无形资产摊销费用和相关税费）是指技术转让按照当年销售收入占比分摊的期间费用。

四、企业享受技术转让所得企业所得税优惠的其他相关问题，仍按照《国家税务总局关于技术转让所得减免企业所得税有关问题的通知》（国税函〔2009〕212 号）、《财政部 国家税务总局关于居民企业技术转让有关企业所得税政策问题的通知》（财税〔2010〕111 号）、《国家税务总局关于技术转让所得减免企业所得税有关问题的公告》（国家税务总局公告 2013 年第 62 号）规定执行。

五、本公告自 2015 年 10 月 1 日起施行。本公告实施之日起，企业转让 5 年以上非独占许可使用权确认的技术转让收入，按本公告执行。

特此公告。

（五）科研机构创新人才税收优惠

56. 科研机构、高等学校股权奖励延期缴纳个人所得税

享受主体

获得科研机构、高等学校转化职务科技成果以股份或出资比例等股权形式

给予奖励的个人。

💰 优惠内容

自1999年7月1日起,科研机构、高等学校转化职务科技成果以股份或出资比例等股权形式给予个人奖励,获奖人在取得股份、出资比例时,暂不缴纳个人所得税;取得按股份、出资比例分红或转让股权、出资比例所得时,应依法缴纳个人所得税。

🔍 享受条件

个人获得科研机构、高等学校转化职务科技成果以股份或出资比例等股权形式给予的奖励。享受上述优惠政策的科技人员必须是科研机构和高等学校的在编正式职工。

⚖ 政策依据

1)《财政部 国家税务总局关于促进科技成果转化有关税收政策的通知》(财税字〔1999〕45号)第三条

2)《国家税务总局关于促进科技成果转化有关个人所得税问题的通知》(国税发〔1999〕125号)

📖 延伸阅读

56-1 《财政部 国家税务总局关于促进科技成果转化有关税收政策的通知》第三条

1999年5月27日 财税字〔1999〕45号

三、自1999年7月1日起,科研机构、高等学校转化职务科技成果以股份或出资比例等股权形式给予个人奖励,获奖人在取得股份、出资比例时,暂不缴纳个人所得税;取得按股份、出资比例分红或转让股权、出资比例所得时,应依法缴纳个人所得税。有关此项的具体操作规定,由国家税务总局另行制定。

56－2 《国家税务总局关于促进科技成果转化有关个人所得税问题的通知》[①]

1999年7月1日　国税发〔1999〕125号

为便于《财政部　国家税务总局关于促进科技成果转化有关税收政策的通知》（财税字〔1999〕45号）的贯彻执行，现将有关个人所得税的问题明确如下：

一、科研机构、高等学校转化职务科技成果以股份或出资比例等股权形式给予科技人员个人奖励，经主管税务机关审核后，暂不征收个人所得税。

为了便于主管税务机关审核，奖励单位或获奖人应向主管税务机关提供有关部门根据国家科委和国家工商行政管理局联合制定的《关于以高新技术成果出资入股若干问题的规定》（国科发政字〔1997〕326号）和科学技术部和国家工商行政管理局联合制定的《〈关于以高新技术成果出资入股若干问题的规定〉实施办法》（国科发政字〔1998〕171号）出具的《出资入股高新技术成果认定书》、工商行政管理部门办理的企业登记手续及经工商行政管理机关登记注册的评估机构的技术成果价值评估报告和确认书。不提供上述资料的，不得享受暂不征收个人所得税优惠政策。

……

上述高等学校是指全日制普通高等学校（包括大学、专门学院和高等专科学校）。

二、在获奖人按股份、出资比例获得分红时，对其所得按"利息、股息、红利所得"应税项目征收个人所得税。

三、获奖人转让股权、出资比例，对其所得按"财产转让所得"应税项目征收个人所得税，财产原值为零。

四、享受上述优惠政策的科技人员必须是科研机构和高等学校的在编正式职工。

附件（编者略）

[①] 条款废止。第一条规定，科研机构、高等学校转化职务科技成果以股份或出资比例等股权形式给予个人奖励，经主管税务机关审核后，暂不征收个人所得税。此项审核权自2007年8月1日起停止执行。参见：《国家税务总局关于取消促进科技成果转化暂不征收个人所得税审核权有关问题的通知》，国税函〔2007〕833号。

57. 高新技术企业技术人员股权奖励分期缴纳个人所得税

享受主体

高新技术企业的技术人员。

优惠内容

高新技术企业转化科技成果，给予本企业相关技术人员的股权奖励，个人一次缴纳税款有困难的，可根据实际情况自行制定分期缴税计划，在不超过5个公历年度内（含）分期缴纳，并将有关资料报主管税务机关备案。

享受条件

1）实施股权激励的企业是查账征收和经省级高新技术企业认定管理机构认定的高新技术企业；

2）必须是转化科技成果实施的股权奖励；

3）相关技术人员，是指经公司董事会和股东大会决议批准获得股权奖励的以下两类人员：

（1）对企业科技成果研发和产业化作出突出贡献的技术人员，包括企业内关键职务科技成果的主要完成人、重大开发项目的负责人、对主导产品或者核心技术、工艺流程作出重大创新或者改进的主要技术人员。

（2）对企业发展作出突出贡献的经营管理人员，包括主持企业全面生产经营工作的高级管理人员，负责企业主要产品（服务）生产经营合计占主营业务收入（或者主营业务利润）50%以上的中、高级经营管理人员。

政策依据

1）《财政部　国家税务总局关于将国家自主创新示范区有关税收试点政策推广到全国范围实施的通知》（财税〔2015〕116号）第四条

2）《国家税务总局关于股权奖励和转增股本个人所得税征管问题的公告》（国家税务总局公告2015年第80号）第一条

延伸阅读

57-1　《财政部　国家税务总局关于将国家自主创新示范区有关税收试点政策推广到全国范围实施的通知》第四条

2015年10月23日　财税〔2015〕116号

四、关于股权奖励个人所得税政策

1. 自2016年1月1日起，全国范围内的高新技术企业转化科技成果，给予本企业相关技术人员的股权奖励，个人一次缴纳税款有困难的，可根据实际情况自行制定分期缴税计划，在不超过5个公历年度内（含）分期缴纳，并将有关资料报主管税务机关备案。

2. 个人获得股权奖励时，按照"工资薪金所得"项目，参照《财政部　国家税务总局关于个人股票期权所得征收个人所得税问题的通知》（财税〔2005〕35号）有关规定计算确定应纳税额。股权奖励的计税价格参照获得股权时的公平市场价格确定。

3. 技术人员转让奖励的股权（含奖励股权孳生的送、转股）并取得现金收入的，该现金收入应优先用于缴纳尚未缴清的税款。

4. 技术人员在转让奖励的股权之前企业依法宣告破产，技术人员进行相关权益处置后没有取得收益或资产，或取得的收益和资产不足以缴纳其取得股权尚未缴纳的应纳税款的部分，税务机关可不予追征。

5. 本通知所称相关技术人员，是指经公司董事会和股东大会决议批准获得股权奖励的以下两类人员：

（1）对企业科技成果研发和产业化作出突出贡献的技术人员，包括企业内关键职务科技成果的主要完成人、重大开发项目的负责人、对主导产品或者核心技术、工艺流程作出重大创新或者改进的主要技术人员。

（2）对企业发展作出突出贡献的经营管理人员，包括主持企业全面生产经营工作的高级管理人员、负责企业主要产品（服务）生产经营合计占主营业务收入（或者主营业务利润）50%以上的中、高级经营管理人员。

企业面向全体员工实施的股权奖励，不得按本通知规定的税收政策执行。

6. 本通知所称股权奖励，是指企业无偿授予相关技术人员一定份额的股权或一定数量的股份。

7. 本通知所称高新技术企业，是指实行查账征收、经省级高新技术企业认定管理机构认定的高新技术企业。

57-2 《国家税务总局关于股权奖励和转增股本个人所得税征管问题的公告》第一条

2015年11月16日　国家税务总局公告2015年第80号

一、关于股权奖励

（一）股权奖励的计税价格参照获得股权时的公平市场价格确定，具体按以下方法确定：

1. 上市公司股票的公平市场价格，按照取得股票当日的收盘价确定。取得股票当日为非交易时间的，按照上一个交易日收盘价确定。

2. 非上市公司股权的公平市场价格，依次按照净资产法、类比法和其他合理方法确定。

（二）计算股权奖励应纳税额时，规定月份数按员工在企业的实际工作月份数确定。员工在企业工作月份数超过12个月的，按12个月计算。

58. 中小高新技术企业向个人股东转增股本分期缴纳个人所得税

享受主体

中小高新技术企业的个人股东。

优惠内容

中小高新技术企业以未分配利润、盈余公积、资本公积向个人股东转增股本时，个人股东一次缴纳个人所得税确有困难的，可根据实际情况自行制定分期缴税计划，在不超过5个公历年度内（含）分期缴纳，并将有关资料报主管税务机关备案。

享受条件

中小高新技术企业是在中国境内注册的实行查账征收的、经认定取得高新技术企业资格，且年销售额和资产总额均不超过2亿元、从业人数不超过500人的企业。

政策依据

1)《财政部　国家税务总局关于将国家自主创新示范区有关税收试点政

策推广到全国范围实施的通知》(财税〔2015〕116号)第三条

2)《国家税务总局关于股权奖励和转增股本个人所得税征管问题的公告》(国家税务总局公告2015年第80号)第二条

📖 延伸阅读

58-1 《财政部 国家税务总局关于将国家自主创新示范区有关税收试点政策推广到全国范围实施的通知》第三条

2015年10月23日 财税〔2015〕116号

三、关于企业转增股本个人所得税政策

1. 自2016年1月1日起,全国范围内的中小高新技术企业以未分配利润、盈余公积、资本公积向个人股东转增股本时,个人股东一次缴纳个人所得税确有困难的,可根据实际情况自行制定分期缴税计划,在不超过5个公历年度内(含)分期缴纳,并将有关资料报主管税务机关备案。

2. 个人股东获得转增的股本,应按照"利息、股息、红利所得"项目,适用20%税率征收个人所得税。

3. 股东转让股权并取得现金收入的,该现金收入应优先用于缴纳尚未缴清的税款。

4. 在股东转让该部分股权之前,企业依法宣告破产,股东进行相关权益处置后没有取得收益或收益小于初始投资额的,主管税务机关对其尚未缴纳的个人所得税可不予追征。

5. 本通知所称中小高新技术企业,是指注册在中国境内实行查账征收的、经认定取得高新技术企业资格,且年销售额和资产总额均不超过2亿元、从业人数不超过500人的企业。

6. 上市中小高新技术企业或在全国中小企业股份转让系统挂牌的中小高新技术企业向个人股东转增股本,股东应纳的个人所得税,继续按照现行有关股息红利差别化个人所得税政策执行,不适用本通知规定的分期纳税政策。

58-2 《国家税务总局关于股权奖励和转增股本个人所得税征管问题的公告》第二条

2015年11月16日　国家税务总局公告2015年第80号

二、关于转增股本

（一）非上市及未在全国中小企业股份转让系统挂牌的中小高新技术企业以未分配利润、盈余公积、资本公积向个人股东转增股本，并符合财税〔2015〕116号文件有关规定的，纳税人可分期缴纳个人所得税；非上市及未在全国中小企业股份转让系统挂牌的其他企业转增股本，应及时代扣代缴个人所得税。

（二）上市公司或在全国中小企业股份转让系统挂牌的企业转增股本（不含以股票发行溢价形成的资本公积转增股本），按现行有关股息红利差别化政策执行。

59. 获得非上市公司股票期权、股权期权、限制性股票和股权奖励递延缴纳个人所得税

享受主体

获得符合条件的非上市公司的股票期权、股权期权、限制性股票和股权奖励的员工。

优惠内容

符合规定条件的，向主管税务机关备案，可实行递延纳税政策，即员工在取得股权激励时可暂不纳税，递延至转让该股权时纳税；股权转让时，按照股权转让收入减除股权取得成本以及合理税费后的差额，适用"财产转让所得"项目，按照20%的税率计算缴纳个人所得税。

享受条件

1）属于境内居民企业的股权激励计划；

2）股权激励计划经公司董事会、股东（大）会审议通过。未设股东（大）会的国有单位，经上级主管部门审核批准。股权激励计划应列明激励目的、对象、标的、有效期、各类价格的确定方法、激励对象获取权益的条件、

程序等；

3）激励标的应为境内居民企业的本公司股权。股权奖励的标的可以是技术成果投资入股到其他境内居民企业所取得的股权。激励标的股票（权）包括通过增发、大股东直接让渡以及法律法规允许的其他合理方式授予激励对象的股票（权）；

4）激励对象应为公司董事会或股东（大）会决定的技术骨干和高级管理人员，激励对象人数累计不得超过本公司最近 6 个月在职职工平均人数的 30%；

5）股票（权）期权自授予日起应持有满 3 年，且自行权日起持有满 1 年；限制性股票自授予日起应持有满 3 年，且解禁后持有满 1 年；股权奖励自获得奖励之日起应持有满 3 年。上述时间条件须在股权激励计划中列明；

6）股票（权）期权自授予日至行权日的时间不得超过 10 年；

7）实施股权奖励的公司及其奖励股权标的公司所属行业均不属于《股权奖励税收优惠政策限制性行业目录》范围（见附件）。公司所属行业按公司上一纳税年度主营业务收入占比最高的行业确定。

政策依据

1）《财政部 国家税务总局关于完善股权激励和技术入股有关所得税政策的通知》（财税〔2016〕101 号）第一条

2）《国家税务总局关于股权激励和技术入股所得税征管问题的公告》（国家税务总局公告 2016 年第 62 号）

延伸阅读

59-1 《财政部 国家税务总局关于完善股权激励和技术入股有关所得税政策的通知》第一条

2016 年 9 月 20 日　财税〔2016〕101 号

一、对符合条件的非上市公司股票期权、股权期权、限制性股票和股权奖励实行递延纳税政策

（一）非上市公司授予本公司员工的股票期权、股权期权、限制性股票和股权奖励，符合规定条件的，经向主管税务机关备案，可实行递延纳税政策，即员工在取得股权激励时可暂不纳税，递延至转让该股权时纳税；股权转让

时，按照股权转让收入减除股权取得成本以及合理税费后的差额，适用"财产转让所得"项目，按照20%的税率计算缴纳个人所得税。

股权转让时，股票（权）期权取得成本按行权价确定，限制性股票取得成本按实际出资额确定，股权奖励取得成本为零。

（二）享受递延纳税政策的非上市公司股权激励（包括股票期权、股权期权、限制性股票和股权奖励，下同）须同时满足以下条件：

1. 属于境内居民企业的股权激励计划。

2. 股权激励计划经公司董事会、股东（大）会审议通过。未设股东（大）会的国有单位，经上级主管部门审核批准。股权激励计划应列明激励目的、对象、标的、有效期、各类价格的确定方法、激励对象获取权益的条件、程序等。

3. 激励标的应为境内居民企业的本公司股权。股权奖励的标的可以是技术成果投资入股到其他境内居民企业所取得的股权。激励标的股票（权）包括通过增发、大股东直接让渡以及法律法规允许的其他合理方式授予激励对象的股票（权）。

4. 激励对象应为公司董事会或股东（大）会决定的技术骨干和高级管理人员，激励对象人数累计不得超过本公司最近6个月在职职工平均人数的30%。

5. 股票（权）期权自授予日起应持有满3年，且自行权日起持有满1年；限制性股票自授予日起应持有满3年，且解禁后持有满1年；股权奖励自获得奖励之日起应持有满3年。上述时间条件须在股权激励计划中列明。

6. 股票（权）期权自授予日至行权日的时间不得超过10年。

7. 实施股权奖励的公司及其奖励股权标的公司所属行业均不属于《股权奖励税收优惠政策限制性行业目录》范围（见附件）。公司所属行业按公司上一纳税年度主营业务收入占比最高的行业确定。

（三）本通知所称股票（权）期权是指公司给予激励对象在一定期限内以事先约定的价格购买本公司股票（权）的权利；所称限制性股票是指公司按照预先确定的条件授予激励对象一定数量的本公司股权，激励对象只有工作年限或业绩目标符合股权激励计划规定条件的才可以处置该股权；所称股权奖励是指企业无偿授予激励对象一定份额的股权或一定数量的股份。

（四）股权激励计划所列内容不同时满足第一条第（二）款规定的全部条件，或递延纳税期间公司情况发生变化，不再符合第一条第（二）款第4至6项条件的，不得享受递延纳税优惠，应按规定计算缴纳个人所得税。

59-2 《国家税务总局关于股权激励和技术入股所得税征管问题的公告》

2016年9月28日　国家税务总局公告2016年第62号

为贯彻落实《财政部　国家税务总局关于完善股权激励和技术入股有关所得税政策的通知》（财税〔2016〕101号，以下简称《通知》），现就股权激励和技术入股有关所得税征管问题公告如下：

一、关于个人所得税征管问题

（一）非上市公司实施符合条件的股权激励，本公司最近6个月在职职工平均人数，按照股票（权）期权行权、限制性股票解禁、股权奖励获得之上月起前6个月"工资薪金所得"项目全员全额扣缴明细申报的平均人数确定。

（二）递延纳税期间，非上市公司情况发生变化，不再同时符合《通知》第一条第（二）款第4至6项条件的，应于情况发生变化之次月15日内，按《通知》第四条第（一）款规定计算缴纳个人所得税。

（三）员工以在一个公历月份中取得的股票（权）形式工资薪金所得为一次。员工取得符合条件、实行递延纳税政策的股权激励，与不符合递延纳税条件的股权激励分别计算。

员工在一个纳税年度中多次取得不符合递延纳税条件的股票（权）形式工资薪金所得的，参照《国家税务总局关于个人股票期权所得缴纳个人所得税有关问题的补充通知》（国税函〔2006〕902号）第七条规定执行。

（四）《通知》所称公平市场价格按以下方法确定：

1. 上市公司股票的公平市场价格，按照取得股票当日的收盘价确定。取得股票当日为非交易日的，按照上一个交易日收盘价确定。

2. 非上市公司股票（权）的公平市场价格，依次按照净资产法、类比法和其他合理方法确定。净资产法按照取得股票（权）的上年末净资产确定。

（五）企业备案具体按以下规定执行：

1. 非上市公司实施符合条件的股权激励，个人选择递延纳税的，非上市公司应于股票（权）期权行权、限制性股票解禁、股权奖励获得之次月15日内，向主管税务机关报送《非上市公司股权激励个人所得税递延纳税备案表》（附件1）、股权激励计划、董事会或股东大会决议、激励对象任职或从事技术工作情况说明等。实施股权奖励的企业同时报送本企业及其奖励股权标的企业上一纳税年度主营业务收入构成情况说明。

2. 上市公司实施股权激励，个人选择在不超过12个月期限内缴税的，上市公司应自股票期权行权、限制性股票解禁、股权奖励获得之次月15日内，向主管税务机关报送《上市公司股权激励个人所得税延期纳税备案表》（附件2）。上市公司初次办理股权激励备案时，还应一并向主管税务机关报送股权激励计划、董事会或股东大会决议。

3. 个人以技术成果投资入股境内公司并选择递延纳税的，被投资公司应于取得技术成果并支付股权之次月15日内，向主管税务机关报送《技术成果投资入股个人所得税递延纳税备案表》（附件3）、技术成果相关证书或证明材料、技术成果投资入股协议、技术成果评估报告等资料。

（六）个人因非上市公司实施股权激励或以技术成果投资入股取得的股票（权），实行递延纳税期间，扣缴义务人应于每个纳税年度终了后30日内，向主管税务机关报送《个人所得税递延纳税情况年度报告表》（附件4）。

（七）递延纳税股票（权）转让、办理纳税申报时，扣缴义务人、个人应向主管税务机关一并报送能够证明股票（权）转让价格、递延纳税股票（权）原值、合理税费的有关资料，具体包括转让协议、评估报告和相关票据等。资料不全或无法充分证明有关情况，造成计税依据偏低，又无正当理由的，主管税务机关可依据税收征管法有关规定进行核定。

二、关于企业所得税征管问题

（一）选择适用《通知》中递延纳税政策的，应当为实行查账征收的居民企业以技术成果所有权投资。

（二）企业适用递延纳税政策的，应在投资完成后首次预缴申报时，将相关内容填入《技术成果投资入股企业所得税递延纳税备案表》（附件5）。

（三）企业接受技术成果投资入股，技术成果评估值明显不合理的，主管税务机关有权进行调整。

三、实施时间

本公告自2016年9月1日起实施。中关村国家自主创新示范区2016年1月1日至8月31日之间发生的尚未纳税的股权奖励事项，按《通知》有关政策执行的，可按本公告有关规定办理相关税收事宜。《国家税务总局关于3项个人所得税事项取消审批实施后续管理的公告》（国家税务总局公告2016年第5号）第二条第（一）项同时废止。

特此公告。

附件：1.《非上市公司股权激励个人所得税递延纳税备案表》及填报说明（编者略）

2.《上市公司股权激励个人所得税延期纳税备案表》及填报说明

3.《技术成果投资入股个人所得税递延纳税备案表》及填报说明（编者略）

4.《个人所得税递延纳税情况年度报告表》及填报说明（编者略）

5.《技术成果投资入股企业所得税递延纳税备案表》及填报说明（编者略）

60. 获得上市公司股票期权、限制性股票和股权奖励适当延长纳税期限

享受主体

获得上市公司授予股票期权、限制性股票和股权奖励的个人。

优惠内容

经向主管税务机关备案，个人可自股票期权行权、限制性股票解禁或取得股权奖励之日起，在不超过 12 个月的期限内缴纳个人所得税。

享受条件

获得上市公司授予股票期权、限制性股票和股权奖励。

政策依据

1)《财政部　国家税务总局关于完善股权激励和技术入股有关所得税政策的通知》（财税〔2016〕101 号）第二条

2)《国家税务总局关于股权激励和技术入股所得税征管问题的公告》（国家税务总局公告 2016 年第 62 号）（略，见文件 59－2）

延伸阅读

60-1 《财政部　国家税务总局关于完善股权激励和技术入股有关所得税政策的通知》第二条

2016年9月20日　财税〔2016〕101号

二、对上市公司股票期权、限制性股票和股权奖励适当延长纳税期限

（一）上市公司授予个人的股票期权、限制性股票和股权奖励，经向主管税务机关备案，个人可自股票期权行权、限制性股票解禁或取得股权奖励之日起，在不超过12个月的期限内缴纳个人所得税。《财政部　国家税务总局关于上市公司高管人员股票期权所得缴纳个人所得税有关问题的通知》（财税〔2009〕40号）自本通知施行之日起废止。

（二）上市公司股票期权、限制性股票应纳税款的计算，继续按照《财政部　国家税务总局关于个人股票期权所得征收个人所得税问题的通知》（财税〔2005〕35号）、《财政部　国家税务总局关于股票增值权所得和限制性股票所得征收个人所得税有关问题的通知》（财税〔2009〕5号）、《国家税务总局关于股权激励有关个人所得税问题的通知》（国税函〔2009〕461号）等相关规定执行。股权奖励应纳税款的计算比照上述规定执行。

61. 企业以及个人以技术成果投资入股递延缴纳所得税

享受主体

以技术成果投资入股的企业或个人。

优惠内容

企业或个人以技术成果投资入股到境内居民企业，被投资企业支付的对价全部为股票（权）的，投资入股当期可暂不纳税，允许递延至转让股权时，按股权转让收入减去技术成果原值和合理税费后的差额计算缴纳所得税。

享受条件

1）技术成果是指专利技术（含国防专利）、计算机软件著作权、集成电路布图设计专有权、植物新品种权、生物医药新品种，以及科技部、财政部、

国家税务总局确定的其他技术成果。

2）适用递延纳税政策的企业，为实行查账征收的居民企业且以技术成果所有权投资。

⚖ 政策依据

1）《财政部　国家税务总局关于完善股权激励和技术入股有关所得税政策的通知》（财税〔2016〕101号）第三条

2）《国家税务总局关于股权激励和技术入股所得税征管问题的公告》（国家税务总局公告2016年第62号）（略，见文件59-2）

📖 延伸阅读

61-1　《财政部　国家税务总局关于完善股权激励和技术入股有关所得税政策的通知》第三条

2016年9月20日　财税〔2016〕101号

三、对技术成果投资入股实施选择性税收优惠政策

（一）企业或个人以技术成果投资入股到境内居民企业，被投资企业支付的对价全部为股票（权）的，企业或个人可选择继续按现行有关税收政策执行，也可选择适用递延纳税优惠政策。

选择技术成果投资入股递延纳税政策的，经向主管税务机关备案，投资入股当期可暂不纳税，允许递延至转让股权时，按股权转让收入减去技术成果原值和合理税费后的差额计算缴纳所得税。

（二）企业或个人选择适用上述任一项政策，均允许被投资企业按技术成果投资入股时的评估值入账并在企业所得税前摊销扣除。

（三）技术成果是指专利技术（含国防专利）、计算机软件著作权、集成电路布图设计专有权、植物新品种权、生物医药新品种，以及科技部、财政部、国家税务总局确定的其他技术成果。

（四）技术成果投资入股，是指纳税人将技术成果所有权让渡给被投资企业、取得该企业股票（权）的行为。

62. 由国家级、省部级以及国际组织对科技人员颁发的科技奖金免征个人所得税

享受主体

科技人员。

优惠内容

省级人民政府、国务院部委和中国人民解放军军以上单位,以及外国组织、国际组织颁发的科学、技术方面的奖金,免征个人所得税。

享受条件

科技奖金由国家级、省部级、解放军军以上单位以及外国组织、国际组织颁发。

政策依据

《中华人民共和国个人所得税法》第四条第一项

延伸阅读

62-1 《中华人民共和国个人所得税法》第四条第一项

2018年8月31日 中华人民共和国主席令第九号

第四条 下列各项个人所得,免征个人所得税:

(一)省级人民政府、国务院部委和中国人民解放军军以上单位,以及外国组织、国际组织颁发的科学、教育、技术、文化、卫生、体育、环境保护等方面的奖金;

63. 职务科技成果转化现金奖励减免个人所得税

享受主体

科技人员。

优惠内容

依法批准设立的非营利性研究开发机构和高等学校根据《中华人民共和国促进科技成果转化法》规定，从职务科技成果转化收入中给予科技人员的现金奖励，可减按 50% 计入科技人员当月"工资、薪金所得"，依法缴纳个人所得税。

享受条件

1）非营利性研究开发机构和高等学校，是指同时满足以下条件的科研机构和高校：

（1）根据《民办非企业单位登记管理暂行条例》在民政部门登记，并取得《民办非企业单位登记证书》。

（2）对于民办非营利性科研机构，其《民办非企业单位登记证书》记载的业务范围应属于"科学研究与技术开发、成果转让、科技咨询与服务、科技成果评估"范围。对业务范围存在争议的，由税务机关转请县级（含）以上科技行政主管部门确认。

对于民办非营利性高校，应取得教育主管部门颁发的《民办学校办学许可证》，《民办学校办学许可证》记载学校类型为"高等学校"。

（3）经认定取得企业所得税非营利组织免税资格。

2）科技人员享受上述税收优惠政策，须同时符合以下条件：

（1）科技人员是指非营利性科研机构和高校中对完成或转化职务科技成果作出重要贡献的人员。非营利性科研机构和高校应按规定公示有关科技人员名单及相关信息（国防专利转化除外），具体公示办法由科技部会同财政部、税务总局制定。

（2）科技成果是指专利技术（含国防专利）、计算机软件著作权、集成电路布图设计专有权、植物新品种权、生物医药新品种，以及科技部、财政部、税务总局确定的其他技术成果。

（3）科技成果转化是指非营利性科研机构和高校向他人转让科技成果或者许可他人使用科技成果。现金奖励是指非营利性科研机构和高校在取得科技成果转化收入三年（36 个月）内奖励给科技人员的现金。

（4）非营利性科研机构和高校转化科技成果，应当签订技术合同，并根据《技术合同认定登记管理办法》，在技术合同登记机构进行审核登记，并取得技术合同认定登记证明。

非营利性科研机构和高校应健全科技成果转化的资金核算，不得将正常工资、奖金等收入列入科技人员职务科技成果转化现金奖励享受税收优惠。

政策依据

《财政部 税务总局 科技部关于科技人员取得职务科技成果转化现金奖励有关个人所得税政策的通知》（财税〔2018〕58号）

延伸阅读

63-1 《财政部 税务总局 科技部关于科技人员取得职务科技成果转化现金奖励有关个人所得税政策的通知》

2018年5月29日 财税〔2018〕58号

各省、自治区、直辖市、计划单列市财政厅（局）、地方税务局、科技厅（委、局），新疆生产建设兵团财政局、科技局：

为进一步支持国家大众创业、万众创新战略的实施，促进科技成果转化，现将科技人员取得职务科技成果转化现金奖励有关个人所得税政策通知如下：

一、依法批准设立的非营利性研究开发机构和高等学校（以下简称非营利性科研机构和高校）根据《中华人民共和国促进科技成果转化法》规定，从职务科技成果转化收入中给予科技人员的现金奖励，可减按50%计入科技人员当月"工资、薪金所得"，依法缴纳个人所得税。

二、非营利性科研机构和高校包括国家设立的科研机构和高校、民办非营利性科研机构和高校。

三、国家设立的科研机构和高校是指利用财政性资金设立的、取得《事业单位法人证书》的科研机构和公办高校，包括中央和地方所属科研机构和高校。

四、民办非营利性科研机构和高校，是指同时满足以下条件的科研机构和高校：

（一）根据《民办非企业单位登记管理暂行条例》在民政部门登记，并取得《民办非企业单位登记证书》。

（二）对于民办非营利性科研机构，其《民办非企业单位登记证书》记载的业务范围应属于"科学研究与技术开发、成果转让、科技咨询与服务、科技成果评估"范围。对业务范围存在争议的，由税务机关转请县级（含）以上科技行政主管部门确认。

对于民办非营利性高校，应取得教育主管部门颁发的《民办学校办学许可证》，《民办学校办学许可证》记载学校类型为"高等学校"。

（三）经认定取得企业所得税非营利组织免税资格。

五、科技人员享受本通知规定税收优惠政策，须同时符合以下条件：

（一）科技人员是指非营利性科研机构和高校中对完成或转化职务科技成果作出重要贡献的人员。非营利性科研机构和高校应按规定公示有关科技人员名单及相关信息（国防专利转化除外），具体公示办法由科技部会同财政部、税务总局制定。

（二）科技成果是指专利技术（含国防专利）、计算机软件著作权、集成电路布图设计专有权、植物新品种权、生物医药新品种，以及科技部、财政部、税务总局确定的其他技术成果。

（三）科技成果转化是指非营利性科研机构和高校向他人转让科技成果或者许可他人使用科技成果。现金奖励是指非营利性科研机构和高校在取得科技成果转化收入三年（36个月）内奖励给科技人员的现金。

（四）非营利性科研机构和高校转化科技成果，应当签订技术合同，并根据《技术合同认定登记管理办法》，在技术合同登记机构进行审核登记，并取得技术合同认定登记证明。

非营利性科研机构和高校应健全科技成果转化的资金核算，不得将正常工资、奖金等收入列入科技人员职务科技成果转化现金奖励享受税收优惠。

六、非营利性科研机构和高校向科技人员发放现金奖励时，应按个人所得税法规定代扣代缴个人所得税，并按规定向税务机关履行备案手续。

七、本通知自2018年7月1日起施行。本通知施行前非营利性科研机构和高校取得的科技成果转化收入，自施行后36个月内给科技人员发放现金奖励，符合本通知规定的其他条件的，适用本通知。

三、企业成熟期税收优惠政策

（一）高新技术企业税收优惠

64. 高新技术企业减按15%税率征收企业所得税

享受主体
国家重点扶持的高新技术企业。

优惠内容
国家重点扶持的高新技术企业减按15%税率征收企业所得税。

享受条件
1）高新技术企业是指在《国家重点支持的高新技术领域》内，持续进行研究开发与技术成果转化，形成企业核心自主知识产权，并以此为基础开展经营活动，在中国境内（不包括港、澳、台地区）注册的居民企业。
2）高新技术企业要经过各省（自治区、直辖市、计划单列市）科技行政管理部门同本级财政、税务部门组成的高新技术企业认定管理机构的认定。
3）企业申请认定时须注册成立一年以上。
4）企业通过自主研发、受让、受赠、并购等方式，获得对其主要产品（服务）在技术上发挥核心支持作用的知识产权的所有权。
5）企业主要产品（服务）发挥核心支持作用的技术属于《国家重点支持的高新技术领域》规定的范围。
6）企业从事研发和相关技术创新活动的科技人员占企业当年职工总数的比例不低于10%。
7）企业近三个会计年度（实际经营期不满三年的按实际经营时间计算）的研究开发费用总额占同期销售收入总额的比例符合相应要求。
8）近一年高新技术产品（服务）收入占企业同期总收入的比例不低于60%。
9）企业创新能力评价应达到相应要求。

10）企业申请认定前一年内未发生重大安全、重大质量事故或严重环境违法行为。

政策依据

1）《中华人民共和国企业所得税法》第二十八条第二款

2）《中华人民共和国企业所得税法实施条例》第九十三条

3）《财政部 国家税务总局关于高新技术企业境外所得适用税率及税收抵免问题的通知》（财税〔2011〕47号）

4）《科技部 财政部 国家税务总局关于修订印发〈高新技术企业认定管理办法〉的通知》（国科发火〔2016〕32号）

5）《科技部 财政部 国家税务总局关于修订印发〈高新技术企业认定管理工作指引〉的通知》（国科发火〔2016〕195号）

6）《国家税务总局关于实施高新技术企业所得税优惠政策有关问题的公告》（国家税务总局公告2017年第24号）

延伸阅读

64－1 《中华人民共和国企业所得税法》第二十八条第二款

2018年12月29日 中华人民共和国主席令第二十三号

国家需要重点扶持的高新技术企业，减按15%的税率征收企业所得税。

64－2 《中华人民共和国企业所得税法实施条例》第九十三条

2019年4月23日 中华人民共和国国务院令第714号

第九十三条 企业所得税法第二十八条第二款所称国家需要重点扶持的高新技术企业，是指拥有核心自主知识产权，并同时符合下列条件的企业：

（一）产品（服务）属于《国家重点支持的高新技术领域》规定的范围；

（二）研究开发费用占销售收入的比例不低于规定比例；

（三）高新技术产品（服务）收入占企业总收入的比例不低于规定比例；

（四）科技人员占企业职工总数的比例不低于规定比例；

（五）高新技术企业认定管理办法规定的其他条件。

《国家重点支持的高新技术领域》和高新技术企业认定管理办法由国务院

科技、财政、税务主管部门商国务院有关部门制定,报国务院批准后公布施行。

64-3 《财政部 国家税务总局关于高新技术企业境外所得适用税率及税收抵免问题的通知》

2011年5月31日 财税〔2011〕47号

各省、自治区、直辖市、计划单列市财政厅(局)、国家税务局、地方税务局,新疆生产建设兵团财务局:

根据《中华人民共和国企业所得税法》及其实施条例,以及《财政部、国家税务总局关于企业境外所得税收抵免有关问题的通知》(财税〔2009〕125号)的有关规定,现就高新技术企业境外所得适用税率及税收抵免有关问题补充明确如下:

一、以境内、境外全部生产经营活动有关的研究开发费用总额、总收入、销售收入总额、高新技术产品(服务)收入等指标申请并经认定的高新技术企业,其来源于境外的所得可以享受高新技术企业所得税优惠政策,即对其来源于境外所得可以按照15%的优惠税率缴纳企业所得税,在计算境外抵免限额时,可按照15%的优惠税率计算境内外应纳税总额。

二、上述高新技术企业境外所得税收抵免的其他事项,仍按照财税〔2009〕125号文件的有关规定执行。

三、本通知所称高新技术企业,是指依照《中华人民共和国企业所得税法》及其实施条例规定,经认定机构按照《高新技术企业认定管理办法》(国科发火〔2008〕172号)和《高新技术企业认定管理工作指引》(国科发火〔2008〕362号)认定取得高新技术企业证书并正在享受企业所得税15%税率优惠的企业。

四、本通知自2010年1月1日起执行。

64-4 《科技部 财政部 国家税务总局关于修订印发〈高新技术企业认定管理办法〉的通知》

2016年1月29日 国科发火〔2016〕32号

各省、自治区、直辖市及计划单列市科技厅(委、局)、财政厅(局)、国家税务局、地方税务局:

根据《中华人民共和国企业所得税法》及其实施条例有关规定，为加大对科技型企业特别是中小企业的政策扶持，有力推动大众创业、万众创新，培育创造新技术、新业态和提供新供给的生力军，促进经济升级发展，科技部、财政部、国家税务总局对《高新技术企业认定管理办法》进行了修订完善。经国务院批准，现将新修订的《高新技术企业认定管理办法》印发给你们，请遵照执行。

高新技术企业认定管理办法

第一章 总 则

第一条 为扶持和鼓励高新技术企业发展，根据《中华人民共和国企业所得税法》（以下称《企业所得税法》）、《中华人民共和国企业所得税法实施条例》（以下称《实施条例》）有关规定，特制定本办法。

第二条 本办法所称的高新技术企业是指：在《国家重点支持的高新技术领域》内，持续进行研究开发与技术成果转化，形成企业核心自主知识产权，并以此为基础开展经营活动，在中国境内（不包括港、澳、台地区）注册的居民企业。

第三条 高新技术企业认定管理工作应遵循突出企业主体、鼓励技术创新、实施动态管理、坚持公平公正的原则。

第四条 依据本办法认定的高新技术企业，可依照《企业所得税法》及其《实施条例》《中华人民共和国税收征收管理法》（以下称《税收征管法》）及《中华人民共和国税收征收管理法实施细则》（以下称《实施细则》）等有关规定，申报享受税收优惠政策。

第五条 科技部、财政部、税务总局负责全国高新技术企业认定工作的指导、管理和监督。

第二章 组织与实施

第六条 科技部、财政部、税务总局组成全国高新技术企业认定管理工作领导小组（以下称"领导小组"），其主要职责为：

（一）确定全国高新技术企业认定管理工作方向，审议高新技术企业认定管理工作报告；

（二）协调、解决认定管理及相关政策落实中的重大问题；

（三）裁决高新技术企业认定管理事项中的重大争议，监督、检查各地区认定管理工作，对发现的问题指导整改。

第七条 领导小组下设办公室，由科技部、财政部、税务总局相关人员组成，办公室设在科技部，其主要职责为：

（一）提交高新技术企业认定管理工作报告，研究提出政策完善建议；

（二）指导各地区高新技术企业认定管理工作，组织开展对高新技术企业认定管理工作的监督检查，对发现的问题提出整改处理建议；

（三）负责各地区高新技术企业认定工作的备案管理，公布认定的高新技术企业名单，核发高新技术企业证书编号；

（四）建设并管理"高新技术企业认定管理工作网"；

（五）完成领导小组交办的其他工作。

第八条 各省、自治区、直辖市、计划单列市科技行政管理部门同本级财政、税务部门组成本地区高新技术企业认定管理机构（以下称"认定机构"）。认定机构下设办公室，由省级、计划单列市科技、财政、税务部门相关人员组成，办公室设在省级、计划单列市科技行政主管部门。认定机构主要职责为：

（一）负责本行政区域内的高新技术企业认定工作，每年向领导小组办公室提交本地区高新技术企业认定管理工作报告；

（二）负责将认定后的高新技术企业按要求报领导小组办公室备案，对通过备案的企业颁发高新技术企业证书；

（三）负责遴选参与认定工作的评审专家（包括技术专家和财务专家），并加强监督管理；

（四）负责对已认定企业进行监督检查，受理、核实并处理复核申请及有关举报等事项，落实领导小组及其办公室提出的整改建议；

（五）完成领导小组办公室交办的其他工作。

第九条 通过认定的高新技术企业，其资格自颁发证书之日起有效期为三年。

第十条 企业获得高新技术企业资格后，自高新技术企业证书颁发之日所在年度起享受税收优惠，可依照本办法第四条的规定到主管税务机关办理税收优惠手续。

第三章　认定条件与程序

第十一条 认定为高新技术企业须同时满足以下条件：

（一）企业申请认定时须注册成立一年以上；

（二）企业通过自主研发、受让、受赠、并购等方式，获得对其主要产品

（服务）在技术上发挥核心支持作用的知识产权的所有权；

（三）对企业主要产品（服务）发挥核心支持作用的技术属于《国家重点支持的高新技术领域》规定的范围；

（四）企业从事研发和相关技术创新活动的科技人员占企业当年职工总数的比例不低于10%；

（五）企业近三个会计年度（实际经营期不满三年的按实际经营时间计算，下同）的研究开发费用总额占同期销售收入总额的比例符合如下要求：

1. 最近一年销售收入小于5000万元（含）的企业，比例不低于5%；

2. 最近一年销售收入在5000万元至2亿元（含）的企业，比例不低于4%；

3. 最近一年销售收入在2亿元以上的企业，比例不低于3%。

其中，企业在中国境内发生的研究开发费用总额占全部研究开发费用总额的比例不低于60%；

（六）近一年高新技术产品（服务）收入占企业同期总收入的比例不低于60%；

（七）企业创新能力评价应达到相应要求；

（八）企业申请认定前一年内未发生重大安全、重大质量事故或严重环境违法行为。

第十二条 高新技术企业认定程序如下：

（一）企业申请

企业对照本办法进行自我评价。认为符合认定条件的在"高新技术企业认定管理工作网"注册登记，向认定机构提出认定申请。申请时提交下列材料：

1. 高新技术企业认定申请书；

2. 证明企业依法成立的相关注册登记证件；

3. 知识产权相关材料、科研项目立项证明、科技成果转化、研究开发的组织管理等相关材料；

4. 企业高新技术产品（服务）的关键技术和技术指标、生产批文、认证认可和相关资质证书、产品质量检验报告等相关材料；

5. 企业职工和科技人员情况说明材料；

6. 经具有资质的中介机构出具的企业近三个会计年度研究开发费用和近一个会计年度高新技术产品（服务）收入专项审计或鉴证报告，并附研究开发活动说明材料；

7. 经具有资质的中介机构鉴证的企业近三个会计年度的财务会计报告（包括会计报表、会计报表附注和财务情况说明书）；

8. 近三个会计年度企业所得税年度纳税申报表。

（二）专家评审

认定机构应在符合评审要求的专家中，随机抽取组成专家组。专家组对企业申报材料进行评审，提出评审意见。

（三）审查认定

认定机构结合专家组评审意见，对申请企业进行综合审查，提出认定意见并报领导小组办公室。认定企业由领导小组办公室在"高新技术企业认定管理工作网"公示10个工作日，无异议的，予以备案，并在"高新技术企业认定管理工作网"公告，由认定机构向企业颁发统一印制的"高新技术企业证书"；有异议的，由认定机构进行核实处理。

第十三条 企业获得高新技术企业资格后，应每年5月底前在"高新技术企业认定管理工作网"填报上一年度知识产权、科技人员、研发费用、经营收入等年度发展情况报表。

第十四条 对于涉密企业，按照国家有关保密工作规定，在确保涉密信息安全的前提下，按认定工作程序组织认定。

第四章　监督管理

第十五条 科技部、财政部、税务总局建立随机抽查和重点检查机制，加强对各地高新技术企业认定管理工作的监督检查。对存在问题的认定机构提出整改意见并限期改正，问题严重的给予通报批评，逾期不改的暂停其认定管理工作。

第十六条 对已认定的高新技术企业，有关部门在日常管理过程中发现其不符合认定条件的，应提请认定机构复核。复核后确认不符合认定条件的，由认定机构取消其高新技术企业资格，并通知税务机关追缴其不符合认定条件年度起已享受的税收优惠。

第十七条 高新技术企业发生更名或与认定条件有关的重大变化（如分立、合并、重组以及经营业务发生变化等）应在三个月内向认定机构报告。经认定机构审核符合认定条件的，其高新技术企业资格不变，对于企业更名的，重新核发认定证书，编号与有效期不变；不符合认定条件的，自更名或条件变化年度起取消其高新技术企业资格。

第十八条 跨认定机构管理区域整体迁移的高新技术企业，在其高新技术企业资格有效期内完成迁移的,其资格继续有效;跨认定机构管理区域部分搬迁的,由迁入地认定机构按照本办法重新认定。

第十九条 已认定的高新技术企业有下列行为之一的,由认定机构取消其高新技术企业资格:

(一)在申请认定过程中存在严重弄虚作假行为的;

(二)发生重大安全、重大质量事故或有严重环境违法行为的;

(三)未按期报告与认定条件有关重大变化情况,或累计两年未填报年度发展情况报表的。

对被取消高新技术企业资格的企业,由认定机构通知税务机关按《税收征管法》及有关规定,追缴其自发生上述行为之日所属年度起已享受的高新技术企业税收优惠。

第二十条 参与高新技术企业认定工作的各类机构和人员对所承担的有关工作负有诚信、合规、保密义务。违反高新技术企业认定工作相关要求和纪律的,给予相应处理。

第五章 附 则

第二十一条 科技部、财政部、税务总局根据本办法另行制定《高新技术企业认定管理工作指引》。

第二十二条 本办法由科技部、财政部、税务总局负责解释。

第二十三条 本办法自2016年1月1日起实施。原《高新技术企业认定管理办法》(国科发火〔2008〕172号)同时废止。

附件:国家重点支持的高新技术领域(编者略)

64-5 《科技部 财政部 国家税务总局关于修订印发〈高新技术企业认定管理工作指引〉的通知》

2016年6月22日 国科发火〔2016〕195号

各省、自治区、直辖市及计划单列市科技厅(委、局)、财政厅(局)、国家税务局、地方税务局:

根据《高新技术企业认定管理办法》(国科发火〔2016〕32号,以下称《认定办法》)第二十一条的规定,现将《高新技术企业认定管理工作指引》(以下称《工作指引》)印发给你们,并就有关事项通知如下:

一、2016年1月1日前已按《高新技术企业认定管理办法》(国科发火

〔2008〕172号，以下称2008版《认定办法》）认定的仍在有效期内的高新技术企业，其资格依然有效，可依照《企业所得税法》及其实施条例等有关规定享受企业所得税优惠政策。

二、按2008版《认定办法》认定的高新技术企业，在2015年12月31日前发生2008版《认定办法》第十五条规定情况，且有关部门在2015年12月31日前已经做出处罚决定的，仍按2008版《认定办法》相关规定进行处理，认定机构5年内不再受理企业认定申请的处罚执行至2015年12月31日止。

三、本指引自2016年1月1日起实施。原《高新技术企业认定管理工作指引》（国科发火〔2008〕362号）、《关于高新技术企业更名和复审等有关事项的通知》（国科火字〔2011〕123号）同时废止。

高新技术企业认定管理工作指引（编者略）

64-6 《国家税务总局关于实施高新技术企业所得税优惠政策有关问题的公告》

2017年6月19日　国家税务总局公告2017年第24号

为贯彻落实高新技术企业所得税优惠政策，根据《科技部　财政部　国家税务总局关于修订印发〈高新技术企业认定管理办法〉的通知》（国科发火〔2016〕32号，以下简称《认定办法》）及《科技部　财政部　国家税务总局关于修订印发〈高新技术企业认定管理工作指引〉的通知》（国科发火〔2016〕195号，以下简称《工作指引》）以及相关税收规定，现就实施高新技术企业所得税优惠政策有关问题公告如下：

一、企业获得高新技术企业资格后，自高新技术企业证书注明的发证时间所在年度起申报享受税收优惠，并按规定向主管税务机关办理备案手续。

企业的高新技术企业资格期满当年，在通过重新认定前，其企业所得税暂按15%的税率预缴，在年底前仍未取得高新技术企业资格的，应按规定补缴相应期间的税款。

二、对取得高新技术企业资格且享受税收优惠的高新技术企业，税务部门如在日常管理过程中发现其在高新技术企业认定过程中或享受优惠期间不符合《认定办法》第十一条规定的认定条件的，应提请认定机构复核。复核后确认不符合认定条件的，由认定机构取消其高新技术企业资格，并通知税务机关追缴其证书有效期内自不符合认定条件年度起已享受的税收优惠。

三、享受税收优惠的高新技术企业，每年汇算清缴时应按照《国家税务总局关于发布〈企业所得税优惠政策事项办理办法〉的公告》（国家税务总局公告 2015 年第 76 号）规定向税务机关提交企业所得税优惠事项备案表、高新技术企业资格证书履行备案手续，同时妥善保管以下资料留存备查：

1. 高新技术企业资格证书；
2. 高新技术企业认定资料；
3. 知识产权相关材料；
4. 年度主要产品（服务）发挥核心支持作用的技术属于《国家重点支持的高新技术领域》规定范围的说明，高新技术产品（服务）及对应收入资料；
5. 年度职工和科技人员情况证明材料；
6. 当年和前两个会计年度研发费用总额及占同期销售收入比例、研发费用管理资料以及研发费用辅助账，研发费用结构明细表（具体格式见《工作指引》附件2）；
7. 省税务机关规定的其他资料。

四、本公告适用于 2017 年度及以后年度企业所得税汇算清缴。2016 年 1 月 1 日以后按《认定办法》认定的高新技术企业按本公告规定执行。2016 年 1 月 1 日前按《科技部　财政部　国家税务总局关于印发〈高新技术企业认定管理办法〉的通知》（国科发火〔2008〕172 号）认定的高新技术企业，仍按《国家税务总局关于实施高新技术企业所得税优惠有关问题的通知》（国税函〔2009〕203 号）和国家税务总局公告 2015 年第 76 号的规定执行。

《国家税务总局关于高新技术企业资格复审期间企业所得税预缴问题的公告》（国家税务总局公告 2011 年第 4 号）同时废止。

特此公告。

65. 职工教育经费按照 8% 企业所得税税前扣除

享受主体

所有企业。

优惠内容

企业发生的职工教育经费支出，不超过工资薪金总额 8% 的部分，准予在计算企业所得税应纳税所得额时扣除；超过部分，准予在以后纳税年度结转扣除。

享受条件

发生职工教育经费支出。

政策依据

1）《中华人民共和国企业所得税法实施条例》第四十二条

2）《财政部 税务总局关于企业职工教育经费税前扣除政策的通知》（财税〔2018〕51号）

延伸阅读

65-1 《中华人民共和国企业所得税法实施条例》第四十二条

2019年4月23日 中华人民共和国国务院令第714号

第四十二条 除国务院财政、税务主管部门另有规定外，企业发生的职工教育经费支出，不超过工资、薪金总额2.5%的部分，准予扣除；超过部分，准予在以后纳税年度结转扣除。

65-2 《财政部 税务总局关于企业职工教育经费税前扣除政策的通知》

2018年5月7日 财税〔2018〕51号

各省、自治区、直辖市、计划单列市财政厅（局）、国家税务局、地方税务局，新疆生产建设兵团财政局：

为鼓励企业加大职工教育投入，现就企业职工教育经费税前扣除政策通知如下：

一、企业发生的职工教育经费支出，不超过工资薪金总额8%的部分，准予在计算企业所得税应纳税所得额时扣除；超过部分，准予在以后纳税年度结转扣除。

二、本通知自2018年1月1日起执行。

66. 高新技术企业和科技型中小企业亏损结转年限延长至 10 年

享受主体

高新技术企业和科技型中小企业。

优惠内容

自 2018 年 1 月 1 日起,当年具备高新技术企业或科技型中小企业资格(以下统称资格)的企业,其具备资格年度之前 5 个年度发生的尚未弥补完的亏损,准予结转以后年度弥补,最长结转年限由 5 年延长至 10 年。

享受条件

1) 高新技术企业,是指按照《科技部 财政部 国家税务总局关于修订印发〈高新技术企业认定管理办法〉的通知》(国科发火〔2016〕32 号)规定认定的高新技术企业。

2) 科技型中小企业,是指按照《科技部 财政部 国家税务总局关于印发〈科技型中小企业评价办法〉的通知》(国科发政〔2017〕115 号)规定取得科技型中小企业登记编号的企业。

政策依据

《财政部 税务总局关于延长高新技术企业和科技型中小企业亏损结转年限的通知》(财税〔2018〕76 号)

延伸阅读

66－1 《财政部 税务总局关于延长高新技术企业和科技型中小企业亏损结转年限的通知》

2018 年 7 月 11 日 财税〔2018〕76 号

各省、自治区、直辖市、计划单列市财政厅(局),国家税务总局各省、自治区、直辖市、计划单列市税务局,新疆生产建设兵团财政局:

为支持高新技术企业和科技型中小企业发展,现就高新技术企业和科技型中小企业亏损结转年限政策通知如下：

一、自 2018 年 1 月 1 日起，当年具备高新技术企业或科技型中小企业资格（以下统称资格）的企业，其具备资格年度之前 5 个年度发生的尚未弥补完的亏损，准予结转以后年度弥补，最长结转年限由 5 年延长至 10 年。

二、本通知所称高新技术企业，是指按照《科技部　财政部　国家税务总局关于修订印发〈高新技术企业认定管理办法〉的通知》（国科发火〔2016〕32 号）规定认定的高新技术企业；所称科技型中小企业，是指按照《科技部　财政部　国家税务总局关于印发〈科技型中小企业评价办法〉的通知》（国科发政〔2017〕115 号）规定取得科技型中小企业登记编号的企业。

三、本通知自 2018 年 1 月 1 日开始执行。

67. 技术先进型服务企业减按 15% 税率征收企业所得税

享受主体

经认定的技术先进型服务企业。

优惠内容

经认定的技术先进型服务企业，减按 15% 的税率征收企业所得税。

享受条件

1）技术先进型服务企业为在中国境内（不包括港、澳、台地区）注册的法人企业。

2）从事《技术先进型服务业务认定范围（试行）》中的一种或多种技术先进型服务业务，采用先进技术或具备较强的研发能力，其中服务贸易类技术先进型服务企业须满足的技术先进型服务业务领域范围按照《技术先进型服务业务领域范围（服务贸易类）》执行。

3）具有大专以上学历的员工占企业职工总数的 50% 以上。

4）从事《技术先进型服务业务认定范围（试行）》中的技术先进型服务业务取得的收入占企业当年总收入的 50% 以上，其中服务贸易类技术先进型服务企业从事《技术先进型服务业务领域范围（服务贸易类）》中的技术先进型服务业务取得的收入占企业当年总收入的 50% 以上。

5）从事离岸服务外包业务取得的收入不低于企业当年总收入的 35%。

政策依据

1)《财政部 税务总局 商务部 科技部 国家发展改革委关于将技术先进型服务企业所得税政策推广至全国实施的通知》(财税〔2017〕79号)

2)《财政部 税务总局 商务部 科技部 国家发展改革委关于将服务贸易创新发展试点地区技术先进型服务企业所得税政策推广至全国实施的通知》(财税〔2018〕44号)

延伸阅读

67-1 《财政部 税务总局 商务部 科技部 国家发展改革委关于将技术先进型服务企业所得税政策推广至全国实施的通知》

2017年11月2日 财税〔2017〕79号

各省、自治区、直辖市、计划单列市财政厅(局)、国家税务局、地方税务局、商务主管部门、科技厅(委、局)、发展改革委,新疆生产建设兵团财务局、商务局、科技局、发展改革委:

为贯彻落实《国务院关于促进外资增长若干措施的通知》(国发〔2017〕39号)要求,发挥外资对优化服务贸易结构的积极作用,引导外资更多投向高技术、高附加值服务业,促进企业技术创新和技术服务能力的提升,增强我国服务业的综合竞争力,现就技术先进型服务企业有关企业所得税政策问题通知如下:

一、自2017年1月1日起,在全国范围内实行以下企业所得税优惠政策:

1. 对经认定的技术先进型服务企业,减按15%的税率征收企业所得税。

2. 经认定的技术先进型服务企业发生的职工教育经费支出,不超过工资薪金总额8%的部分,准予在计算应纳税所得额时扣除;超过部分,准予在以后纳税年度结转扣除。

二、享受本通知第一条规定的企业所得税优惠政策的技术先进型服务企业必须同时符合以下条件:

1. 在中国境内(不包括港、澳、台地区)注册的法人企业;

2. 从事《技术先进型服务业务认定范围(试行)》(详见附件)中的一种或多种技术先进型服务业务,采用先进技术或具备较强的研发能力;

3. 具有大专以上学历的员工占企业职工总数的50%以上;

4. 从事《技术先进型服务业务认定范围（试行）》中的技术先进型服务业务取得的收入占企业当年总收入的50%以上；

5. 从事离岸服务外包业务取得的收入不低于企业当年总收入的35%。

从事离岸服务外包业务取得的收入，是指企业根据境外单位与其签订的委托合同，由本企业或其直接转包的企业为境外单位提供《技术先进型服务业务认定范围（试行）》中所规定的信息技术外包服务（ITO）、技术性业务流程外包服务（BPO）和技术性知识流程外包服务（KPO），而从上述境外单位取得的收入。

三、技术先进型服务企业的认定管理

1. 省级科技部门会同本级商务、财政、税务和发展改革部门根据本通知规定制定本省（自治区、直辖市、计划单列市）技术先进型服务企业认定管理办法，并负责本地区技术先进型服务企业的认定管理工作。各省（自治区、直辖市、计划单列市）技术先进型服务企业认定管理办法应报科技部、商务部、财政部、税务总局和国家发展改革委备案。

2. 符合条件的技术先进型服务企业应向所在省级科技部门提出申请，由省级科技部门会同本级商务、财政、税务和发展改革部门联合评审后发文认定，并将认定企业名单及有关情况通过科技部"全国技术先进型服务企业业务办理管理平台"备案，科技部与商务部、财政部、税务总局和国家发展改革委共享备案信息。符合条件的技术先进型服务企业须在商务部"服务贸易统计监测管理信息系统（服务外包信息管理应用）"中填报企业基本信息，按时报送数据。

3. 经认定的技术先进型服务企业，持相关认定文件向所在地主管税务机关办理享受本通知第一条规定的企业所得税优惠政策事宜。享受企业所得税优惠的技术先进型服务企业条件发生变化的，应当自发生变化之日起15日内向主管税务机关报告；不再符合享受税收优惠条件的，应当依法履行纳税义务。主管税务机关在执行税收优惠政策过程中，发现企业不具备技术先进型服务企业资格的，应提请认定机构复核。复核后确认不符合认定条件的，应取消企业享受税收优惠政策的资格。

4. 省级科技、商务、财政、税务和发展改革部门对经认定并享受税收优惠政策的技术先进型服务企业应做好跟踪管理，对变更经营范围、合并、分立、转业、迁移的企业，如不再符合认定条件，应及时取消其享受税收优惠政策的资格。

5. 省级财政、税务、商务、科技和发展改革部门要认真贯彻落实本通知的各项规定,在认定工作中对内外资企业一视同仁,平等对待,切实做好沟通与协作工作。在政策实施过程中发现问题,要及时反映上报财政部、税务总局、商务部、科技部和国家发展改革委。

6. 省级科技、商务、财政、税务和发展改革部门及其工作人员在认定技术先进型服务企业工作中,存在违法违纪行为的,按照《公务员法》《行政监察法》等国家有关规定追究相应责任;涉嫌犯罪的,移送司法机关处理。

7. 本通知印发后,各地应按照本通知规定于 2017 年 12 月 31 日前出台本省(自治区、直辖市、计划单列市)技术先进型服务企业认定管理办法并据此开展认定工作。现有 31 个中国服务外包示范城市已认定的 2017 年度技术先进型服务企业继续有效。从 2018 年 1 月 1 日起,中国服务外包示范城市技术先进型服务企业认定管理工作依照所在省(自治区、直辖市、计划单列市)制定的管理办法实施。

附件:技术先进型服务业务认定范围(试行)

附件

技术先进型服务业务认定范围(试行)

一、信息技术外包服务(ITO)

(一)软件研发及外包

类别	适用范围
软件研发及开发服务	用于金融、政府、教育、制造业、零售、服务、能源、物流、交通、媒体、电信、公共事业和医疗卫生等部门和企业,为用户的运营/生产/供应链/客户关系/人力资源和财务管理、计算机辅助设计/工程等业务进行软件开发,包括定制软件开发、嵌入式软件、套装软件开发、系统软件开发、软件测试等。
软件技术服务	软件咨询、维护、培训、测试等技术性服务。

(二)信息技术研发服务外包

类别	适用范围
集成电路和电子电路设计	集成电路和电子电路产品设计以及相关技术支持服务等。
测试平台	为软件、集成电路和电子电路的开发运用提供测试平台。

(三)信息系统运营维护外包

类别	适用范围
信息系统运营和维护服务	客户内部信息系统集成、网络管理、桌面管理与维护服务;信息工程、地理信息系统、远程维护等信息系统应用服务。
基础信息技术服务	基础信息技术管理平台整合、IT 基础设施管理、数据中心、托管中心、安全服务、通讯服务等基础信息技术服务。

二、技术性业务流程外包服务（BPO）

类别	适用范围
企业业务流程设计服务	为客户企业提供内部管理、业务运作等流程设计服务。
企业内部管理服务	为客户企业提供后台管理、人力资源管理、财务、审计与税务管理、金融支付服务、医疗数据及其他内部管理业务的数据分析、数据挖掘、数据管理、数据使用的服务；承接客户专业数据处理、分析和整合服务。
企业运营服务	为客户企业提供技术研发服务、为企业经营、销售、产品售后服务提供的应用客户分析、数据库管理等服务。主要包括金融服务业务、政务与教育业务、制造业务和生命科学、零售和批发与运输业务、卫生保健业务、通讯与公共事业业务、呼叫中心、电子商务平台等。
企业供应链管理服务	为客户企业提供采购、物流的整体方案设计及数据库服务。

三、技术性知识流程外包服务（KPO）

适用范围
知识产权研究、医药和生物技术研发和测试、产品技术研发、工业设计、分析学和数据挖掘、动漫及网游设计研发、教育课件研发、工程设计等领域。

67-2《财政部 税务总局 商务部 科技部 国家发展改革委关于将服务贸易创新发展试点地区技术先进型服务企业所得税政策推广至全国实施的通知》

2018年5月19日 财税〔2018〕44号

各省、自治区、直辖市、计划单列市财政厅（局）、国家税务局、地方税务局、商务主管部门、科技厅（委、局）、发展改革委，新疆生产建设兵团财政局、商务局、科技局、发展改革委：

为进一步推动服务贸易创新发展、优化外贸结构，现就服务贸易类技术先进型服务企业所得税优惠政策通知如下：

一、自2018年1月1日起，对经认定的技术先进型服务企业（服务贸易类），减按15%的税率征收企业所得税。

二、本通知所称技术先进型服务企业（服务贸易类）须符合的条件及认定管理事项，按照《财政部 税务总局 商务部 科技部 国家发展改革委关于将技术先进型服务企业所得税政策推广至全国实施的通知》（财税〔2017〕79号）的相关规定执行。其中，企业须满足的技术先进型服务业务领域范围按照本通知所附《技术先进型服务业务领域范围（服务贸易类）》

执行。

三、省级科技部门应会同本级商务、财政、税务和发展改革部门及时将《技术先进型服务业务领域范围（服务贸易类）》增补入本地区技术先进型服务企业认定管理办法，并据此开展认定管理工作。省级人民政府财政、税务、商务、科技和发展改革部门应加强沟通与协作，发现新情况、新问题及时上报财政部、税务总局、商务部、科技部和国家发展改革委。

四、省级科技、商务、财政、税务和发展改革部门及其工作人员在认定技术先进型服务企业工作中，存在违法违纪行为的，按照《公务员法》《行政监察法》等国家有关规定追究相应责任；涉嫌犯罪的，移送司法机关处理。

附件：技术先进型服务业务领域范围（服务贸易类）（编者略）

（二）软件企业税收优惠

68. 软件产品增值税超税负即征即退

享受主体

自行开发生产销售软件产品（包括将进口软件产品进行本地化改造后对外销售）的增值税一般纳税人。

优惠内容

增值税一般纳税人销售其自行开发生产的软件产品，按17%[①]税率征收增值税后，对其增值税实际税负超过3%的部分实行即征即退政策。

享受条件

享受优惠政策的软件产品，需要满足以下条件：

1）取得省级软件产业主管部门认可的软件检测机构出具的检测证明材料；

2）取得软件产业主管部门颁发的《软件产品登记证书》或著作权行政管理部门颁发的《计算机软件著作权登记证书》。

---

① 自2018年5月1日起，原适用17%税率的税率调整为16%；自2019年4月1日起，原适用16%税率的税率调整为13%。

政策依据

1)《财政部 国家税务总局关于软件产品增值税政策的通知》(财税〔2011〕100号)

2)《财政部 税务总局关于调整增值税税率的通知》(财税〔2018〕32号)第一条

3)《财政部 税务总局 海关总署关于深化增值税改革有关政策的公告》(财政部 税务总局 海关总署公告2019年第39号)第一条

延伸阅读

68-1 《财政部 国家税务总局关于软件产品增值税政策的通知》
2011年10月13日 财税〔2011〕100号

各省、自治区、直辖市、计划单列市财政厅(局)、国家税务局、地方税务局,新疆生产建设兵团财务局:

为落实《国务院关于印发进一步鼓励软件产业和集成电路产业发展若干政策的通知》(国发〔2011〕4号)的有关精神,进一步促进软件产业发展,推动我国信息化建设,现将软件产品增值税政策通知如下:

一、软件产品增值税政策

(一)增值税一般纳税人销售其自行开发生产的软件产品,按17%税率征收增值税后,对其增值税实际税负超过3%的部分实行即征即退政策。

(二)增值税一般纳税人将进口软件产品进行本地化改造后对外销售,其销售的软件产品可享受本条第一款规定的增值税即征即退政策。

本地化改造是指对进口软件产品进行重新设计、改进、转换等,单纯对进口软件产品进行汉字化处理不包括在内。

(三)纳税人受托开发软件产品,著作权属于受托方的征收增值税,著作权属于委托方或属于双方共同拥有的不征收增值税;对经过国家版权局注册登记,纳税人在销售时一并转让著作权、所有权的,不征收增值税。

二、软件产品界定及分类

本通知所称软件产品,是指信息处理程序及相关文档和数据。软件产品包括计算机软件产品、信息系统和嵌入式软件产品。嵌入式软件产品是指嵌入在计算机硬件、机器设备中并随其一并销售,构成计算机硬件、机器设备组成部分的软件产品。

三、满足下列条件的软件产品，经主管税务机关审核批准，可以享受本通知规定的增值税政策：

1. 取得省级软件产业主管部门认可的软件检测机构出具的检测证明材料；

2. 取得软件产业主管部门颁发的《软件产品登记证书》或著作权行政管理部门颁发的《计算机软件著作权登记证书》。

四、软件产品增值税即征即退税额的计算

（一）软件产品增值税即征即退税额的计算方法：

即征即退税额＝当期软件产品增值税应纳税额－当期软件产品销售额×3%

当期软件产品增值税应纳税额＝当期软件产品销项税额－当期软件产品可抵扣进项税额

当期软件产品销项税额＝当期软件产品销售额×17%

（二）嵌入式软件产品增值税即征即退税额的计算：

1. 嵌入式软件产品增值税即征即退税额的计算方法

即征即退税额＝当期嵌入式软件产品增值税应纳税额－当期嵌入式软件产品销售额×3%

当期嵌入式软件产品增值税应纳税额＝当期嵌入式软件产品销项税额－当期嵌入式软件产品可抵扣进项税额

当期嵌入式软件产品销项税额＝当期嵌入式软件产品销售额×17%

2. 当期嵌入式软件产品销售额的计算公式

当期嵌入式软件产品销售额＝当期嵌入式软件产品与计算机硬件、机器设备销售额合计－当期计算机硬件、机器设备销售额

计算机硬件、机器设备销售额按照下列顺序确定：

①按纳税人最近同期同类货物的平均销售价格计算确定；

②按其他纳税人最近同期同类货物的平均销售价格计算确定；

③按计算机硬件、机器设备组成计税价格计算确定。

计算机硬件、机器设备组成计税价格＝计算机硬件、机器设备成本×（1＋10%）。

五、按照上述办法计算，即征即退税额大于零时，税务机关应按规定，及时办理退税手续。

六、增值税一般纳税人在销售软件产品的同时销售其他货物或者应税劳务的，对于无法划分的进项税额，应按照实际成本或销售收入比例确定软件产品应分摊的进项税额；对专用于软件产品开发生产设备及工具的进项税额，不得

进行分摊。纳税人应将选定的分摊方式报主管税务机关备案,并自备案之日起一年内不得变更。

专用于软件产品开发生产的设备及工具,包括但不限于用于软件设计的计算机设备、读写打印器具设备、工具软件、软件平台和测试设备。

七、对增值税一般纳税人随同计算机硬件、机器设备一并销售嵌入式软件产品,如果适用本通知规定按照组成计税价格计算确定计算机硬件、机器设备销售额的,应当分别核算嵌入式软件产品与计算机硬件、机器设备部分的成本。凡未分别核算或者核算不清的,不得享受本通知规定的增值税政策。

八、各省、自治区、直辖市、计划单列市税务机关可根据本通知规定,制定软件产品增值税即征即退的管理办法。主管税务机关可对享受本通知规定增值税政策的纳税人进行定期或不定期检查。纳税人凡弄虚作假骗取享受本通知规定增值税政策的,税务机关除根据现行规定进行处罚外,自发生上述违法违规行为年度起,取消其享受本通知规定增值税政策的资格,纳税人三年内不得再次申请。

九、本通知自2011年1月1日起执行。《财政部、国家税务总局关于贯彻落实〈中共中央、国务院关于加强技术创新,发展高科技,实现产业化的决定〉有关税收问题的通知》(财税字〔1999〕273号)第一条、《财政部、国家税务总局、海关总署关于鼓励软件产业和集成电路产业发展有关税收政策问题的通知》(财税〔2000〕25号)第一条第一款、《国家税务总局关于明确电子出版物属于软件征税范围的通知》(国税函〔2000〕168号)、《财政部、国家税务总局关于增值税若干政策的通知》(财税〔2005〕165号)第十一条第一款和第三款、《财政部、国家税务总局关于嵌入式软件增值税政策问题的通知》(财税〔2006〕174号)、《财政部、国家税务总局关于嵌入式软件增值税政策的通知》(财税〔2008〕92号)、《财政部、国家税务总局关于扶持动漫产业发展有关税收政策问题的通知》(财税〔2009〕65号)第一条同时废止。

68-2 《财政部 税务总局关于调整增值税税率的通知》(财税〔2018〕32号)第一条

2018年4月4日 财税〔2018〕32号

一、纳税人发生增值税应税销售行为或者进口货物,原适用17%和11%税率的,税率分别调整为16%、10%。

68-3 《财政部 税务总局 海关总署关于深化增值税改革有关政策的公告》第一条

2019年3月20日 财政部 税务总局 海关总署公告2019年第39号

一、增值税一般纳税人（以下称纳税人）发生增值税应税销售行为或者进口货物，原适用16%税率的，税率调整为13%；原适用10%税率的，税率调整为9%。

69. 软件企业定期减免企业所得税

享受主体

依法成立且符合条件的软件企业。

优惠内容

依法成立且符合条件的软件企业，在2018年12月31日前自获利年度起计算优惠期，第一年至第二年免征企业所得税，第三年至第五年按照25%的法定税率减半征收企业所得税，并享受至期满为止。

享受条件

软件企业是指以软件产品开发销售（营业）为主营业务并同时符合下列条件的企业：

1) 在中国境内（不包括港、澳、台地区）依法注册的居民企业。

2) 汇算清缴年度具有劳动合同关系且具有大学专科以上学历的职工人数占企业月平均职工总人数的比例不低于40%，其中研究开发人员占企业月平均职工总数的比例不低于20%。

3) 拥有核心关键技术，并以此为基础开展经营活动，且汇算清缴年度研究开发费用总额占企业销售（营业）收入总额的比例不低于6%；其中，企业在中国境内发生的研究开发费用金额占研究开发费用总额的比例不低于60%。

4) 汇算清缴年度软件产品开发销售（营业）收入占企业收入总额的比例不低于50%［嵌入式软件产品和信息系统集成产品开发销售（营业）收入占企业收入总额的比例不低于40%］，其中：软件产品自主开发销售（营业）收入占企业收入总额的比例不低于40%〔嵌入式软件产品和信息系统集成产品开发销售（营业）收入占企业收入总额的比例不低于30%〕。

5）主营业务拥有自主知识产权。

6）具有与软件开发相适应软硬件设施等开发环境（如合法的开发工具等）。

7）汇算清缴年度未发生重大安全、重大质量事故或严重环境违法行为。

政策依据

1）《财政部　国家税务总局关于进一步鼓励软件产业和集成电路产业发展企业所得税政策的通知》（财税〔2012〕27号）第三条

2）《财政部　国家税务总局　发展改革委　工业和信息化部关于软件和集成电路产业企业所得税优惠政策有关问题的通知》（财税〔2016〕49号）

3）《财政部　税务总局关于集成电路设计和软件产业企业所得税政策的公告》（财政部　税务总局公告2019年第68号）

延伸阅读

69-1 《财政部　国家税务总局关于进一步鼓励软件产业和集成电路产业发展企业所得税政策的通知》第三条

2012年4月20日　财税〔2012〕27号

三、我国境内新办的集成电路设计企业和符合条件的软件企业，经认定后，在2017年12月31日前自获利年度起计算优惠期，第一年至第二年免征企业所得税，第三年至第五年按照25%的法定税率减半征收企业所得税，并享受至期满为止。

69-2 《财政部　国家税务总局　发展改革委　工业和信息化部关于软件和集成电路产业企业所得税优惠政策有关问题的通知》

2016年5月4日　财税〔2016〕49号

各省、自治区、直辖市、计划单列市财政厅（局）、国家税务局、地方税务局、发展改革委、工业和信息化主管部门：

按照《国务院关于取消和调整一批行政审批项目等事项的决定》（国发〔2015〕11号）和《国务院关于取消非行政许可审批事项的决定》（国发〔2015〕27号）规定，集成电路生产企业、集成电路设计企业、软件企业、国家规划布局内的重点软件企业和集成电路设计企业（以下统称软件、集成电路企业）的税收优惠资格认定等非行政许可审批已经取消。为做好《财政部 国家税务总局关于进一步鼓励软件产业和集成电路产业发展企业所得税政策的通知》（财税〔2012〕27号）规定的企业所得税优惠政策落实工作，现将有关问题通知如下：

一、享受财税〔2012〕27号文件规定的税收优惠政策的软件、集成电路企业，每年汇算清缴时应按照《国家税务总局关于发布〈企业所得税优惠政策事项办理办法〉的公告》（国家税务总局公告2015年第76号）规定向税务机关备案，同时提交《享受企业所得税优惠政策的软件和集成电路企业备案资料明细表》（见附件）规定的备案资料。

为切实加强优惠资格认定取消后的管理工作，在软件、集成电路企业享受优惠政策后，税务部门转请发展改革、工业和信息化部门进行核查。对经核查不符合软件、集成电路企业条件的，由税务部门追缴其已经享受的企业所得税优惠，并按照税收征管法的规定进行处理。

二、财税〔2012〕27号文件所称集成电路生产企业，是指以单片集成电路、多芯片集成电路、混合集成电路制造为主营业务并同时符合下列条件的企业：

（一）在中国境内（不包括港、澳、台地区）依法注册并在发展改革、工业和信息化部门备案的居民企业；

（二）汇算清缴年度具有劳动合同关系且具有大学专科以上学历职工人数占企业月平均职工总人数的比例不低于40%，其中研究开发人员占企业月平均职工总数的比例不低于20%；

（三）拥有核心关键技术，并以此为基础开展经营活动，且汇算清缴年度研究开发费用总额占企业销售（营业）收入（主营业务收入与其他业务收入之和，下同）总额的比例不低于5%；其中，企业在中国境内发生的研究开发费用金额占研究开发费用总额的比例不低于60%；

（四）汇算清缴年度集成电路制造销售（营业）收入占企业收入总额的比例不低于60%；

（五）具有保证产品生产的手段和能力，并获得有关资质认证（包括ISO质量体系认证）；

（六）汇算清缴年度未发生重大安全、重大质量事故或严重环境违法行为。

三、财税〔2012〕27号文件所称集成电路设计企业是指以集成电路设计为主营业务并同时符合下列条件的企业：

（一）在中国境内（不包括港、澳、台地区）依法注册的居民企业；

（二）汇算清缴年度具有劳动合同关系且具有大学专科以上学历的职工人数占企业月平均职工总人数的比例不低40%，其中研究开发人员占企业月平均职工总数的比例不低于20%；

（三）拥有核心关键技术，并以此为基础开展经营活动，且汇算清缴年度研究开发费用总额占企业销售（营业）收入总额的比例不低于6%；其中，企业在中国境内发生的研究开发费用金额占研究开发费用总额的比例不低于60%；

（四）汇算清缴年度集成电路设计销售（营业）收入占企业收入总额的比例不低于60%，其中集成电路自主设计销售（营业）收入占企业收入总额的比例不低于50%；

（五）主营业务拥有自主知识产权；

（六）具有与集成电路设计相适应的软硬件设施等开发环境（如EDA工具、服务器或工作站等）；

（七）汇算清缴年度未发生重大安全、重大质量事故或严重环境违法行为。

四、财税〔2012〕27号文件所称软件企业是指以软件产品开发销售（营业）为主营业务并同时符合下列条件的企业：

（一）在中国境内（不包括港、澳、台地区）依法注册的居民企业；

（二）汇算清缴年度具有劳动合同关系且具有大学专科以上学历的职工人数占企业月平均职工总人数的比例不低于40%，其中研究开发人员占企业月平均职工总数的比例不低于20%；

（三）拥有核心关键技术，并以此为基础开展经营活动，且汇算清缴年度研究开发费用总额占企业销售（营业）收入总额的比例不低于6%；其中，企业在中国境内发生的研究开发费用金额占研究开发费用总额的比例不低于60%；

（四）汇算清缴年度软件产品开发销售（营业）收入占企业收入总额的比例不低于50%［嵌入式软件产品和信息系统集成产品开发销售（营业）收入占企业收入总额的比例不低于40%］，其中：软件产品自主开发销售（营业）

收入占企业收入总额的比例不低于40%［嵌入式软件产品和信息系统集成产品开发销售（营业）收入占企业收入总额的比例不低于30%］；

（五）主营业务拥有自主知识产权；

（六）具有与软件开发相适应软硬件设施等开发环境（如合法的开发工具等）；

（七）汇算清缴年度未发生重大安全、重大质量事故或严重环境违法行为。

五、财税〔2012〕27号文件所称国家规划布局内重点集成电路设计企业除符合本通知第三条规定，还应至少符合下列条件中的一项：

（一）汇算清缴年度集成电路设计销售（营业）收入不低于2亿元，年应纳税所得额不低于1000万元，研究开发人员占月平均职工总数的比例不低于25%；

（二）在国家规定的重点集成电路设计领域内，汇算清缴年度集成电路设计销售（营业）收入不低于2000万元，应纳税所得额不低于250万元，研究开发人员占月平均职工总数的比例不低于35%，企业在中国境内发生的研究开发费用金额占研究开发费用总额的比例不低于70%。

六、财税〔2012〕27号文件所称国家规划布局内重点软件企业是除符合本通知第四条规定，还应至少符合下列条件中的一项：

（一）汇算清缴年度软件产品开发销售（营业）收入不低于2亿元，应纳税所得额不低于1000万元，研究开发人员占企业月平均职工总数的比例不低于25%；

（二）在国家规定的重点软件领域内，汇算清缴年度软件产品开发销售（营业）收入不低于5000万元，应纳税所得额不低于250万元，研究开发人员占企业月平均职工总数的比例不低于25%，企业在中国境内发生的研究开发费用金额占研究开发费用总额的比例不低于70%；

（三）汇算清缴年度软件出口收入总额不低于800万美元，软件出口收入总额占本企业年度收入总额比例不低于50%，研究开发人员占企业月平均职工总数的比例不低于25%。

七、国家规定的重点软件领域及重点集成电路设计领域，由国家发展改革委、工业和信息化部会同财政部、税务总局根据国家产业规划和布局确定，并实行动态调整。

八、软件、集成电路企业规定条件中所称研究开发费用政策口径，2015年度仍按《国家税务总局关于印发〈企业研究开发费用税前扣除管理办法

（试行）〉的通知》（国税发〔2008〕116号）和《财政部 国家税务总局关于研究开发费用税前加计扣除有关政策的通知》（财税〔2013〕70号）的规定执行，2016年及以后年度按照《财政部 国家税务总局 科技部关于完善研究开发费用税前加计扣除政策的通知》（财税〔2015〕119号）的规定执行。

九、软件、集成电路企业应从企业的获利年度起计算定期减免税优惠期。如获利年度不符合优惠条件的，应自首次符合软件、集成电路企业条件的年度起，在其优惠期的剩余年限内享受相应的减免税优惠。

十、省级（自治区、直辖市、计划单列市，下同）财政、税务、发展改革和工业和信息化部门应密切配合，通过建立核查机制并有效运用核查结果，切实加强对软件、集成电路企业的后续管理工作。

（一）省级税务部门应在每年3月20日前和6月20日前分两批将汇算清缴年度已申报享受软件、集成电路企业税收优惠政策的企业名单及其备案资料提交省级发展改革、工业和信息化部门。其中，享受软件企业、集成电路设计企业税收优惠政策的名单及备案资料提交给省级工业和信息化部门，省级工业和信息化部门组织专家或者委托第三方机构对名单内企业是否符合条件进行核查；享受其他优惠政策的名单及备案资料提交给省级发展改革部门，省级发展改革部门会同工业和信息化部门共同组织专家或者委托第三方机构对名单内企业是否符合条件进行核查。

2015年度享受优惠政策的企业名单和备案资料，省级税务部门可在2016年6月20日前一次性提交给省级发展改革、工业和信息化部门。

（二）省级发展改革、工业和信息化部门应在收到享受优惠政策的企业名单和备案资料两个月内将复核结果反馈省级税务部门（第一批名单复核结果应在汇算清缴期结束前反馈）。

（三）每年10月底前，省级财政、税务、发展改革、工业和信息化部门应将核查结果及税收优惠落实情况联合汇总上报财政部、税务总局、国家发展改革委、工业和信息化部。

如遇特殊情况汇算清缴延期的，上述期限可相应顺延。

（四）省级财政、税务、发展改革、工业和信息化部门可以根据本通知规定，结合当地实际，制定具体操作管理办法，并报财政部、税务总局、发展改革委、工业和信息化部备案。

十一、国家税务总局公告2015年第76号所附《企业所得税优惠事项备案管理目录（2015年版）》第38、41、42、43、46项软件、集成电路企业优惠政策不再作为"定期减免税优惠备案管理事项"管理，本通知执行前已经履行备案等相关手续的，在享受税收优惠的年度仍应按照本通知的规定办理备案手续。

十二、本通知自 2015 年 1 月 1 日起执行。《财政部　国家税务总局关于进一步鼓励软件产业和集成电路产业发展企业所得税政策的通知》（财税〔2012〕27 号）第九条、第十条、第十一条、第十三条、第十七条、第十八条、第十九条和第二十条停止执行。国家税务总局公告 2015 年第 76 号所附《企业所得税优惠事项备案管理目录（2015 年版）》第 38 项至 43 项及第 46 至 48 项软件、集成电路企业优惠政策的"备案资料""主要留存备查资料"规定停止执行。

附件：享受企业所得税优惠政策的软件和集成电路企业备案资料明细表

附件

享受企业所得税优惠政策的软件和集成电路企业备案资料明细表

企业类型	备案资料（复印件须加盖企业公章）
集成电路生产企业	1. 在发展改革或工业和信息化部门立项的备案文件（应注明总投资额、工艺线宽标准）复印件以及企业取得的其他相关资质证书复印件等； 2. 企业职工人数、学历结构、研究开发人员情况及其占企业职工总数的比例说明，以及汇算清缴年度最后一个月社会保险缴纳证明等相关证明材料； 3. 加工集成电路产品主要列表及国家知识产权局（或国外知识产权相关主管机构）出具的企业自主开发或拥有的一至两份代表性知识产权（如专利、布图设计登记、软件著作权等）的证明材料； 4. 经具有资质的中介机构鉴证的企业财务会计报告（包括会计报表、会计报表附注和财务情况说明书）以及集成电路制造销售（营业）收入、研究开发费用、境内研究开发费用等情况说明； 5. 与主要客户签订的一至两份代表性销售合同复印件； 6. 保证产品质量的相关证明材料（如质量管理认证证书复印件等）； 7. 税务机关要求出具的其他材料。
集成电路设计企业	1. 企业职工人数、学历结构、研究开发人员情况及其占企业职工总数的比例说明，以及汇算清缴年度最后一个月社会保险缴纳证明等相关证明材料； 2. 企业开发销售的主要集成电路产品列表，以及国家知识产权局（或国外知识产权相关主管机构）出具的企业自主开发或拥有的一至两份代表性知识产权（如专利、布图设计登记、软件著作权等）的证明材料； 3. 经具有资质的中介机构鉴证的企业财务会计报告（包括会计报表、会计报表附注和财务情况说明书）以及集成电路设计销售（营业）收入、集成电路自主设计销售（营业）收入、研究开发费用、境内研究开发费用等情况表； 4. 第三方检测机构提供的集成电路产品测试报告或用户报告，以及与主要客户签订的一至两份代表性销售合同复印件； 5. 企业开发环境等相关证明材料； 6. 税务机关要求出具的其他材料。

续表

企业类型	备案资料（复印件须加盖企业公章）
软件企业	1. 企业开发销售的主要软件产品列表或技术服务列表； 2. 主营业务为软件产品开发的企业，提供至少1个主要产品的软件著作权或专利权等自主知识产权的有效证明文件，以及第三方检测机构提供的软件产品测试报告；主营业务仅为技术服务的企业提供核心技术说明； 3. 企业职工人数、学历结构、研究开发人员及其占企业职工总数的比例说明，以及汇算清缴年度最后一个月社会保险缴纳证明等相关证明材料； 4. 经具有资质的中介机构鉴证的企业财务会计报告（包括会计报表、会计报表附注和财务情况说明书）以及软件产品开发销售（营业）收入、软件产品自主开发销售（营业）收入、研究开发费用、境内研究开发费用等情况说明； 5. 与主要客户签订的一至两份代表性的软件产品销售合同或技术服务合同复印件； 6. 企业开发环境相关证明材料； 7. 税务机关要求出具的其他材料。
国家规划布局内重点软件企业	1. 企业享受软件企业所得税优惠政策需要报送的备案资料； 2. 符合第二类条件的，应提供在国家规定的重点软件领域内销售（营业）情况说明； 3. 符合第三类条件的，应提供商务主管部门核发的软件出口合同登记证书，以及有效出口合同和结汇证明等材料； 4. 税务机关要求提供的其他材料。
国家规划布局内重点集成电路设计企业	1. 企业享受集成电路设计企业所得税优惠政策需要报送的备案资料； 2. 符合第二类条件的，应提供在国家规定的重点集成电路设计领域内销售（营业）情况说明； 3. 税务机关要求提供的其他材料。

69-3 《财政部 税务总局关于集成电路设计和软件产业企业所得税政策的公告》

2019年5月17日 财政部 税务总局公告2019年第68号

为支持集成电路设计和软件产业发展，现就有关企业所得税政策公告如下：

一、依法成立且符合条件的集成电路设计企业和软件企业，在2018年12月31日前自获利年度起计算优惠期，第一年至第二年免征企业所得税，第三年至第五年按照25%的法定税率减半征收企业所得税，并享受至期满为止。

二、本公告第一条所称"符合条件"，是指符合《财政部 国家税务总局关于进一步鼓励软件产业和集成电路产业发展企业所得税政策的通知》（财税〔2012〕27号）和《财政部 国家税务总局 发展改革委 工业和信息化部关于软件和集成电路产业企业所得税优惠政策有关问题的通知》（财税〔2016〕49号）规定的条件。

特此公告。

70. 国家规划布局内重点软件企业减按10%税率征收企业所得税

享受主体

国家规划布局内的重点软件企业。

优惠内容

符合条件的国家规划布局内的重点软件企业，如当年未享受免税优惠的，可减按10%的税率征收企业所得税。

享受条件

1）软件企业是指以软件产品开发销售（营业）为主营业务并同时符合下列条件的企业：

（1）在中国境内（不包括港、澳、台地区）依法注册的居民企业；

（2）汇算清缴年度具有劳动合同关系且具有大学专科以上学历的职工人数占企业月平均职工总人数的比例不低于40%，其中研究开发人员占企业月平均职工总数的比例不低于20%；

（3）拥有核心关键技术，并以此为基础开展经营活动，且汇算清缴年度研究开发费用总额占企业销售（营业）收入总额的比例不低于6%；其中，企业在中国境内发生的研究开发费用金额占研究开发费用总额的比例不低于60%；

（4）汇算清缴年度软件产品开发销售（营业）收入占企业收入总额的比例不低于50%［嵌入式软件产品和信息系统集成产品开发销售（营业）收入占企业收入总额的比例不低于40%］，其中：软件产品自主开发销售（营业）收入占企业收入总额的比例不低于40%［嵌入式软件产品和信息系统集成产品开发销售（营业）收入占企业收入总额的比例不低于30%］；

（5）主营业务拥有自主知识产权；

（6）具有与软件开发相适应软硬件设施等开发环境（如合法的开发工具等）；

（7）汇算清缴年度未发生重大安全、重大质量事故或严重环境违法行为。

2）国家规划布局内重点软件企业除符合上述规定外，还应至少符合下列条件中的一项：

（1）汇算清缴年度软件产品开发销售（营业）收入不低于2亿元，应纳税所得额不低于1000万元，研究开发人员占企业月平均职工总数的比例不低于25%；

（2）在国家规定的重点软件领域内，汇算清缴年度软件产品开发销售（营业）收入不低于5000万元，应纳税所得额不低于250万元，研究开发人员占企业月平均职工总数的比例不低于25%，企业在中国境内发生的研究开发费用金额占研究开发费用总额的比例不低于70%；

（3）汇算清缴年度软件出口收入总额不低于800万美元，软件出口收入总额占本企业年度收入总额比例不低于50%，研究开发人员占企业月平均职工总数的比例不低于25%。

政策依据

1）《财政部　国家税务总局关于进一步鼓励软件产业和集成电路产业发展企业所得税政策的通知》（财税〔2012〕27号）第四条

2）《财政部　国家税务总局　发展改革委　工业和信息化部关于软件和集成电路产业企业所得税优惠政策有关问题的通知》（财税〔2016〕49号）（略，见文件69－2）

3）《国家发展和改革委员会关于印发国家规划布局内重点软件和集成电路设计领域的通知》（发改高技〔2016〕1056号）

延伸阅读

70－1　《财政部　国家税务总局关于进一步鼓励软件产业和集成电路产业发展企业所得税政策的通知》第四条

2012年4月20日　财税〔2012〕27号

四、国家规划布局内的重点软件企业和集成电路设计企业，如当年未享受免税优惠的，可减按10%的税率征收企业所得税。

70-2 《国家发展和改革委员会关于印发国家规划布局内重点软件和集成电路设计领域的通知》

2016年5月16日 发改高技〔2016〕1056号

各省、自治区、直辖市及计划单列市发展改革委、工业和信息化主管部门、财政厅（局）、国家税务局、地方税务局：

为贯彻落实《国务院关于印发进一步鼓励软件产业和集成电路产业发展若干政策的通知》（国发〔2011〕4号），按照财政部、国家税务总局、发展改革委、工业和信息化部《关于软件和集成电路产业企业所得税优惠政策有关问题的通知》（财税〔2016〕49号）要求，现就国家规划布局内重点软件和集成电路设计领域有关事项通知如下：

一、重点软件领域

（一）基础软件：操作系统、数据库、中间件。

（二）工业软件和服务：研发设计类、经营管理类和生产控制类产品和服务。

（三）信息安全软件产品研发应用及工业控制系统咨询设计、集成实施和运行维护等服务。

（四）数据分析处理软件和数据获取、分析、处理、存储服务。

（五）移动互联网：移动支付、地图导航、浏览器、数字创意、移动应用开发工具及环境类软件。

（六）嵌入式软件（软件收入比例不低于50%）。

（七）高技术服务软件：研发设计、知识产权、检验检测和生物技术服务软件。

（八）语言文字信息处理软件：汉语和少数民族语言相关文字编辑处理、语音识别/合成、机器翻译软件。

（九）云计算：大型公有云 IaaS、PaaS 服务。

二、重点集成电路设计领域

（一）高性能处理器和 FPGA 芯片。

（二）存储器芯片。

（三）物联网和信息安全芯片。

（四）EDA、IP 及设计服务。

（五）工业芯片。

三、符合财税〔2016〕49号文件第五条第（二）项、第六条第（二）项条件的企业，如业务范围涉及多个领域，仅选择其中一个领域向税务机关备案。选择领域的销售（营业）收入占本企业软件产品开发销售（营业）收入或集成电路设计销售（营业）收入的比例不低于20%。

四、国家发展改革委、工业和信息化部会同财政部、税务总局，根据国家产业政策规划和布局，对上述领域实行动态调整。

五、本通知自2015年1月1日起执行。

特此通知。

71. 软件企业取得即征即退增值税款用于软件产品研发和扩大再生产企业所得税政策

享受主体

符合条件的软件企业。

优惠内容

符合条件的软件企业按照《财政部 国家税务总局关于软件产品增值税政策的通知》（财税〔2011〕100号）规定取得的即征即退增值税款，由企业专项用于软件产品研发和扩大再生产并单独进行核算，可以作为不征税收入，在计算应纳税所得额时从收入总额中减除。

享受条件

软件企业是指以软件产品开发销售（营业）为主营业务并同时符合下列条件的企业：

1）在中国境内（不包括港、澳、台地区）依法注册的居民企业。

2）汇算清缴年度具有劳动合同关系且具有大学专科以上学历的职工人数占企业月平均职工总人数的比例不低于40%，其中研究开发人员占企业月平均职工总数的比例不低于20%。

3）拥有核心关键技术，并以此为基础开展经营活动，且汇算清缴年度研究开发费用总额占企业销售（营业）收入总额的比例不低于6%；其中，企业在中国境内发生的研究开发费用金额占研究开发费用总额的比例不低于60%。

4）汇算清缴年度软件产品开发销售（营业）收入占企业收入总额的比例不低于50%〔嵌入式软件产品和信息系统集成产品开发销售（营业）收入占企业收入总额的比例不低于40%〕，其中：软件产品自主开发销售（营业）收入占企业收入总额的比例不低于40%〔嵌入式软件产品和信息系统集成产品开发销售（营业）收入占企业收入总额的比例不低于30%〕。

5）主营业务拥有自主知识产权。

6）具有与软件开发相适应软硬件设施等开发环境（如合法的开发工具等）。

7）汇算清缴年度未发生重大安全、重大质量事故或严重环境违法行为。

⚖ 政策依据

1）《财政部　国家税务总局关于软件产品增值税政策的通知》（财税〔2011〕100号）（略，见文件68-1）

2）《财政部　国家税务总局关于进一步鼓励软件产业和集成电路产业发展企业所得税政策的通知》（财税〔2012〕27号）第五条

3）《财政部　国家税务总局　发展改革委　工业和信息化部关于软件和集成电路产业企业所得税优惠政策有关问题的通知》（财税〔2016〕49号）（略，见文件69-2）

📖 延伸阅读

71-1　《财政部　国家税务总局关于进一步鼓励软件产业和集成电路产业发展企业所得税政策的通知》第五条

2012年4月20日　财税〔2012〕27号

五、符合条件的软件企业按照《财政部　国家税务总局关于软件产品增值税政策的通知》（财税〔2011〕100号）规定取得的即征即退增值税款，由企业专项用于软件产品研发和扩大再生产并单独进行核算，可以作为不征税收入，在计算应纳税所得额时从收入总额中减除。

72. 企业外购软件缩短折旧或摊销年限

👤 享受主体

企业纳税人。

三、企业成熟期税收优惠政策

优惠内容

企业外购的软件，凡符合固定资产或无形资产确认条件的，可以按照固定资产或无形资产进行核算，其折旧或摊销年限可以适当缩短，最短可为 2 年（含）。

享受条件

符合固定资产或无形资产确认条件。

政策依据

《财政部　国家税务总局关于进一步鼓励软件产业和集成电路产业发展企业所得税政策的通知》（财税〔2012〕27 号）第七条

延伸阅读

72 – 1　《财政部　国家税务总局关于进一步鼓励软件产业和集成电路产业发展企业所得税政策的通知》第七条

2012 年 4 月 20 日　财税〔2012〕27 号

七、企业外购的软件，凡符合固定资产或无形资产确认条件的，可以按照固定资产或无形资产进行核算，其折旧或摊销年限可以适当缩短，最短可为 2 年（含）。

（三）集成电路企业税收优惠

73. 集成电路重大项目企业增值税留抵税额退税

享受主体

国家批准的集成电路重大项目企业。

优惠内容

自 2011 年 11 月 1 日起，对国家批准的集成电路重大项目企业因购进设备形成的增值税期末留抵税额准予退还。

享受条件

1）属于国家批准的集成电路重大项目企业；
2）购进的设备应属于《中华人民共和国增值税暂行条例实施细则》第二十一条第二款规定的固定资产范围。

政策依据

1）《财政部　国家税务总局关于退还集成电路企业采购设备增值税期末留抵税额的通知》（财税〔2011〕107号）
2）《中华人民共和国增值税暂行条例实施细则》第二十一条第二款

延伸阅读

73-1 《财政部　国家税务总局关于退还集成电路企业采购设备增值税期末留抵税额的通知》

2011年11月14日　财税〔2011〕107号

北京、天津、内蒙古、大连、上海、江苏、安徽、厦门、湖北、深圳、重庆、广东省（自治区、直辖市、计划单列市）财政厅（局）、国家税务局，财政部驻北京、天津、内蒙古、大连、上海、江苏、安徽、厦门、湖北、深圳、重庆、广东省（自治区、直辖市、计划单列市）财政监察专员办事处：

为落实《国务院关于印发进一步鼓励软件产业和集成电路产业发展若干政策的通知》（国发〔2011〕4号）有关要求，解决集成电路重大项目企业采购设备引起的增值税进项税额占用资金问题，决定对其因购进设备形成的增值税期末留抵税额予以退还。现将有关事项通知如下：

一、对国家批准的集成电路重大项目企业（具体名单见附件）因购进设备形成的增值税期末留抵税额（以下称购进设备留抵税额）准予退还。购进的设备应属于《中华人民共和国增值税暂行条例实施细则》第二十一条第二款规定的固定资产范围。

二、准予退还的购进设备留抵税额的计算

企业当期购进设备进项税额大于当期增值税纳税申报表"期末留抵税额"

的,当期准予退还的购进设备留抵税额为期末留抵税额;企业当期购进设备进项税额小于当期增值税纳税申报表"期末留抵税额"的,当期准于退还的购进设备留抵税额为当期购进设备进项税额。

当期购进设备进项税额,是指企业取得的按照现行规定允许在当期抵扣的增值税专用发票或海关进口增值税专用缴款书(限于2009年1月1日及以后开具的)上注明的增值税额。

三、退还购进设备留抵税额的申请和审批

(一)企业应于每月申报期结束后10个工作日内向主管税务机关申请退还购进设备留抵税额。

主管税务机关接到企业申请后,应审核企业提供的增值税专用发票或海关进口增值税专用缴款书是否符合现行政策规定,其注明的设备名称与企业实际购进的设备是否一致,申请退还的购进设备留抵税额是否正确。审核无误后,由县(区、市)级主管税务机关审批。

(二)企业收到退税款项的当月,应将退税额从增值税进项税额中转出。未转出的,按照《中华人民共和国税收征收管理法》有关规定承担相应法律责任。

(三)企业首次申请退还购进设备留抵税额时,可将2009年以来形成的购进设备留抵税额,按照上述规定一次性申请退还。

四、退还的购进设备留抵税额由中央和地方按照现行增值税分享比例共同负担。

五、本通知自2011年11月1日起执行。

附件:国家批准的集成电路重大项目企业名单

附件

国家批准的集成电路重大项目企业名单

序号	项目企业	所在省市和区县
1	中芯国际集成电路制造(北京)有限公司	北京亦庄经济技术开发区
2	北京京东方显示技术有限公司	北京市经济技术开发区
3	中芯国际集成电路制造(天津)有限公司	天津西青经济开发区
4	飞思卡尔半导体(中国)有限公司	天津经济技术开发区
5	鄂尔多斯市源盛光电有限责任公司	内蒙古自治区鄂尔多斯市东胜区
6	英特尔半导体(大连)有限公司	大连经济技术开发区
7	上海华虹 NEC 电子有限公司	上海市浦东新区

续表

序号	项目企业	所在省市和区县
8	上海华力微电子有限公司	上海市浦东新区
9	上海集成电路研发中心有限公司	上海市浦东新区
10	上海先进半导体制造股份有限公司	上海市徐汇区
11	台积电（中国）有限公司	上海市松江区
12	中芯国际集成电路制造（上海）有限公司	上海市浦东新区
13	上海宏力半导体制造有限公司	上海市浦东新区
14	日月光集成电路制造（中国）有限公司	上海市浦东新区
15	南京中电熊猫液晶显示科技有限公司	江苏省南京市栖霞区
16	和舰科技（苏州）有限公司	江苏省苏州工业园
17	无锡华润上华科技有限公司	江苏省无锡国家高新技术产业开发区
18	海力士半导体（中国）有限公司	江苏省无锡市出口加工区
19	友达光电（昆山）有限公司	江苏省昆山经济技术开发区
20	苏州三星电子液晶显示科技有限公司	江苏省苏州工业园区
21	智瑞达科技（苏州）有限公司	江苏省苏州工业园区
22	苏州日月新半导体有限公司	江苏省苏州工业园区
23	合肥鑫晟光电科技有限公司	安徽省合肥市新站综合开发试验区
24	合肥京东方光电科技有限公司	安徽省合肥市新站综合开发试验区
25	厦门天马微电子有限公司	厦门火炬高新区
26	武汉新芯集成电路制造有限公司	湖北省武汉市武汉东湖新技术开发区
27	乐金显示（中国）有限公司	广东省广州高新技术产业开发区
28	深圳市华星光电技术有限公司	深圳市光明新区
29	渝德科技（重庆）有限公司	重庆市沙坪坝区

73-2 《中华人民共和国增值税暂行条例实施细则》第二十一条第二款

2011年10月28日 财政部令第65号

前款所称固定资产，是指使用期限超过12个月的机器、机械、运输工具以及其他与生产经营有关的设备、工具、器具等。

74. 线宽小于0.8微米的集成电路生产企业定期减免企业所得税

享受主体

集成电路线宽小于0.8微米的集成电路生产企业。

优惠内容

2017年12月31日前设立但未获利的集成电路线宽小于0.8微米（含）的集成电路生产企业，自获利年度起第一年至第二年免征企业所得税，第三年至第五年按照25%的法定税率减半征收企业所得税，并享受至期满为止。

享受条件

集成电路生产企业，是指以单片集成电路、多芯片集成电路、混合集成电路制造为主营业务并同时符合下列条件的企业：

1）在中国境内（不包括港、澳、台地区）依法注册并在发展改革、工业和信息化部门备案的居民企业。

2）汇算清缴年度具有劳动合同关系或劳务派遣、聘用关系且具有大学专科以上学历职工人数占企业月平均职工总人数的比例不低于40%，其中研究开发人员占企业月平均职工总数的比例不低于20%。

3）拥有核心关键技术，并以此为基础开展经营活动，且汇算清缴年度研究开发费用总额占企业销售（营业）收入总额的比例不低于2%；其中，企业在中国境内发生的研究开发费用金额占研究开发费用总额的比例不低于60%；同时企业应持续加强研发活动，不断提高研发能力。

4）汇算清缴年度集成电路制造销售（营业）收入占企业收入总额的比例不低于60%。

5）具有保证产品生产的手段和能力，并获得有关资质认证（包括ISO质量体系认证）。

6）汇算清缴年度未发生重大安全、重大质量事故或严重环境违法行为。

政策依据

1）《财政部 国家税务总局 发展改革委 工业和信息化部关于软件和集成电路产业企业所得税优惠政策有关问题的通知》（财税〔2016〕49号）

(略，见文件 69-2)

2)《财政部 税务总局 国家发展改革委 工业和信息化部关于集成电路生产企业有关企业所得税政策问题的通知》（财税〔2018〕27号）第六条

延伸阅读

74-1 《财政部 税务总局 国家发展改革委 工业和信息化部关于集成电路生产企业有关企业所得税政策问题的通知》第六条

2018年3月28日 财税〔2018〕27号

六、2017年12月31日前设立但未获利的集成电路线宽小于0.8微米（含）的集成电路生产企业，自获利年度起第一年至第二年免征企业所得税，第三年至第五年按照25%的法定税率减半征收企业所得税，并享受至期满为止。

75. 线宽小于0.25微米的集成电路生产企业减按15%税率征收企业所得税

享受主体

线宽小于0.25微米的集成电路生产企业。

优惠内容

集成电路线宽小于0.25微米的集成电路生产企业减按15%的税率征收企业所得税。

享受条件

集成电路生产企业，是指以单片集成电路、多芯片集成电路、混合集成电路制造为主营业务并同时符合下列条件的企业：

1）在中国境内（不包括港、澳、台地区）依法注册并在发展改革、工业和信息化部门备案的居民企业；

2）汇算清缴年度具有劳动合同关系或劳务派遣、聘用关系且具有大学专科以上学历职工人数占企业月平均职工总人数的比例不低于40%，其中研究开发人员占企业月平均职工总数的比例不低于20%。

3）拥有核心关键技术，并以此为基础开展经营活动，且汇算清缴年度研究开发费用总额占企业销售（营业）收入（主营业务收入与其他业务收入之和）总额的比例不低于2%；其中，企业在中国境内发生的研究开发费用金额占研究开发费用总额的比例不低于60%；同时企业应持续加强研发活动，不断提高研发能力。

4）汇算清缴年度集成电路制造销售（营业）收入占企业收入总额的比例不低于60%。

5）具有保证产品生产的手段和能力，并获得有关资质认证（包括ISO质量体系认证）。

6）汇算清缴年度未发生重大安全、重大质量事故或严重环境违法行为。

政策依据

1）《财政部　国家税务总局关于进一步鼓励软件产业和集成电路产业发展企业所得税政策的通知》（财税〔2012〕27号）第二条

2）《财政部　国家税务总局　发展改革委　工业和信息化部关于软件和集成电路产业企业所得税优惠政策有关问题的通知》（财税〔2016〕49号）（略，见文件69-2）

3）《财政部　税务总局　国家发展改革委　工业和信息化部关于集成电路生产企业有关企业所得税政策问题的通知》（财税〔2018〕27号）第七条

延伸阅读

75-1　《财政部　国家税务总局关于进一步鼓励软件产业和集成电路产业发展企业所得税政策的通知》第二条

2012年4月20日　财税〔2012〕27号

二、集成电路线宽小于0.25微米或投资额超过80亿元的集成电路生产企业，经认定后，减按15%的税率征收企业所得税，其中经营期在15年以上的，在2017年12月31日前自获利年度起计算优惠期，第一年至第五年免征企业所得税，第六年至第十年按照25%的法定税率减半征收企业所得税，并享受至期满为止。

75-2 《财政部 税务总局 国家发展改革委 工业和信息化部关于集成电路生产企业有关企业所得税政策问题的通知》第七条

2018年3月28日 财税〔2018〕27号

七、享受本通知规定税收优惠政策的集成电路生产企业的范围和条件，按照《财政部 国家税务总局 发展改革委 工业和信息化部关于软件和集成电路产业企业所得税优惠政策有关问题的通知》（财税〔2016〕49号）第二条执行；财税〔2016〕49号文件第二条第（二）项中"具有劳动合同关系"调整为"具有劳动合同关系或劳务派遣、聘用关系"，第（三）项中汇算清缴年度研究开发费用总额占企业销售（营业）收入总额（主营业务收入与其他业务收入之和）的比例由"不低于5%"调整为"不低于2%"，同时企业应持续加强研发活动，不断提高研发能力。

76. 投资额超过80亿元的集成电路生产企业减按15%税率征收企业所得税

享受主体

投资额超过80亿元的集成电路生产企业。

优惠内容

投资额超过80亿元的集成电路生产企业减按15%的税率征收企业所得税。

享受条件

集成电路生产企业，是指以单片集成电路、多芯片集成电路、混合集成电路制造为主营业务并同时符合下列条件的企业：

1）在中国境内（不包括港、澳、台地区）依法注册并在发展改革、工业和信息化部门备案的居民企业。

2）汇算清缴年度具有劳动合同关系或劳务派遣、聘用关系且具有大学专科以上学历职工人数占企业月平均职工总人数的比例不低于40%，其中研究开发人员占企业月平均职工总数的比例不低于20%。

3）拥有核心关键技术，并以此为基础开展经营活动，且汇算清缴年度研究开发费用总额占企业销售（营业）收入（主营业务收入与其他业务收入之和，下同）总额的比例不低于2%；其中，企业在中国境内发生的研究开发费用金额占研究开发费用总额的比例不低于60%；同时企业应持续加强研发活动，不断提高研发能力。

4）汇算清缴年度集成电路制造销售（营业）收入占企业收入总额的比例不低于60%。

5）具有保证产品生产的手段和能力，并获得有关资质认证（包括ISO质量体系认证）。

6）汇算清缴年度未发生重大安全、重大质量事故或严重环境违法行为。

政策依据

1）《财政部　国家税务总局关于进一步鼓励软件产业和集成电路产业发展企业所得税政策的通知》（财税〔2012〕27号）第二条（略，见文件75-1）

2）《财政部　国家税务总局　发展改革委　工业和信息化部关于软件和集成电路产业企业所得税优惠政策有关问题的通知》（财税〔2016〕49号）（略，见文件69-2）

3）《财政部　税务总局　国家发展改革委　工业和信息化部关于集成电路生产企业有关企业所得税政策问题的通知》（财税〔2018〕27号）第七条（略，见文件75-2）

77. 线宽小于0.25微米的集成电路生产企业定期减免企业所得税

享受主体

线宽小于0.25微米的集成电路生产企业。

优惠内容

2017年12月31日前设立但未获利的集成电路线宽小于0.25微米，且经营期在15年以上的集成电路生产企业，自获利年度起第一年至第五年免征企业所得税，第六年至第十年按照25%的法定税率减半征收企业所得税，并享受至期满为止。

享受条件

集成电路生产企业,是指以单片集成电路、多芯片集成电路、混合集成电路制造为主营业务并同时符合下列条件的企业:

1)在中国境内(不包括港、澳、台地区)依法注册并在发展改革、工业和信息化部门备案的居民企业。

2)汇算清缴年度具有劳动合同关系或劳务派遣、聘用关系且具有大学专科以上学历职工人数占企业月平均职工总人数的比例不低于40%,其中研究开发人员占企业月平均职工总数的比例不低于20%。

3)拥有核心关键技术,并以此为基础开展经营活动,且汇算清缴年度研究开发费用总额占企业销售(营业)收入总额的比例不低于2%;其中,企业在中国境内发生的研究开发费用金额占研究开发费用总额的比例不低于60%;同时企业应持续加强研发活动,不断提高研发能力。

4)汇算清缴年度集成电路制造销售(营业)收入占企业收入总额的比例不低于60%。

5)具有保证产品生产的手段和能力,并获得有关资质认证(包括ISO质量体系认证)。

6)汇算清缴年度未发生重大安全、重大质量事故或严重环境违法行为。

政策依据

1)《财政部 国家税务总局 发展改革委 工业和信息化部关于软件和集成电路产业企业所得税优惠政策有关问题的通知》(财税〔2016〕49号)(略,见文件69-2)

2)《财政部 税务总局 国家发展改革委 工业和信息化部关于集成电路生产企业有关企业所得税政策问题的通知》(财税〔2018〕27号)第五条

延伸阅读

77-1 《财政部 税务总局 国家发展改革委 工业和信息化部关于集成电路生产企业有关企业所得税政策问题的通知》第五条

2018年3月28日 财税〔2018〕27号

五、2017年12月31日前设立但未获利的集成电路线宽小于0.25微米或投资额超过 80 亿元，且经营期在 15 年以上的集成电路生产企业，自获利年度起第一年至第五年免征企业所得税，第六年至第十年按照 25% 的法定税率减半征收企业所得税，并享受至期满为止。

78. 投资额超过 80 亿元的集成电路生产企业定期减免企业所得税

享受主体

投资额超过 80 亿元的集成电路生产企业。

优惠内容

2017 年 12 月 31 日前设立但未获利的投资额超过 80 亿元，且经营期在 15 年以上的集成电路生产企业，自获利年度起第一年至第五年免征企业所得税，第六年至第十年按照 25% 的法定税率减半征收企业所得税，并享受至期满为止。

享受条件

集成电路生产企业，是指以单片集成电路、多芯片集成电路、混合集成电路制造为主营业务并同时符合下列条件的企业：

1）在中国境内（不包括港、澳、台地区）依法注册并在发展改革、工业和信息化部门备案的居民企业。

2）汇算清缴年度具有劳动合同关系或劳务派遣、聘用关系且具有大学专科以上学历职工人数占企业月平均职工总人数的比例不低于 40%，其中研究开发人员占企业月平均职工总数的比例不低于 20%。

3）拥有核心关键技术，并以此为基础开展经营活动，且汇算清缴年度研究开发费用总额占企业销售（营业）收入总额的比例不低于 2%；其中，企业在中国境内发生的研究开发费用金额占研究开发费用总额的比例不低于 60%；同时企业应持续加强研发活动，不断提高研发能力。

4）汇算清缴年度集成电路制造销售（营业）收入占企业收入总额的比例不低于 60%。

5）具有保证产品生产的手段和能力，并获得有关资质认证（包括 ISO 质量体系认证）。

6）汇算清缴年度未发生重大安全、重大质量事故或严重环境违法行为。

政策依据

1) 《财政部 国家税务总局 发展改革委 工业和信息化部关于软件和集成电路产业企业所得税优惠政策有关问题的通知》（财税〔2016〕49号）（略，见文件69-2）

2) 《财政部 税务总局 国家发展改革委 工业和信息化部关于集成电路生产企业有关企业所得税政策问题的通知》（财税〔2018〕27号）第五条（略，见文件77-1）

79. 线宽小于130纳米的集成电路生产企业或项目定期减免企业所得税

享受主体

集成电路线宽小于130纳米的集成电路生产企业或项目。

优惠内容

2018年1月1日后投资新设的集成电路线宽小于130纳米，且经营期在10年以上的集成电路生产企业或项目，第一年至第二年免征企业所得税，第三年至第五年按照25%的法定税率减半征收企业所得税，并享受至期满为止。

享受条件

1) 集成电路生产企业，是指以单片集成电路、多芯片集成电路、混合集成电路制造为主营业务并同时符合下列条件的企业：

（1）在中国境内（不包括港、澳、台地区）依法注册并在发展改革、工业和信息化部门备案的居民企业；

（2）汇算清缴年度具有劳动合同关系或劳务派遣、聘用关系且具有大学专科以上学历职工人数占企业月平均职工总人数的比例不低于40%，其中研究开发人员占企业月平均职工总数的比例不低于20%；

（3）拥有核心关键技术，并以此为基础开展经营活动，且汇算清缴年度研究开发费用总额占企业销售（营业）收入（主营业务收入与其他业务收入之和）总额的比例不低于2%；其中，企业在中国境内发生的研究开发费用金额占研究开发费用总额的比例不低于60%；同时企业应持续加强研发活动，不断提高研发能力；

（4）汇算清缴年度集成电路制造销售（营业）收入占企业收入总额的比例不低于60%；

（5）具有保证产品生产的手段和能力，并获得有关资质认证（包括ISO质量体系认证）；

（6）汇算清缴年度未发生重大安全、重大质量事故或严重环境违法行为。

2）对于按照集成电路生产企业享受本税收优惠政策的，优惠期自企业获利年度起计算；对于按照集成电路生产项目享受上述优惠的，优惠期自项目取得第一笔生产经营收入所属纳税年度起计算。

3）享受本税收优惠政策的集成电路生产项目，其主体企业应符合集成电路生产企业条件，且能够对该项目单独进行会计核算、计算所得，并合理分摊期间费用。

政策依据

1)《财政部 国家税务总局 发展改革委 工业和信息化部关于软件和集成电路产业企业所得税优惠政策有关问题的通知》（财税〔2016〕49号）（略，见文件69-2）

2)《财政部 税务总局 国家发展改革委 工业和信息化部关于集成电路生产企业有关企业所得税政策问题的通知》（财税〔2018〕27号）第一条

延伸阅读

79-1《财政部 税务总局 国家发展改革委 工业和信息化部关于集成电路生产企业有关企业所得税政策问题的通知》第一条

2018年3月28日　财税〔2018〕27号

一、2018年1月1日后投资新设的集成电路线宽小于130纳米，且经营期在10年以上的集成电路生产企业或项目，第一年至第二年免征企业所得税，第三年至第五年按照25%的法定税率减半征收企业所得税，并享受至期满为止。

80. 线宽小于 65 纳米的集成电路生产企业或项目定期减免企业所得税

享受主体

集成电路线宽小于 65 纳米的集成电路生产企业或项目。

优惠内容

2018 年 1 月 1 日后投资新设的集成电路线宽小于 65 纳米，且经营期在 15 年以上的集成电路生产企业或项目，第一年至第五年免征企业所得税，第六年至第十年按照 25% 的法定税率减半征收企业所得税，并享受至期满为止。

享受条件

1）集成电路生产企业，是指以单片集成电路、多芯片集成电路、混合集成电路制造为主营业务并同时符合下列条件的企业：

（1）在中国境内（不包括港、澳、台地区）依法注册并在发展改革、工业和信息化部门备案的居民企业；

（2）汇算清缴年度具有劳动合同关系或劳务派遣、聘用关系且具有大学专科以上学历职工人数占企业月平均职工总人数的比例不低于 40%，其中研究开发人员占企业月平均职工总数的比例不低于 20%；

（3）拥有核心关键技术，并以此为基础开展经营活动，且汇算清缴年度研究开发费用总额占企业销售（营业）收入（主营业务收入与其他业务收入之和）总额的比例不低于 2%；其中，企业在中国境内发生的研究开发费用金额占研究开发费用总额的比例不低于 60%；同时企业应持续加强研发活动，不断提高研发能力；

（4）汇算清缴年度集成电路制造销售（营业）收入占企业收入总额的比例不低于 60%；

（5）具有保证产品生产的手段和能力，并获得有关资质认证（包括 ISO 质量体系认证）；

（6）汇算清缴年度未发生重大安全、重大质量事故或严重环境违法行为。

2）对于按照集成电路生产企业享受本税收优惠政策的，优惠期自企业获利年度起计算；对于按照集成电路生产项目享受上述优惠的，优惠期自项目取得第一笔生产经营收入所属纳税年度起计算。

3）享受本税收优惠政策的集成电路生产项目，其主体企业应符合集成电路生产企业条件，且能够对该项目单独进行会计核算、计算所得，并合理分摊期间费用。

政策依据

1）《财政部 国家税务总局 发展改革委 工业和信息化部关于软件和集成电路产业企业所得税优惠政策有关问题的通知》（财税〔2016〕49号）（略，见文件69-2）

2）《财政部 税务总局 国家发展改革委 工业和信息化部关于集成电路生产企业有关企业所得税政策问题的通知》（财税〔2018〕27号）第二条

延伸阅读

80-1 《财政部 税务总局 国家发展改革委 工业和信息化部关于集成电路生产企业有关企业所得税政策问题的通知》第二条

2018年3月28日 财税〔2018〕27号

二、2018年1月1日后投资新设的集成电路线宽小于65纳米或投资额超过150亿元，且经营期在15年以上的集成电路生产企业或项目，第一年至第五年免征企业所得税，第六年至第十年按照25%的法定税率减半征收企业所得税，并享受至期满为止。

81. 投资额超过150亿元的集成电路生产企业或项目定期减免企业所得税

享受主体

集成电路投资额超过150亿元的集成电路生产企业或项目。

优惠内容

2018年1月1日后投资新设的集成电路投资额超过150亿元，且经营期在 15 年以上的集成电路生产企业或项目，第一年至第五年免征企业所得税，第六年至第十年按照 25% 的法定税率减半征收企业所得税，并享受至期满为止。

享受条件

1）集成电路生产企业，是指以单片集成电路、多芯片集成电路、混合集成电路制造为主营业务并同时符合下列条件的企业：

（1）在中国境内（不包括港、澳、台地区）依法注册并在发展改革、工业和信息化部门备案的居民企业；

（2）汇算清缴年度具有劳动合同关系或劳务派遣、聘用关系且具有大学专科以上学历职工人数占企业月平均职工总人数的比例不低于 40%，其中研究开发人员占企业月平均职工总数的比例不低于 20%；

（3）拥有核心关键技术，并以此为基础开展经营活动，且汇算清缴年度研究开发费用总额占企业销售（营业）收入（主营业务收入与其他业务收入之和）总额的比例不低于 2%；其中，企业在中国境内发生的研究开发费用金额占研究开发费用总额的比例不低于 60%；同时企业应持续加强研发活动，不断提高研发能；

（4）汇算清缴年度集成电路制造销售（营业）收入占企业收入总额的比例不低于 60%；

（5）具有保证产品生产的手段和能力，并获得有关资质认证（包括 ISO 质量体系认证）；

（6）汇算清缴年度未发生重大安全、重大质量事故或严重环境违法行为。

2）对于按照集成电路生产企业享受本税收优惠政策的，优惠期自企业获利年度起计算；对于按照集成电路生产项目享受上述优惠的，优惠期自项目取得第一笔生产经营收入所属纳税年度起计算。

3）享受本税收优惠政策的集成电路生产项目，其主体企业应符合集成电路生产企业条件，且能够对该项目单独进行会计核算、计算所得，并合理分摊期间费用。

政策依据

1）《财政部 国家税务总局 发展改革委 工业和信息化部关于软件和集成电路产业企业所得税优惠政策有关问题的通知》（财税〔2016〕49 号）（略，见文件 69-2）

2)《财政部 税务总局 国家发展改革委 工业和信息化部关于集成电路生产企业有关企业所得税政策问题的通知》(财税〔2018〕27号)第二条(略,见文件80-1)

82. 国家规划布局内的集成电路设计企业减按10%税率征收企业所得税

享受主体
国家规划布局内的集成电路设计企业。

优惠内容
国家规划布局内的集成电路设计企业,如当年未享受免税优惠的,可减按10%的税率征收企业所得税。

享受条件
1)集成电路设计企业是指以集成电路设计为主营业务并同时符合下列条件的企业:

(1)在中国境内(不包括港、澳、台地区)依法注册的居民企业;

(2)汇算清缴年度具有劳动合同关系且具有大学专科以上学历的职工人数占企业月平均职工总人数的比例不低40%,其中研究开发人员占企业月平均职工总数的比例不低于20%;

(3)拥有核心关键技术,并以此为基础开展经营活动,且汇算清缴年度研究开发费用总额占企业销售(营业)收入总额的比例不低于6%;其中,企业在中国境内发生的研究开发费用金额占研究开发费用总额的比例不低于60%;

(4)汇算清缴年度集成电路设计销售(营业)收入占企业收入总额的比例不低于60%,其中集成电路自主设计销售(营业)收入占企业收入总额的比例不低于50%;

(5)主营业务拥有自主知识产权;

(6)具有与集成电路设计相适应的软硬件设施等开发环境(如EDA工具、服务器或工作站等);

(7)汇算清缴年度未发生重大安全、重大质量事故或严重环境违法行为。

2) 国家规划布局内重点集成电路设计企业除符合上述规定外,还应至少符合下列条件中的一项:

(1) 汇算清缴年度集成电路设计销售(营业)收入不低于 2 亿元,年应纳税所得额不低于 1000 万元,研究开发人员占月平均职工总数的比例不低于 25%;

(2) 在国家规定的重点集成电路设计领域内,汇算清缴年度集成电路设计销售(营业)收入不低于 2000 万元,应纳税所得额不低于 250 万元,研究开发人员占月平均职工总数的比例不低于 35%,企业在中国境内发生的研发开发费用金额占研究开发费用总额的比例不低于 70%。

政策依据

1)《财政部 国家税务总局关于进一步鼓励软件产业和集成电路产业发展企业所得税政策的通知》(财税〔2012〕27 号)第四条(略,见文件 70-1)

2)《财政部 国家税务总局 发展改革委 工业和信息化部关于软件和集成电路产业企业所得税优惠政策有关问题的通知》(财税〔2016〕49 号)(略,见文件 69-2)

3)《国家发展和改革委员会关于印发国家规划布局内重点软件和集成电路设计领域的通知》(发改高技〔2016〕1056 号)(略,见文件 70-2)

83. 集成电路生产企业生产设备缩短折旧年限

享受主体

集成电路生产企业。

优惠内容

集成电路生产企业的生产设备,其折旧年限可以适当缩短,最短可为 3 年(含)。

享受条件

集成电路生产企业,是指以单片集成电路、多芯片集成电路、混合集成电路制造为主营业务并同时符合下列条件的企业:

1）在中国境内（不包括港、澳、台地区）依法注册并在发展改革、工业和信息化部门备案的居民企业；

2）汇算清缴年度具有劳动合同关系或劳务派遣、聘用关系且具有大学专科以上学历职工人数占企业月平均职工总人数的比例不低于40%，其中研究开发人员占企业月平均职工总数的比例不低于20%；

3）拥有核心关键技术，并以此为基础开展经营活动，且汇算清缴年度研究开发费用总额占企业销售（营业）收入（主营业务收入与其他业务收入之和，下同）总额的比例不低于2%；其中，企业在中国境内发生的研究开发费用金额占研究开发费用总额的比例不低于60%；同时企业应持续加强研发活动，不断提高研发能力；

4）汇算清缴年度集成电路制造销售（营业）收入占企业收入总额的比例不低于60%；

5）具有保证产品生产的手段和能力，并获得有关资质认证（包括ISO质量体系认证）；

6）汇算清缴年度未发生重大安全、重大质量事故或严重环境违法行为。

政策依据

1）《财政部　国家税务总局关于进一步鼓励软件产业和集成电路产业发展企业所得税政策的通知》（财税〔2012〕27号）第八条

2）《财政部　国家税务总局　发展改革委　工业和信息化部关于软件和集成电路产业企业所得税优惠政策有关问题的通知》（财税〔2016〕49号）（略，见文件69-2）

3）《财政部　税务总局　国家发展改革委　工业和信息化部关于集成电路生产企业有关企业所得税政策问题的通知》（财税〔2018〕27号）第七条（略，见文件75-2）

延伸阅读

83-1　《财政部　国家税务总局关于进一步鼓励软件产业和集成电路产业发展企业所得税政策的通知》第八条

2012年4月20日　财税〔2012〕27号

八、集成电路生产企业的生产设备，其折旧年限可以适当缩短，最短可为

3 年（含）。

84. 集成电路封装、测试企业定期减免企业所得税

享受主体

集成电路封装、测试企业。

优惠内容

符合条件的集成电路封装、测试企业在 2017 年（含 2017 年）前实现获利的，自获利年度起，第一年至第二年免征企业所得税，第三年至第五年按照 25% 的法定税率减半征收企业所得税，并享受至期满为止；2017 年前未实现获利的，自 2017 年起计算优惠期，享受至期满为止。

享受条件

符合条件的集成电路封装、测试企业，必须同时满足以下条件：

1）2014 年 1 月 1 日后依法在中国境内成立的法人企业。

2）签订劳动合同关系且具有大学专科以上学历的职工人数占企业当年月平均职工总人数的比例不低于 40%，其中，研究开发人员占企业当年月平均职工总数的比例不低于 20%。

3）拥有核心关键技术，并以此为基础开展经营活动，且当年度的研究开发费用总额占企业销售（营业）收入（主营业务收入与其他业务收入之和）总额的比例不低于 3.5%，其中，企业在中国境内发生的研究开发费用金额占研究开发费用总额的比例不低于 60%。

4）集成电路封装、测试销售（营业）收入占企业收入总额的比例不低于 60%。

5）具有保证产品生产的手段和能力，并获得有关资质认证（包括 ISO 质量体系认证、人力资源能力认证等）。

6）具有与集成电路封装、测试相适应的经营场所、软硬件设施等基本条件。

政策依据

《财政部　国家税务总局　发展改革委　工业和信息化部关于进一步鼓励

集成电路产业发展企业所得税政策的通知》（财税〔2015〕6号）第一条、第二条

延伸阅读

84-1 《财政部 国家税务总局 发展改革委 工业和信息化部关于进一步鼓励集成电路产业发展企业所得税政策的通知》第一条、第二条

2015年2月9日 财税〔2015〕6号

一、符合条件的集成电路封装、测试企业以及集成电路关键专用材料生产企业、集成电路专用设备生产企业，在2017年（含2017年）前实现获利的，自获利年度起，第一年至第二年免征企业所得税，第三年至第五年按照25%的法定税率减半征收企业所得税，并享受至期满为止；2017年前未实现获利的，自2017年起计算优惠期，享受至期满为止。

二、本通知所称符合条件的集成电路封装、测试企业，必须同时满足以下条件：

1. 2014年1月1日后依法在中国境内成立的法人企业；

2. 签订劳动合同关系且具有大学专科以上学历的职工人数占企业当年月平均职工总人数的比例不低于40%，其中，研究开发人员占企业当年月平均职工总数的比例不低于20%；

3. 拥有核心关键技术，并以此为基础开展经营活动，且当年度的研究开发费用总额占企业销售（营业）收入（主营业务收入与其他业务收入之和，下同）总额的比例不低于3.5%，其中，企业在中国境内发生的研究开发费用金额占研究开发费用总额的比例不低于60%；

4. 集成电路封装、测试销售（营业）收入占企业收入总额的比例不低于60%；

5. 具有保证产品生产的手段和能力，并获得有关资质认证（包括ISO质量体系认证、人力资源能力认证等）；

6. 具有与集成电路封装、测试相适应的经营场所、软硬件设施等基本条件。

85. 集成电路关键专用材料生产企业、集成电路专用设备生产企业定期减免企业所得税

享受主体

集成电路关键专用材料、集成电路专用设备生产企业。

优惠内容

符合条件的集成电路关键专用材料生产企业或集成电路专用设备生产企业在 2017 年（含 2017 年）前实现获利的，自获利年度起，第一年至第二年免征企业所得税，第三年至第五年按照 25% 的法定税率减半征收企业所得税，并享受至期满为止；2017 年前未实现获利的，自 2017 年起计算优惠期，享受至期满为止。

享受条件

符合条件的集成电路关键专用材料生产企业或集成电路专用设备生产企业，必须同时满足以下条件：

1）2014 年 1 月 1 日后依法在中国境内成立的法人企业。

2）签订劳动合同关系且具有大学专科以上学历的职工人数占企业当年月平均职工总人数的比例不低于 40%，其中，研究开发人员占企业当年月平均职工总数的比例不低于 20%。

3）拥有核心关键技术，并以此为基础开展经营活动，且当年度的研究开发费用总额占企业销售（营业）收入总额的比例不低于 5%，其中，企业在中国境内发生的研究开发费用金额占研究开发费用总额的比例不低于 60%。

4）集成电路关键专用材料或专用设备销售收入占企业销售（营业）收入总额的比例不低于 30%。

5）具有保证集成电路关键专用材料或专用设备产品生产的手段和能力，并获得有关资质认证（包括 ISO 质量体系认证、人力资源能力认证等）。

6）具有与集成电路关键专用材料或专用设备生产相适应的经营场所、软硬件设施等基本条件。

三、企业成熟期税收优惠政策

⚖ 政策依据

《财政部 国家税务总局 发展改革委 工业和信息化部关于进一步鼓励集成电路产业发展企业所得税政策的通知》(财税〔2015〕6号)第一条、第三条

📖 延伸阅读

85-1 《财政部 国家税务总局 发展改革委 工业和信息化部关于进一步鼓励集成电路产业发展企业所得税政策的通知》第一条、第三条

2015年2月9日 财税〔2015〕6号

一、符合条件的集成电路封装、测试企业以及集成电路关键专用材料生产企业、集成电路专用设备生产企业,在2017年(含2017年)前实现获利的,自获利年度起,第一年至第二年免征企业所得税,第三年至第五年按照25%的法定税率减半征收企业所得税,并享受至期满为止;2017年前未实现获利的,自2017年起计算优惠期,享受至期满为止。

……

三、本通知所称符合条件的集成电路关键专用材料生产企业或集成电路专用设备生产企业,必须同时满足以下条件:

1. 2014年1月1日后依法在中国境内成立的法人企业;

2. 签订劳动合同关系且具有大学专科以上学历的职工人数占企业当年月平均职工总人数的比例不低于40%,其中,研究开发人员占企业当年月平均职工总数的比例不低于20%;

3. 拥有核心关键技术,并以此为基础开展经营活动,且当年度的研究开发费用总额占企业销售(营业)收入总额的比例不低于5%,其中,企业在中国境内发生的研究开发费用金额占研究开发费用总额的比例不低于60%;

4. 集成电路关键专用材料或专用设备销售收入占企业销售(营业)收入总额的比例不低于30%;

5. 具有保证集成电路关键专用材料或专用设备产品生产的手段和能力,并获得有关资质认证(包括ISO质量体系认证、人力资源能力认证等);

6. 具有与集成电路关键专用材料或专用设备生产相适应的经营场所、软硬件设施等基本条件。

集成电路关键专用材料或专用设备的范围,分别按照《集成电路关键专用材料企业所得税优惠目录》(附件1)、《集成电路专用设备企业所得税优惠目录》(附件2)的规定执行。

86. 集成电路企业退还的增值税期末留抵税额在城市维护建设税、教育费附加和地方教育附加的计税(征)依据中扣除

享受主体

享受增值税期末留抵退税政策的集成电路企业。

优惠内容

自2017年2月24日起,享受增值税期末留抵退税政策的集成电路企业,其退还的增值税期末留抵税额,应在城市维护建设税、教育费附加和地方教育附加的计税(征)依据中予以扣除。

享受条件

集成电路企业根据《财政部 国家税务总局关于退还集成电路企业采购设备增值税期末留抵税额的通知》(财税〔2011〕107号)规定,享受增值税期末留抵退税。

政策依据

1)《财政部 国家税务总局关于退还集成电路企业采购设备增值税期末留抵税额的通知》(财税〔2011〕107号)(略,见文件73-1)

2)《财政部 国家税务总局关于集成电路企业增值税期末留抵退税有关城市维护建设税 教育费附加和地方教育附加政策的通知》(财税〔2017〕17号)

📖 **延伸阅读**

86-1 《财政部 国家税务总局关于集成电路企业增值税期末留抵退税有关城市维护建设税 教育费附加和地方教育附加政策的通知》

2017年2月24日 财税〔2017〕17号

各省、自治区、直辖市、计划单列市财政厅（局）、国家税务局、地方税务局，新疆生产建设兵团财务局：

按照《国务院关于印发进一步鼓励软件产业和集成电路产业发展若干政策的通知》（国发〔2011〕4号）有关要求，现就集成电路企业增值税期末留抵退税事项涉及的城市维护建设税、教育费附加和地方教育附加政策明确如下：

享受增值税期末留抵退税政策的集成电路企业，其退还的增值税期末留抵税额，应在城市维护建设税、教育费附加和地方教育附加的计税（征）依据中予以扣除。

本通知自发布之日起施行。

（四）动漫企业税收优惠

87. 动漫企业增值税超税负即征即退

享受主体

属于增值税一般纳税人的动漫企业。

优惠内容

1）自2018年1月1日至2018年4月30日，对动漫企业增值税一般纳税人销售其自主开发生产的动漫软件，按照17%的税率征收增值税后，对其增值税实际税负超过3%的部分，实行即征即退政策。

2）自2018年5月1日至2020年12月31日，对动漫企业增值税一般纳税人销售其自主开发生产的动漫软件,按照16%①的税率征收增值税后,对其增值税实际税负超过3%的部分,实行即征即退政策。

享受条件

动漫企业须按照《动漫企业认定管理办法(试行)》规定,通过认定。

政策依据

1)《文化部 财政部 国家税务总局关于印发〈动漫企业认定管理办法(试行)〉的通知》(文市发〔2008〕51号)

2)《财政部 税务总局关于延续动漫产业增值税政策的通知》(财税〔2018〕38号)

3)《财政部 税务总局 海关总署关于深化增值税改革有关政策的公告》(财政部 税务总局 海关总署公告2019年第39号)第一条(略,见文件68-3)

延伸阅读

87-1 《文化部 财政部 国家税务总局关于印发〈动漫企业认定管理办法(试行)〉的通知》

2008年12月18日 文市发〔2008〕51号

各省、自治区、直辖市、计划单列市文化厅(局)、财政厅(局)、国家税务局、地方税务局:

现将《动漫企业认定管理办法(试行)》印发给你们,请遵照执行。

特此通知。

动漫企业认定管理办法(试行)

第一章 总 则

第一条 为扶持我国动漫产业发展,落实国家对动漫企业的财税优惠政

---

① 自2019年4月1日起,增值税一般纳税人发生增值税应税销售行为或者进口货物,原适用16%税率的,税率调整为13%。

策，根据《国务院办公厅转发财政部等部门〈关于推动我国动漫产业发展的若干意见〉的通知》（国办发〔2006〕332号，以下简称《通知》）规定，制定本办法。

第二条 按照本办法认定的动漫企业，方可申请享受《通知》规定的有关优惠和扶持政策。

第三条 动漫企业认定管理工作坚持为动漫企业服务、促进动漫产业发展的宗旨，遵循公开、公平、公正的原则。

第四条 本办法所称动漫企业包括：

（一）漫画创作企业；

（二）动画创作、制作企业；

（三）网络动漫（含手机动漫）创作、制作企业；

（四）动漫舞台剧（节）目制作、演出企业；

（五）动漫软件开发企业；

（六）动漫衍生产品研发、设计企业。

第五条 本办法所称动漫产品包括：

（一）漫画：单幅和多格漫画、插画、漫画图书、动画装帧图书、漫画报刊、漫画原画等；

（二）动画：动画电影、动画电视剧、动画短片、动画音像制品，影视特效中的动画片段，科教、军事、气象、医疗等影视节目中的动画片段等；

（三）网络动漫（含手机动漫）：以计算机互联网和移动通信网等信息网络为主要传播平台，以电脑、手机及各种手持电子设备为接收终端的动画、漫画作品，包括Flash动画、网络表情、手机动漫等；

（四）动漫舞台剧（节）目：改编自动漫平面与影视等形式作品的舞台演出剧（节）目、采用动漫造型或含有动漫形象的舞台演出剧（节）目等；

（五）动漫软件：漫画平面设计软件、动画制作专用软件、动画后期音视频制作工具软件等；

（六）动漫衍生产品：与动漫形象有关的服装、玩具、文具、电子游戏等。

第二章 认定管理

第六条 文化部、财政部、国家税务总局共同确定全国动漫企业认定管理工作方向，负责指导、管理和监督全国动漫企业及其动漫产品的认定工作，并定期公布通过认定的动漫企业名单。

第七条　全国动漫企业认定管理工作办公室（以下称办公室）设在文化部，主要职责为：

（一）具体组织实施动漫企业认定管理工作；

（二）协调、解决认定及相关政策落实中的重大问题；

（三）组织建设和管理"动漫企业认定管理工作平台"；

（四）负责对已认定的重点动漫企业进行监督检查和年审，根据情况变化和产业发展需要对重点动漫产品、重点动漫企业的具体认定标准进行动态调整；

（五）受理、核实并处理有关举报。

第八条　各省、自治区、直辖市文化行政部门与同级财政、税务部门组成本行政区域动漫企业认定管理机构（以下称省级认定机构），根据本办法开展下列工作：

（一）负责本行政区域内动漫企业及其动漫产品的认定初审工作；

（二）负责向本行政区域内通过认定的动漫企业颁发"动漫企业证书"；

（三）负责对本行政区域内已认定的动漫企业进行监督检查和年审；

（四）受理、核实并处理本行政区域内有关举报，必要时向办公室报告；

（五）办公室委托的其他工作。

第九条　各级认定机构应制订本辖区内的动漫企业认定工作规程，定期召开认定工作会议。推进认定工作电子政务建设，建立高效、便捷的认定工作机制。

动漫企业认定管理工作所需经费由各级认定机构的同级财政部门拨付。

第三章　认定标准

第十条　申请认定为动漫企业的应同时符合以下标准：

（一）在我国境内依法设立的企业；

（二）动漫企业经营动漫产品的主营收入占企业当年总收入的60%以上；

（三）自主开发生产的动漫产品收入占主营收入的50%以上；

（四）具有大学专科以上学历的或通过国家动漫人才专业认证的、从事动漫产品开发或技术服务的专业人员占企业当年职工总数的30%以上，其中研发人员占企业当年职工总数的10%以上；

（五）具有从事动漫产品开发或相应服务等业务所需的技术装备和工作场所；

（六）动漫产品的研究开发经费占企业当年营业收入8%以上；

（七）动漫产品内容积极健康，无法律法规禁止的内容；

（八）企业产权明晰，管理规范，守法经营。

第十一条 自主开发、生产的动漫产品，是指动漫企业自主创作、研发、设计、生产、制作、表演的符合本办法第五条规定的动漫产品（不含动漫衍生产品）；仅对国外动漫创意进行简单外包、简单模仿或简单离岸制造，既无自主知识产权，也无核心竞争力的除外。

第十二条 申请认定为重点动漫产品的应符合以下标准之一：

（一）漫画产品销售年收入在100万元（报刊300万元）人民币以上或年销售10万册（报纸1000万份、期刊100万册）以上的，动画产品销售年收入在1000万元人民币以上的，网络动漫（含手机动漫）产品销售年收入在100万元人民币以上的，动漫舞台剧（节）目演出年收入在100万元人民币以上或年演出场次50场以上的；

（二）动漫产品版权出口年收入100万元人民币以上的；

（三）获得国际、国家级专业奖项的；

（四）经省级认定机构、全国性动漫行业协会、国家动漫产业基地等推荐的在思想内涵、艺术风格、技术应用、市场营销、社会影响等方面具有示范意义的动漫产品。

第十三条 符合本办法第十条标准的动漫企业申请认定为重点动漫企业的，应在申报前开发生产出1部以上重点动漫产品，并符合以下标准之一：

（一）注册资本1000万元人民币以上的；

（二）动漫企业年营业收入500万元人民币以上，且连续2年不亏损的；

（三）动漫企业的动漫产品版权出口和对外贸易年收入200万元人民币以上，且自主知识产权动漫产品出口收入占总收入30%以上的；

（四）经省级认定机构、全国性动漫行业协会、国家动漫产业基地等推荐的在资金、人员规模、艺术创意、技术应用、市场营销、品牌价值、社会影响等方面具有示范意义的动漫企业。

第四章 认定程序

第十四条 动漫企业认定的程序如下：

（一）企业自我评价及申请

企业认为符合认定标准的，可向省级认定机构提出认定申请。

（二）提交下列申请材料

1. 动漫企业认定申请书；

2. 企业营业执照副本复印件、税务登记证复印件；

3. 法定代表人或者主要负责人的身份证明材料；

4. 企业职工人数、学历结构以及研发人员占企业职工的比例说明；

5. 营业场所产权证明或者租赁意向书（含出租方的产权证明）；

6. 开发、生产、创作、经营的动漫产品列表、销售合同及销售合同约定的款项银行入账证明；

7. 自主开发、生产和拥有自主知识产权的动漫产品的情况说明及有关证明材料（包括版权登记证书或专利证书等知识产权证书的复印件）；

8. 由有关行政机关颁发的从事相关业务所涉及的行政许可证件复印件；

9. 经具有资质的中介机构鉴证的企业财务年度报表（含资产负债表、损益表、现金流量表）等企业经营情况，以及企业年度研究开发费用情况表，并附研究开发活动说明材料；

10. 认定机构要求出具的其他材料。

（三）材料审查、认定与公布

省级认定机构根据本办法，对申请材料进行初审，提出初审意见，将通过初审的动漫企业申请材料报送办公室。

文化部会同财政部、国家税务总局依据本办法第十条规定标准进行审核，审核合格的，由文化部、财政部、国家税务总局联合公布通过认定的动漫企业名单。

省级认定机构根据通过认定的动漫企业名单，向企业颁发"动漫企业证书"并附其本年度动漫产品列表；并根据本办法第五条、第十一条的规定，在动漫产品列表中，对动漫产品属性分类以及是否属于自主开发生产的动漫产品等情况予以标注。

动漫企业设有分支机构的，在企业法人注册地进行申报。

第十五条 已取得"动漫企业证书"的动漫企业生产的动漫产品符合本办法第十二条规定标准的，可向办公室提出申请认定为重点动漫产品，并提交下列材料：

1. 重点动漫产品认定申请书；

2. 企业营业执照副本复印件、税务登记证复印件，"动漫企业证书"复印件；

3. 符合本办法第十二条规定标准的相关证明材料：经具有资质的中介机构鉴证的企业财务年度报表（含资产负债表、损益表、现金流量表）等企业经营情况，并附每项产品销售收入的情况说明；获奖证明复印件或版权出口贸易合同复印件等版权出口收入证明；有关机构的推荐证明；

4. 认定机构要求出具的其他材料。

办公室收到申报材料后，参照本办法第十四条第三款规定的程序予以审核。符合标准的，由办公室颁发"重点动漫产品文书"。

第十六条 已取得"动漫企业证书"的动漫企业符合本办法第十三条规定标准的，可向办公室提出申请认定为重点动漫企业，并提交下列材料：

1. 重点动漫企业认定申请书；

2. 企业营业执照副本复印件、税务登记证复印件，"动漫企业证书"复印件，"重点动漫产品文书"复印件；

3. 符合本办法第十三条规定标准的相关证明材料：经具有资质的中介机构鉴证的企业近两个会计年度财务报表（含资产负债表、损益表、现金流量表）等企业经营情况或版权出口贸易合同复印件等版权出口收入证明；有关机构的推荐证明；

4. 认定机构要求出具的其他材料。

办公室收到申报材料后，参照本办法第十四条第三款规定的程序予以审核。符合标准的，由文化部会同财政部、国家税务总局联合公布通过认定的重点动漫企业名单，并由办公室颁发"重点动漫企业证书"。

第十七条 动漫企业认定实行年审制度。各级认定机构应按本办法第十条、第十三条规定的标准对已认定并发证的动漫企业、重点动漫企业进行年审。对年度认定合格的企业在证书和年度自主开发生产的动漫产品列表上加盖年审专用章。

不提出年审申请或年度认定不合格的企业，其动漫企业、重点动漫企业资格到期自动失效。

省级认定机构应将对动漫企业的年审情况、年度认定合格及不合格企业名单报办公室备案，并由办公室对外公布。

重点动漫企业通过办公室年审后，不再由省级认定机构进行年审。

第十八条 动漫企业对年审结果有异议的，可在公布后20个工作日内，向办公室提出复核申请。

提请复核的企业应当提交复核申请书及有关证明材料。办公室收到复核申请后，对复核申请调查核实，由文化部、财政部、国家税务总局作出复核决定，通知省级认定机构并公布。

第十九条 经认定的动漫企业经营活动发生变化（如更名、调整、分立、合并、重组等）的，应在15个工作日内，向原发证单位办理变更手续，变化后不符合本办法规定标准的，省级认定机构应报办公室审核同意后，撤销其"动漫企业证书"，终止其资格。不符合本办法规定标准的重点动漫企业，由办公室直接撤销其"重点动漫企业证书"，终止其资格。

动漫企业更名的，原认定机构为其办理变更手续后，重新核发证书，编号不变。

第二十条 经认定的动漫企业、重点动漫企业，凭本年度有效的"动漫企业证书""重点动漫企业证书"，以及本年度自主开发生产的动漫产品列表、"重点动漫产品文书"，向主管税务机关申请享受《通知》规定的有关税收优惠政策。

第二十一条 重点动漫产品、重点动漫企业优先享受国家及地方各项财政资金、信贷等方面的扶持政策。

第五章 罚 则

第二十二条 申请认定和已认定的动漫企业有下列情况之一的，一经查实，认定机构停止受理其认定申请，或撤销其证（文）书，终止其资格并予以公布：

（一）在申请认定过程中提供虚假信息的；

（二）有偷税、骗税、抗税等税收违法行为的；

（三）从事制作、生产、销售、传播存在违法内容或盗版侵权动漫产品的，或者使用未经授权许可的动漫产品的；

（四）有其他违法经营行为，受到有关部门处罚的。

被撤销证书的企业，认定机构在3年内不再受理该企业的认定申请。

第二十三条 对被撤销证书和年度认定不合格的动漫企业，同时停止其享受《通知》规定的各项财税优惠政策。

第二十四条 参与动漫企业认定工作的机构和人员对所承担的认定工作负有诚信以及合规义务，并对申报认定企业的有关资料信息负有保密义务。违反动漫企业认定工作相关要求和纪律的，依法追究责任。

第二十五条 对违反本办法规定的省级认定机构，由办公室责令整改。

第六章 附 则

第二十六条 "动漫企业证书""重点动漫产品文书""重点动漫企业证书"等证书、文书，由办公室统一监制。

第二十七条 按照本办法认定的动漫企业及其自主开发生产的动漫产品享

受的财税优惠政策的具体范围、具体内容由财政部、国家税务总局另行发布。

第二十八条 本办法中涉及数字的规定,表述为"以上"的,均含本数字在内。

第二十九条 本办法由文化部、财政部、国家税务总局负责解释。

第三十条 本办法自2009年1月1日起实施。

87-2 《财政部 税务总局关于延续动漫产业增值税政策的通知》
2018年4月19日 财税〔2018〕38号

各省、自治区、直辖市、计划单列市财政厅(局)、国家税务局、地方税务局,新疆生产建设兵团财政局:

为促进我国动漫产业发展,继续实施动漫产业增值税政策。现将有关事项通知如下:

一、自2018年1月1日至2018年4月30日,对动漫企业增值税一般纳税人销售其自主开发生产的动漫软件,按照17%的税率征收增值税后,对其增值税实际税负超过3%的部分,实行即征即退政策。

二、自2018年5月1日至2020年12月31日,对动漫企业增值税一般纳税人销售其自主开发生产的动漫软件,按照16%的税率征收增值税后,对其增值税实际税负超过3%的部分,实行即征即退政策。

三、动漫软件出口免征增值税。

四、动漫软件,按照《财政部 国家税务总局关于软件产品增值税政策的通知》(财税〔2011〕100号)中软件产品相关规定执行。

动漫企业和自主开发、生产动漫产品的认定标准和认定程序,按照《文化部 财政部 国家税务总局关于印发〈动漫企业认定管理办法(试行)〉的通知》(文市发〔2008〕51号)的规定执行。

五、《财政部 国家税务总局关于动漫产业增值税和营业税政策的通知》(财税〔2013〕98号)到期停止执行。

88. 动漫企业进口符合条件的商品免征增值税

享受主体

符合条件的动漫企业。

优惠内容

自 2016 年 1 月 1 日至 2020 年 12 月 31 日，经国务院有关部门认定的动漫企业自主开发、生产动漫直接产品，确需进口的商品可享受免征进口环节增值税。

享受条件

享受政策的动漫企业应符合文化部等相关部门制定的动漫企业认定基本标准，具备自主开发、生产动漫直接产品的资质和能力。其自主开发、生产动漫直接产品，确需进口《动漫企业免税进口动漫开发生产用品清单》列明的商品。

政策依据

1）《财政部 国家税务总局关于扶持动漫产业发展有关税收政策问题的通知》（财税〔2009〕65 号）第四条

2）《财政部 海关总署 国家税务总局关于动漫企业进口动漫开发生产用品税收政策的通知》（财关税〔2016〕36 号）

延伸阅读

88－1 《财政部 国家税务总局关于扶持动漫产业发展有关税收政策问题的通知》第四条

2009 年 7 月 17 日 财税〔2009〕65 号

四、关于进口关税和进口环节增值税

经国务院有关部门认定的动漫企业自主开发、生产动漫直接产品，确需进口的商品可享受免征进口关税和进口环节增值税的优惠政策。具体免税商品范围及管理办法由财政部会同有关部门另行制定。

88-2 《财政部 海关总署 国家税务总局关于动漫企业进口动漫开发生产用品税收政策的通知》

2016年8月1日 财关税〔2016〕36号

各省、自治区、直辖市、计划单列市财政厅（局）、国家税务局，新疆生产建设兵团财务局，海关总署广东分署、各直属海关：

经国务院批准，为推动我国动漫产业健康快速发展，支持产业升级优化，"十三五"期间继续实施动漫企业进口动漫开发生产用品税收政策。现将有关内容通知如下：

一、自2016年1月1日至2020年12月31日，经国务院有关部门认定的动漫企业自主开发、生产动漫直接产品，确需进口的商品可享受免征进口关税及进口环节增值税的政策。

二、为有效实施政策，财政部、海关总署、国家税务总局会同文化部共同制定了《动漫企业进口动漫开发生产用品免征进口税收的暂行规定》（见附件）。

请各单位遵照执行。

附件：动漫企业进口动漫开发生产用品免征进口税收的暂行规定

附件

动漫企业进口动漫开发生产用品免征进口税收的暂行规定

一、根据国务院批准的动漫企业进口税收政策，特制定本规定。

二、本规定所指经国务院有关部门认定的动漫企业应符合以下标准：（一）符合文化部等相关部门制定的动漫企业认定基本标准。（二）具备自主开发、生产动漫直接产品的资质和能力。

三、本规定所称动漫直接产品包括：

（一）漫画：单幅和多格漫画、插画、漫画图书、动画抓帧图书、漫画报刊、漫画原画等；

（二）动画：动画电影、动画电视剧、动画短片、动画音像制品、影视特效中的动画片段，科技、军事、气象、医疗等影视节目中的动画片段等；

（三）网络动漫（含手机动漫）：以计算机互联网和移动通信网等信息网络为主要传播平台，以电脑、手机及各种手持电子设备为接收终端的动画、漫画作品，包括Flash动画、网络表情、手机动漫等。

四、符合本规定第二款标准的动漫企业于每年的 9 月底前向文化部提出申请，由文化部会同财政部、海关总署、国家税务总局对动漫企业的进口免税资格进行审核。审核合格的，由文化部、财政部、海关总署、国家税务总局于每年的 11 月底前联合公布下一年度享受进口税收政策的动漫企业名单。

五、对已获得进口免税资格的动漫企业实行年审制度，由文化部负责。文化部、财政部、海关总署、国家税务总局在公布下一年度享受进口税收政策动漫企业名单时，同时公布年审合格和年审不合格的动漫企业名单。对年审不合格的动漫企业，自下一年度起取消其享受进口税收政策的资格。

对于动漫企业存在以虚报情况获得进口免税资格的，经文化部查实后，将撤销有关动漫企业的进口免税资格。文化部及时将有关情况通报财政部、海关总署、国家税务总局。有关动漫企业应立即补缴在动漫企业进口税收政策项下已免税进口有关商品的相应税款。

六、获得进口免税资格的动漫企业，进口《动漫企业免税进口动漫开发生产用品清单》（附后）范围内的商品免征进口关税和进口环节增值税。该清单由财政部会同相关部门根据国内配套产业发展状况及动漫企业的实际需求变化适时调整。海关审核进口商品是否符合免税范围时，以《动漫企业免税进口动漫开发生产用品清单》所列的商品名称和技术规格为准。凡国务院规定一律不得减免税的 20 种进口商品，不在上述免税范围之列。

七、文化部应在每年的 3 月底前将上一年度实际免税进口的商品、数量、免税金额及所用于的项目汇总函告财政部，同时抄送海关总署和国家税务总局。

八、对用于自主开发、生产动漫直接产品免税进口的商品，未经海关审核同意，不得擅自转让、抵押、质押、移作他用或者进行其他处置。如有违反，按国家有关法律、法规和海关相关管理规定处理。

九、为保障政策衔接，2016 年享受进口税收政策的动漫企业名单由文化部会同财政部、海关总署、国家税务总局另行公布。

十、本规定有效期为 2016 年 1 月 1 日至 2020 年 12 月 31 日。

十一、本规定由财政部会同海关总署、国家税务总局解释。

附：动漫企业免税进口动漫开发生产用品清单（编者略）

89. 符合条件的动漫企业定期减免企业所得税

享受主体

符合条件的动漫企业。

优惠内容

经认定的动漫企业自主开发、生产动漫产品，可申请享受国家现行鼓励软件产业发展的所得税优惠政策，在 2018 年 12 月 31 日前自获利年度起计算优惠期，第一年至第二年免征企业所得税，第三年至第五年按照 25% 的法定税率减半征收企业所得税，并享受至期满为止。

享受条件

动漫企业须按照《动漫企业认定管理办法（试行）》规定，通过认定。

政策依据

1)《财政部 国家税务总局关于扶持动漫产业发展有关税收政策问题的通知》（财税〔2009〕65 号）第二条

2)《财政部 税务总局关于集成电路设计和软件产业企业所得税政策的公告》（财政部 税务总局公告 2019 年第 68 号）（略，见文件 69 - 3）

3)《文化部 财政部 国家税务总局关于印发〈动漫企业认定管理办法（试行）〉的通知》（文市发〔2008〕51 号）（略，见文件 87 - 1）

延伸阅读

89 - 1 《财政部 国家税务总局关于扶持动漫产业发展有关税收政策问题的通知》第二条

2009 年 7 月 17 日 财税〔2009〕65 号

二、关于企业所得税

经认定的动漫企业自主开发、生产动漫产品，可申请享受国家现行鼓励软件产业发展的所得税优惠政策。

索　引

1-1 《财政部　税务总局关于实施小微企业普惠性税收减免政策的通知》（财税〔2019〕13号）第一条

1-2 《国家税务总局关于小规模纳税人免征增值税政策有关征管问题的公告》（国家税务总局公告2019年第4号）

2-1 《中华人民共和国企业所得税法》第二十八条第一款

2-2 《中华人民共和国企业所得税法实施条例》第九十二条

2-3 《财政部　税务总局关于实施小微企业普惠性税收减免政策的通知》（财税〔2019〕13号）第二条

2-4 《国家税务总局关于实施小型微利企业普惠性所得税减免政策有关问题的公告》（国家税务总局公告2019年第2号）

3-1 《财政部　税务总局关于实施小微企业普惠性税收减免政策的通知》（财税〔2019〕13号）第三条、第四条

3-2 《国家税务总局关于增值税小规模纳税人地方税种和相关附加减征政策有关征管问题的公告》（国家税务总局公告2019年第5号）

4-1 《财政部　税务总局　人力资源社会保障部　国务院扶贫办关于进一步支持和促进重点群体创业就业有关税收政策的通知》（财税〔2019〕22号）第一条、第五条

4-2 《国家税务总局　人力资源社会保障部　国务院扶贫办　教育部关于实施支持和促进重点群体创业就业有关税收政策具体操作问题的公告》（国家税务总局公告2019年第10号）

5-1 《财政部　税务总局　人力资源社会保障部　国务院扶贫办关于进一步支持和促进重点群体创业就业有关税收政策的通知》（财税〔2019〕22号）第二条、第五条

6-1 《财政部　税务总局　退役军人部关于进一步扶持自主就业退役士兵创业就业有关税收政策的通知》（财税〔2019〕21号）第一条、第三条、

第六条

7-1 《财政部 税务总局 退役军人部关于进一步扶持自主就业退役士兵创业就业有关税收政策的通知》（财税〔2019〕21号）第二条、第五条、第六条

8-1 《财政部 国家税务总局关于全面推开营业税改征增值税试点的通知》（财税〔2016〕36号）附件3《营业税改征增值税试点过渡政策的规定》第一条第（三十九）项

9-1 《财政部 国家税务总局关于随军家属就业有关税收政策的通知》（财税〔2000〕84号）第二条

11-1 《财政部 国家税务总局关于全面推开营业税改征增值税试点的通知》（财税〔2016〕36号）附件3《营业税改征增值税试点过渡政策的规定》第一条第（四十）项

12-1 《财政部 国家税务总局关于自主择业的军队转业干部有关税收政策问题的通知》（财税〔2003〕26号）第一条

14-1 《财政部 国家税务总局关于全面推开营业税改征增值税试点的通知》（财税〔2016〕36号）附件3《营业税改征增值税试点过渡政策的规定》第一条第（六）项

14-2 《财政部 国家税务总局关于促进残疾人就业增值税优惠政策的通知》（财税〔2016〕52号）第八条

14-3 《国家税务总局关于发布〈促进残疾人就业增值税优惠政策管理办法〉的公告》（国家税务总局公告2016年第33号发布，国家税务总局公告2018年第31号修改）

15-1 《财政部 国家税务总局关于促进残疾人就业增值税优惠政策的通知》（财税〔2016〕52号）

16-1 《财政部 国家税务总局关于促进残疾人就业增值税优惠政策的通知》（财税〔2016〕52号）第三条

17-1 《财政部 国家税务总局关于促进残疾人就业税收优惠政策的通知》（财税〔2007〕92号）

18-1 《中华人民共和国企业所得税法》第三十条第（二）项

18-2 《中华人民共和国企业所得税法实施条例》第九十六条第一款

18-3 《财政部 国家税务总局关于安置残疾人员就业有关企业所得税优惠政策问题的通知》（财税〔2009〕70号）

19-1 《财政部 国家税务总局关于安置残疾人就业单位城镇土地使用税等政

策的通知》（财税〔2010〕121号）第一条

20-1　《财政部　国家税务总局关于防汛专用等车辆免征车辆购置税的通知》（财税〔2001〕39号）第三条

20-2　《国家税务总局关于车辆购置税征收管理有关问题的公告》（国家税务总局公告2015年第4号）第十七条

20-3　《国家税务总局关于长期来华定居专家免征车辆购置税有关问题的公告》（国家税务总局公告2018年第2号）

21-1　《财政部　国家税务总局关于防汛专用等车辆免征车辆购置税的通知》（财税〔2001〕39号）第二条

21-2　《国家税务总局关于车辆购置税征收管理有关问题的补充公告》（国家税务总局公告2016年第52号）第六条

22-1　《财政部　税务总局　科技部　教育部关于科技企业孵化器、大学科技园和众创空间税收政策的通知》（财税〔2018〕120号）

31-1　《中华人民共和国企业所得税法》第三十一条

31-2　《中华人民共和国企业所得税法实施条例》第九十七条

31-3　《国家税务总局关于实施创业投资企业所得税优惠问题的通知》（国税发〔2009〕87号）

32-1　《财政部　国家税务总局关于将国家自主创新示范区有关税收试点政策推广到全国范围实施的通知》（财税〔2015〕116号）第一条

32-2　《国家税务总局关于有限合伙制创业投资企业法人合伙人企业所得税有关问题的公告》（国家税务总局公告2015年第81号）

33-1　《财政部　税务总局关于创业投资企业和天使投资个人有关税收政策的通知》（财税〔2018〕55号）第一条、第二条

33-2　《国家税务总局关于创业投资企业和天使投资个人税收政策有关问题的公告》（国家税务总局公告2018年第43号）

33-3　《财政部　税务总局关于实施小微企业普惠性税收减免政策的通知》（财税〔2019〕13号）第五条

37-1　《财政部　国家税务总局关于非货币性资产投资企业所得税政策问题的通知》（财税〔2014〕116号）

37-2　《国家税务总局关于非货币性资产投资企业所得税有关征管问题的公告》（国家税务总局公告2015年第33号）

38-1　《财政部　国家税务总局关于个人非货币性资产投资有关个人所得税政策的通知》（财税〔2015〕41号）

38-2 《国家税务总局关于个人非货币性资产投资有关个人所得税征管问题的公告》（国家税务总局公告2015年第20号）

39-1 《财政部 税务总局关于延续支持农村金融发展有关税收政策的通知》（财税〔2017〕44号）第二条

40-1 《财政部 税务总局关于小额贷款公司有关税收政策的通知》（财税〔2017〕48号）第一条、第四条

41-1 《财政部 税务总局关于小额贷款公司有关税收政策的通知》（财税〔2017〕48号）第二条、第四条

42-1 《财政部 税务总局关于支持小微企业融资有关税收政策的通知》（财税〔2017〕77号）第一条、第三条

42-2 《财政部 税务总局关于金融机构小微企业贷款利息收入免征增值税政策的通知》（财税〔2018〕91号）

42-3 《工业和信息化部 国家统计局 国家发展和改革委员会 财政部关于印发中小企业划型标准规定的通知》（工信部联企业〔2011〕300号）

43-1 《财政部 税务总局关于租入固定资产进项税额抵扣等增值税政策的通知》（财税〔2017〕90号）第六条

44-1 《财政部 税务总局关于支持小微企业融资有关税收政策的通知》（财税〔2017〕77号）第二条、第三条

45-1 《财政部 税务总局关于对营业账簿减免印花税的通知》（财税〔2018〕50号）

46-1 《中华人民共和国企业所得税法》第三十条第（一）项

46-2 《中华人民共和国企业所得税法实施条例》第九十五条

46-3 《财政部 国家税务总局 科技部关于完善研究开发费用税前加计扣除政策的通知》（财税〔2015〕119号）

46-4 《国家税务总局关于企业研究开发费用税前加计扣除政策有关问题的公告》（国家税务总局公告2015年第97号）

46-5 《国家税务总局于研发费用税前加计扣除归集范围有关问题的公告》（国家税务总局公告2017年第40号）

46-6 《财政部 税务总局 科技部关于提高研究开发费用税前加计扣除比例的通知》（财税〔2018〕99号）

47-1 《财政部 税务总局 科技部关于企业委托境外研究开发费用税前加计扣除有关政策问题的通知》（财税〔2018〕64号）

48-1 《财政部 国家税务总局关于完善固定资产加速折旧企业所得税政策的

	通知》（财税〔2014〕75号）
48－2	《国家税务总局关于固定资产加速折旧税收政策有关问题的公告》（国家税务总局公告2014年第64号）
48－3	《财政部 税务总局关于设备 器具扣除有关企业所得税政策的通知》（财税〔2018〕54号）
49－1	《财政部 国家税务总局关于进一步完善固定资产加速折旧企业所得税政策的通知》（财税〔2015〕106号）
49－2	《国家税务总局关于进一步完善固定资产加速折旧企业所得税政策有关问题的公告》（国家税务总局公告2015年第68号）
49－3	《财政部 税务总局关于扩大固定资产加速折旧优惠政策适用范围的公告》（财政部 税务总局公告2019年第66号）
50－1	《财政部 税务总局关于实施小微企业普惠性税收减免政策的通知》（财税〔2019〕13号）
51－1	《财政部 发展改革委 工业和信息化部 海关总署 税务总局 能源局关于调整重大技术装备进口税收政策有关目录的通知》（财关税〔2018〕42号）
52－1	《财政部 海关总署 国家税务总局关于"十三五"期间支持科技创新进口税收政策的通知》（财关税〔2016〕70号）
52－2	《财政部 教育部 国家发展改革委 科技部 工业和信息化部 民政部 商务部 海关总署 国家税务总局 国家新闻出版广电总局关于支持科技创新进口税收政策管理办法的通知》（财关税〔2016〕71号）
52－3	《财政部 海关总署 国家税务总局关于公布进口科学研究、科技开发和教学用品免税清单的通知》（财关税〔2016〕72号）
53－1	《财政部 科技部 国家发展改革委 海关总署 国家税务总局关于科技重大专项进口税收政策的通知》（财关税〔2010〕28号）
54－1	《财政部 国家税务总局关于全面推开营业税改征增值税试点的通知》（财税〔2016〕36号）附件3《营业税改征增值税试点过渡政策的规定》第一条第（二十六）项
55－1	《中华人民共和国企业所得税法》第二十七条第（四）项
55－2	《中华人民共和国企业所得税法实施条例》第九十条
55－3	《财政部 国家税务总局关于居民企业技术转让有关企业所得税政策问题的通知》（财税〔2010〕111号）

55－4	《财政部　国家税务总局关于将国家自主创新示范区有关税收试点政策推广到全国范围实施的通知》（财税〔2015〕116号）第二条
55－5	《国家税务总局关于技术转让所得减免企业所得税有关问题的公告》（国家税务总局公告2013年第62号）
55－6	《国家税务总局关于许可使用权技术转让所得企业所得税有关问题的公告》（国家税务总局公告2015年第82号）
56－1	《财政部　国家税务总局关于促进科技成果转化有关税收政策的通知》（财税字〔1999〕45号）第三条
56－2	《国家税务总局关于促进科技成果转化有关个人所得税问题的通知》（国税发〔1999〕125号）
57－1	《财政部　国家税务总局关于将国家自主创新示范区有关税收试点政策推广到全国范围实施的通知》（财税〔2015〕116号）第四条
57－2	《国家税务总局关于股权奖励和转增股本个人所得税征管问题的公告》（国家税务总局公告2015年第80号）第一条
58－1	《财政部　国家税务总局关于将国家自主创新示范区有关税收试点政策推广到全国范围实施的通知》（财税〔2015〕116号）第三条
58－2	《国家税务总局关于股权奖励和转增股本个人所得税征管问题的公告》（国家税务总局公告2015年第80号）第二条
59－1	《财政部　国家税务总局关于完善股权激励和技术入股有关所得税政策的通知》（财税〔2016〕101号）第一条
59－2	《国家税务总局关于股权激励和技术入股所得税征管问题的公告》（国家税务总局公告2016年第62号）
60－1	《财政部　国家税务总局关于完善股权激励和技术入股有关所得税政策的通知》（财税〔2016〕101号）第二条
61－1	《财政部　国家税务总局关于完善股权激励和技术入股有关所得税政策的通知》（财税〔2016〕101号）第三条
62－1	《中华人民共和国个人所得税法》第四条第一项
63－1	《财政部　税务总局　科技部关于科技人员取得职务科技成果转化现金奖励有关个人所得税政策的通知》（财税〔2018〕58号）
64－1	《中华人民共和国企业所得税法》第二十八条第二款
64－2	《中华人民共和国企业所得税法实施条例》第九十三条
64－3	《财政部　国家税务总局关于高新技术企业境外所得适用税率及税收抵免问题的通知》（财税〔2011〕47号）

64-4　《科技部　财政部　国家税务总局关于修订印发〈高新技术企业认定管理办法〉的通知》（国科发火〔2016〕32号）

64-5　《科技部　财政部　国家税务总局关于修订印发〈高新技术企业认定管理工作指引〉的通知》（国科发火〔2016〕195号）

64-6　《国家税务总局关于实施高新技术企业所得税优惠政策有关问题的公告》（国家税务总局公告2017年第24号）

65-1　《中华人民共和国企业所得税法实施条例》第四十二条

65-2　《财政部　税务总局关于企业职工教育经费税前扣除政策的通知》（财税〔2018〕51号）

66-1　《财政部　税务总局关于延长高新技术企业和科技型中小企业亏损结转年限的通知》（财税〔2018〕76号）

67-1　《财政部　税务总局　商务部　科技部　国家发展改革委关于将技术先进型服务企业所得税政策推广至全国实施的通知》（财税〔2017〕79号）

67-2　《财政部　税务总局　商务部　科技部　国家发展改革委关于将服务贸易创新发展试点地区技术先进型服务企业所得税政策推广至全国实施的通知》（财税〔2018〕44号）

68-1　《财政部　国家税务总局关于软件产品增值税政策的通知》（财税〔2011〕100号）

68-2　《财政部　税务总局关于调整增值税税率的通知》（财税〔2018〕32号）第一条

68-3　《财政部　税务总局　海关总署关于深化增值税改革有关政策的公告》（财政部　税务总局　海关总署公告2019年第39号）第一条

69-1　《财政部　国家税务总局关于进一步鼓励软件产业和集成电路产业发展企业所得税政策的通知》（财税〔2012〕27号）第三条

69-2　《财政部　国家税务总局　发展改革委　工业和信息化部关于软件和集成电路产业企业所得税优惠政策有关问题的通知》（财税〔2016〕49号）

69-3　《财政部　税务总局关于集成电路设计和软件产业企业所得税政策的公告》（财政部　税务总局公告2019年第68号）

70-1　《财政部　国家税务总局关于进一步鼓励软件产业和集成电路产业发展企业所得税政策的通知》（财税〔2012〕27号）第四条

70-2　《国家发展和改革委员会关于印发国家规划布局内重点软件和集成电路

设计领域的通知》(发改高技〔2016〕1056号)

71-1 《财政部 国家税务总局关于进一步鼓励软件产业和集成电路产业发展企业所得税政策的通知》(财税〔2012〕27号)第五条

72-1 《财政部 国家税务总局关于进一步鼓励软件产业和集成电路产业发展企业所得税政策的通知》(财税〔2012〕27号)第七条

73-1 《财政部 国家税务总局关于退还集成电路企业采购设备增值税期末留抵税额的通知》(财税〔2011〕107号)

73-2 《中华人民共和国增值税暂行条例实施细则》第二十一条第二款

74-1 《财政部 税务总局 国家发展改革委 工业和信息化部关于集成电路生产企业有关企业所得税政策问题的通知》(财税〔2018〕27号)第六条

75-1 《财政部 国家税务总局关于进一步鼓励软件产业和集成电路产业发展企业所得税政策的通知》(财税〔2012〕27号)第二条

75-2 《财政部 税务总局 国家发展改革委 工业和信息化部关于集成电路生产企业有关企业所得税政策问题的通知》(财税〔2018〕27号)第七条

77-1 《财政部 税务总局 国家发展改革委 工业和信息化部关于集成电路生产企业有关企业所得税政策问题的通知》(财税〔2018〕27号)第五条

79-1 《财政部 税务总局 国家发展改革委 工业和信息化部关于集成电路生产企业有关企业所得税政策问题的通知》(财税〔2018〕27号)第一条

80-1 《财政部 税务总局 国家发展改革委 工业和信息化部关于集成电路生产企业有关企业所得税政策问题的通知》(财税〔2018〕27号)第二条

83-1 《财政部 国家税务总局关于进一步鼓励软件产业和集成电路产业发展企业所得税政策的通知》(财税〔2012〕27号)第八条

84-1 《财政部 国家税务总局 发展改革委 工业和信息化部关于进一步鼓励集成电路产业发展企业所得税政策的通知》(财税〔2015〕6号)第一条、第二条

85-1 《财政部 国家税务总局 发展改革委 工业和信息化部关于进一步鼓励集成电路产业发展企业所得税政策的通知》(财税〔2015〕6号)第一条、第三条

86-1 《财政部　国家税务总局关于集成电路企业增值税期末留抵退税有关城市维护建设税　教育费附加和地方教育附加政策的通知》（财税〔2017〕17号）

87-1 《文化部　财政部　国家税务总局关于印发〈动漫企业认定管理办法（试行）〉的通知》（文市发〔2008〕51号）

87-2 《财政部　税务总局关于延续动漫产业增值税政策的通知》（财税〔2018〕38号）

88-1 《财政部　国家税务总局关于扶持动漫产业发展有关税收政策问题的通知》（财税〔2009〕65号）第四条

88-2 《财政部　海关总署　国家税务总局关于动漫企业进口动漫开发生产用品税收政策的通知》（财关税〔2016〕36号）

89-1 《财政部　国家税务总局关于扶持动漫产业发展有关税收政策问题的通知》（财税〔2009〕65号）第二条